区块链
智能合约 与
DApp应用实战

李升暾 詹智安 著

清华大学出版社
北京

内 容 简 介

本书从介绍区块链的原貌开始，详述区块链底层蕴含的核心技术，再由浅入深地探讨智能合约以及区块链去中心化的潜在商业应用。

本书分为 6 章，包含漫谈区块链、搭建以太坊私有链、初探智能合约、探究智能合约、与 DApp 共舞的 Web3j Java 方案以及 DApp 个案设计。

本书适用于大专院校区块链相关课程的授课、业界培训，以及所有对区块链感兴趣的自学者。本书各章都附有习题，供授课老师课堂之需，亦可作为自学者自我评测之用。

本书为碁峰资讯股份有限公司授权出版发行的中文简体字版本。

北京市版权局著作权合同登记号　图字：01-2019-5925

图书在版编目（CIP）数据

区块链智能合约与 DApp 应用实战/李升暾，詹智安著. —北京：清华大学出版社，2020.5（2024.2 重印）

ISBN 978-7-302-55275-8

Ⅰ. ①区… Ⅱ. ①李… ②詹… Ⅲ. ①电子商务－支付方式－研究②JAVA 语言－程序设计 Ⅳ. ①F713.361.3 ②TP312.8

中国版本图书馆 CIP 数据核字（2020）第 051222 号

责任编辑：夏毓彦
封面设计：王　翔
责任校对：闫秀华
责任印制：曹婉颖

出版发行：清华大学出版社
　　　　网　　址：https://www.tup.com.cn, https://www.wqxuetang.com
　　　　地　　址：北京清华大学学研大厦 A 座　　　　　　邮　　编：100084
　　　　社 总 机：010-83470000　　　　　　　　　　　　邮　　购：010-62786544
　　　　投稿与读者服务：010-62776969，c-service@tup.tsinghua.edu.cn
　　　　质量反馈：010-62772015，zhiliang@tup.tsinghua.edu.cn
印 装 者：三河市人民印务有限公司
经　　销：全国新华书店
开　　本：170mm×230mm　　　　印　　张：23　　　　字　　数：515 千字
版　　次：2020 年 5 月第 1 版　　　　　　　　　　印　　次：2024 年 2 月第 3 次印刷
定　　价：89.00 元

产品编号：085529-02

序言

林代序

回顾人类文明的发展史，几次工业革命对人类社会都带来了巨变，加速了人类文明的发展进程。被称为"工业4.0"的产业革命始于本世纪，同样对人类文明带来了巨大的冲击。此次产业革命以人工智能（AI）为基础、数字网络为载体，正大幅度改变人类的生活、工作、沟通、服务等日常生活。人工智能的发展成为新一波产业革命的重心，区块链技术的开发与运用，更成为人工智能发展的核心。

区块链的发展大概可分为几个阶段。第一阶段是区块链1.0，以数字货币、去中心化为发展重点，比特币（Bitcoin）可作为该阶段的代表。第二阶段是区块链2.0，以以太坊（Ethereum）的智能合约为代表。第三阶段是区块链3.0，以超级账本（Hyperledger Project）或针对物联网而设计的区块链，此阶段区块链技术以结合产业为发展目标。区块链发展至今，已呈现出多元的研究方向，本书将着重于智能合约（Smart Contract）的探讨，这种技术堪称实践理性世界的工具，可与人工智能相结合，迸发出更多人工智能应用的可能性。

普华永道国际会计事务所于2018年8月在全球同步发布了《2018全球区块链调查报告》（*PWC Global Blockchain Survey 2018*）。该报告揭示，84%的全球企业都有涉及区块链的技术，未来三年到五年具有发展区块链潜力的产业主要是金融服务业、能源和公用事业、工业制造业、医疗保健业、政府部门等，区块链在产业的应用日趋广泛，这意味着产业形态将会因为区块链的发展而发生巨大改变。此外，该报告还指出区块链的成功，源自四大策略：① 创造成功案例；② 建立生态系统；③ 建立用户的信任；④ 保持灵活以符合法规。区块链借助这四大策略进行研究和发展达十余年，世界各国正如火如荼地多方面尝试应用和发展区块链技术。

本书主要阐述区块链重要的应用技术—— 智能合约，内容涵盖广泛，析论精辟。为方便读者感受到区块链改变产业发展的魅力，本书通过实际案例，如供应链金融、共享经济与点数经济、医疗理赔等，带领读者深入了解并感受区块链为未来社会所带来的冲击，并为区块链未来的发展勾勒出美丽的蓝图。李升暾本身具备深厚的理论基础与实践经验，以其负责踏实的行事风格结合专业能力著成此书。相信本书能为读者提供丰盛的知识盛宴，打开深入了解与认识区块链新兴科技的大门，最终收获满满。

最后，借此感谢李升暾对本院金融科技（FinTech）商创研究中心的倾力付出与卓越贡献，也祝福作者与读者学修并进，福慧双增！

林正車

管理学院院长

金融科技（FinTech）商创研究中心计划主持人

史代序

随着金融科技的不断创新，以比特币为基础的区块链技术逐渐成为技术焦点。区块链是一套去中心化、分布式、高可用性的共享账本系统，整体网络交易无须依赖统一的数据处理中心，而是由参与各方的多个节点共同组成，每个节点保存的数据账本内容均相同，系统中所有具有维护功能的节点可共同维护区块（Block，即数据区块）。这些区块完整地存储在全球各个节点上，因此区块链技术又称为分布式账本技术或分布式记账技术（Distributed Ledger Technology，DLT）。

区块链在交易面提供完整性的服务，包括稽核、监管追踪和所有权转移等功能。然而，最重要的还是区块链的出现。它的出现使得任何交易都能以最简单快速的零成本方式发生，无须任何中介协助和处理，进而打破了人类社会千百年来交易的潜规则，因为以前彼此陌生的单位之间无法信任彼此的买卖，需要有财力支持或权威的中间商来促成，交易才能进行。比特币的诞生和发行不需要中央银行，此项技术可应用到所有原先需要中介作保认证的市场，任何产业领域都可以打造自己的区块链，贸易伙伴们一起上链"共治"，除了可以大幅提升交易的速度外，亦可避免中间商层层成本的附加，在交易价格上带来更加透明、低廉的好处。

关贸网络由一开始经营的增值服务网络业者（Value-Added Services Network，VAN）到应用系统网络服务提供者（Application Service Provider，ASP），都是基于用户的信任所构建的中心化服务，区块链的出现，是否意味着关贸网络也可能在去中心化的浪潮下失去其目前的位置呢？其实不然，相反，关贸网络一直扮演着业者对外的沟通桥梁，区块链为跨国或跨地区贸易结账所需贸易文件的真实性提供保证，如果区块链技术应用于电子化的国际结算，数据与货币的流动可以同时流动，使整个贸易结算流程更短、成本更低并具备高度的安全性。因此，区块链技术不但不会威胁关贸的存在，反而可能会使关贸网络在跨国贸易信息服务中充满无限的商机。

区块链技术属于一种先进的高度跨领域的综合技术，许多行业（包括金融从业人员第一次接触区块链技术时）都表示不易理解透彻，甚至容易产生误解的认知。正巧这个领域的长年好友兼Java的启蒙师——李升暾教授出版了这本书，他以深入浅出的方式说古道今，带领读者迅速进入区块链的世界，内容从区块链技术派生出的新商业模式，再进入区块链的核心部分——智能合约，并辅以实例，让读者切身体会 ICO（Initial Coin Offering，首次数字货币发行，习惯上称为首次币发行）融资和投资的过程。本书最后以当前广受重视的主题，带领读者进入相关的 DApp（Decentralized Application，去中心化应用程序）实际应用的开发，让读者在实践中领略区块链的奥妙。

区块链技术从 2015 年起受到几乎所有人的关注，从 2016 年起金融业更是大量投入到区块链的应用研究与试验计划中，虽然区块链已有多项应用经实证可行，但是仍面临多种挑战，投入技术研发改进者也越来越多。可预期的是，未来的技术势必越来越成熟，只是大家在专注于此项新技术时，更应思考运用这项新技术到底要解决什么问题以及目的是什么，不要为了一味追求区块链技术，而到处去寻找区块链使用的应用场景。其实，无论是中心化模型还是去中心化模型，都有互补的空间，不是完全相互对立和相互取代的关系，或许随着时间的推移及实际应用的发展，区块链技术可能存在一个兼具中心化模型和去中心化模式的生态系统中，而不是一味地去中心化。

史壹玲

关贸网络公司 CTO

李自序

数千年来，古今中外，上至国家政府或组织，下至家庭和社会，许多典章制度皆以中心化（Centralized）的方式顺畅运行，其主要的贡献就在于信任（Trust）。纵观金融、以物易物、借贷等交易、合约都有人背书作证，这套行之有年的制度累经更迭，未曾被质疑过是否需要大刀阔斧改掉或推倒重来。直到十年前开始有人提出是否有其他可行的方式取代大家习以为常的中心化制度，其中最极端的做法就是与中心化完全相反的"去中心化"（Decentralized），也就是不再需要一个中心机构帮你我背书证明交易的存在，但是如此巨大的变革要如何维持原有的信任机制呢？这正是这项信息技术上场亮相的"高光"时代。

若无中心机构背书，那谁可以呢？答案就在去中心化（Decentralized），也就是中心以外的人。那究竟是谁？就是有意愿加入此去中心化体系中的你我！接下来又涉及"谁是你？我是谁？"的问题。往昔有公共部门（中心化机构）来认证你我的身份，现在则可通过信息密码学的身份认证（Identity Authentication）技术加以实现。

其次，所谓去中心化的环境要如何建立和生成呢？其实多年前曾红极一时的点对点（P2P）网络即可轻易地撑起这个环境。对比中心化体系是由中心来记录并维护管理所有用户的事务数据，而去中心化的这本大账册则是由有意愿加入P2P的参与者帮忙来共同维护的。为了感念这些志愿者的辛劳，区块链生态圈通过给予他们一些"电子现金"作为实质的奖励——也就是比特币的滥觞。

最后，在去中心化体系下，谁能帮我们认证交易去取得众人的信任呢？答案十分简单，就是请"众人"一起来见证这些确实是发生过的交易不会被否认或篡改。既然是众人一起见证，也就是取得共识（Consensus），同样可通过密码学的消息认证（Message Authentication）轻松实现。

从发迹于十年前的比特币，到今日如火如荼的区块链，就是去中心化管理机制的实践者。分布式账本的三大主题——去中心化、确保隐私（身份验证）、交易不容篡改或否认（见证与共识）于此尽展其能。智能合约则更进一步将交易合约程序化，一举体现自动化交易的境界。至此，一个没有中心化的乌托邦世界便逐渐浮现。

自从这个"无何有之乡"诞生第一枚比特币，迄今发展的速度真是"若决江河，沛然莫之能御也"！随着技术的推陈出新与多元化运用，俨然俯拾皆区块链矣。然时时示时人，时人自不识，本书因而以7个实际应用案例（公共政策、竞标拍卖、真实新闻、供应链金融、自动医疗理赔、共享经济与点数经济）为你提供更具体现实的体验。

"法不孤起，仗境方生；道不虚行，遇缘则应。"在了解区块链所生之缘起后，当进一步了解它与我们生活的相应之道。"绵绵情仇相牵连，牵来牵去一条链，一条命运的锁链，锁链，锁链"这首是由郭金发先生主唱，于1973年播出的同名连续剧主题曲《命运的锁链》，其剧情和歌词巧妙呼应到数十年后区块链的应用场景。尽管时空迥异，但竟能无缝接合现代的区块链模式，进而激荡出有别于爱恨情仇的发想，随之勾勒出这条人生分布式账本的"命运区块链"。

一个人自生而没，历经人生各阶段，每日行住坐卧间于接触人事地物等所起心动念之一切作为，皆如照相机一般记录在各人心田因地里，假以时日则果地自熟，即谓"因该果海、果彻因源"。这些点点滴滴的作为也就是苹果公司Steve Jobs在他著名的史丹佛大学毕业演讲中所提到第一个故事"Connecting the dots"中的那些"dots"，像是当年他从里德大学休学，后来去学了书法，这个dot便从他自己写到十方世界（即宇宙）的区块链上，也就是"十方世界区块链"。而他日后为苹果公司设计字体时，这些字体的dot便连接（Connect）到彼时的书法dot上。"我们无法预先把点点滴滴串联起来。只有在'未来'回顾时，才会明白那些点点滴滴是如何串在一起的。你得信任某个东西，直觉也好，命运也好，生命也好，或者因果报应也罢"（You have to trust in something-your gut, destiny, life, karma, whatever）。这里的karma就是去中心化的"十方世界区块链"：无中心、身份确定、交易不容否认！而这本遍布"十方世界"分布式大账本的共同维护者就是芸芸众生，每个人在此区块链中记录着自己的人生事务数据，区块与区块彼此之间因而形成"连带关系"，日后得以寻因推果。通过"点点滴滴的串联"（dots connection）审视当下所受之果，回溯块块相连即知前之因；反之，现前所造之因，链链互牵必有验果之时。从此宏观视角来看，区块链不仅实现了世间交易分布式账本，还进一步体现了人生分布式账本的无何有之乡。

浮生掠影不空过，世事区块起串链。

若人欲解链实义，勤修本卷万境圆。

单丝不线、独木不林，一本专业图书诞生的背后总由一群专才协力贡献而成。首先感谢本书另一位作者詹智安先生殚智竭力的付出，书内许多素材皆源自于他过去在金控公司"区块链实验室"所累积的宝贵实践经验；接着要感谢管理学院林正章院长百忙之中为本书作序，我有幸经由其主持的深耕计划"Fintech商创研究中心"机会，习得关于区块链与商转等理论与实践知识。再者，感谢多年来亦师亦友、荣获"杰出信息人才奖"的关贸网络公司史素珍CTO于百忙之中为本书作序，让本书蓬荜生辉，她本人正积极带领关贸团队进行"港口物流区块链"相关应用的开发，此与本书实际应用案例相互呼应。另外，感谢本系硕士研究生彭姿雯与碁峰信息公司出版团队提供了许多编辑协助，对提升本书的质量亦功不可没；最后，感谢我的妻子素娟戮力逐字校正润稿以及精神上的鼓励。

　　信息技术日新月异，我才疏学浅，本书虽经多次校订增修，疏漏谬误仍难避免，尚祈读者不吝指正并海涵。

台湾成功大学管理学院信息系

2019年4月

詹自序

比特币的成功，让人们开始关注核心的区块链。虽然区块链号称是下一个可以改变世界的信息技术，但其实无论是哈希算法、椭圆曲线数字签名算法（ECDSA）、Merkle Tree、P2P网络等，所有区块链使用到的技术几乎都不是新的发明。即使起源于以太坊（Ethereum）区块链平台上的智能合约也不是全新的概念，它是参考了身兼计算机科学家、法律学家及密码学家的Nick Szabo于1994年首次提出的数字合约（Digital Contract）。因此，区块链可说是一辆组装巧妙的"拼装车"。

2017年12月，世界各大加密货币站上历史高点，随即便因为各国政府对监管强度的要求提高，以及弥漫着美联储即将升息的消息，使得资本纷纷离开高风险的市场，致使加密货币陷入一段熊市，价格一路崩跌，投资人哀鸿遍野，泡沫化的传言不胫而走。面对如此的态势，有人悲观，也有人欣喜。悲观的是所有的投资恐怕付之东流；乐观的是，人们将因此停止对加密货币投机炒作的行为，而能够真正聚焦于区块链的核心技术，开发出具有实际商业价值的运行模式。

到底应不应该投入对区块链的学习与研究呢？这其实是一件有趣却又很难简单回答的问题，就好比多年前的.COM虽然泡沫化了，但当今全球前几名的大型企业却几乎都是网络科技公司！倘若你是一名能够分辨"加密货币"与"区块链"之间不同的读者，相信一定会同意应该持续投入对区块链的学习。

另外，Java语言已是当前大型企业广泛采用的标准程序设计语言之一，市场上将它和区块链两者结合起来的书籍并不多。我有幸曾服务于某金控公司的"区块链实验室"，本书就是基于个人对两大技术之结合的实践心得与经验来撰写的，希望借由本书的抛砖引玉，吸引更多人投入到区块链的研究中，也期许IT工程师能更加专注于区块链在商业模式与企业管理的领域。我深深感到信息技术与软实力是任何一个国家或地区产业转型的轴心，增加在新形态商业模式设计与创新研究方面的持续投入，才能够真正走上产业转型的正确道路。

本书能够顺利出版，首先要感谢恩师——李升暾教授多年来持续不断的鼓励与指导；同时也要感谢妻子洪幸琪，以及我的一对双胞胎——子娴与子逸，感谢她们能够体谅我牺牲了陪伴她们的时光，全心投入本书的撰写。

2019 年 4 月

前　言

想一睹当红"区块链"的原貌与风采吗？

想了解区块链底层蕴含了哪些核心技术吗？

想体验区块链可能商业应用的实际案例吗？

想在这波区块链的浪潮中亲力亲为、实现自己的理想吗？

本书有助于你所愿成真！

本书分为6章，包含漫谈区块链、搭建以太坊私有链、初探智能合约、深入探讨智能合约、与DApp共舞的Web3j Java以及Java DApp个案设计。

第1章为漫谈区块链，以说书的方式带领你迅速进入区块链的奇幻世界；接着介绍一些相关的概念与技术，包括众所周知的比特币、以太坊、加密货币等；最后聊聊金融产业Fintech的应用以及几个由区块链技术延伸而来的新商业模式。

第2章介绍当前区块链的主轴——以太坊。本章首先通过循序渐进的方式指导你如何启动以太坊客户端软件（节点程序），来连接公有以太坊区块链主链与测试链，以及搭建私有链。接着说明具图形化界面的以太坊钱包软件的用法、节点与节点的连接技术，以及如何使用权威证明（Proof-Of-Authority，POA）共识机制的Ethereum-Parity节点程序。在具备动手搭建以太坊私有链的技能之后，即可正式进入本书区块链的核心——智能合约的殿堂了。

第3章和第4章为智能合约之初探与深入探讨。第3章先通过实现一个"Hello World"的以太坊智能合约，并将其部署到私有链上来介绍智能合约的基本概念，进而解说如何让智能合约与链外系统的应用软件进行连接。在体验智能合约的奥妙后，第4章将深入解说智能合约的内部架构与运行方法，包含算法的缘由与组成、智能合约Solidity程序语言的变量类型、函数声明以及事件处理等。随后讲解区块链技术的ICO（Initial Coin Offering）新兴融资方式以及智能合约标准协议ERC（Ethereum Request for Comment，直译为"以太坊的意见征求稿"）。最后以一个案例带领你实际体会发行ICO的融资和投资过程。

第5章将深入探讨区块链另一核心技术——DApp（Decentralized Application，去中心化应用程序）。本章先介绍如何运用当前DApp最受瞩目的Java开发方案Web3j来开发前端操作界面以串接区块链上的智能合约；接着探讨区块链Oracle网关技术，如何让链下系统与链上的智能合约连通与协同工作，实现真正分布式计算的境界，真实体验区块链的"活力"。

最后一章为本书压轴之作，也是本书异于同类书籍的最大之处——Java DApp个案设计，我们以7个当前广受重视的主题（公共政策、竞标拍卖、真实新闻、供应链金融、自动医疗理赔、共享经济以及点数经济）带领你开发相关的DApp实例，以达到抛砖引玉之效，或许可助你埋下日后实现商业应用的种子。

区块链源于多项往昔成熟的信息技术的综合，才成就了如今丰富多彩的解决方案。初学者常常受到众多专有名词、函数名称、变量等的困惑，因此本书附录A提供区块链专有名词的解释，附录B整理本书所用到的Web3j、Solidity以及Web3.js三大方案的文件说明，希望能协助你轻松驾驭区块链技术。

本书撰写的素材取自于我们在EMBA"信息管理"、信息管理系"Java网络应用"、企业管理所"企业智慧"等课堂授课的讲义，以及结合业界实际案例的经验。本书的编写和组织方式尽可能根据课堂上轻松活泼的方式呈现，以降低你对专门术语与相关技术的门槛。本书适用于大专院校区块链相关课程的授课、业界培训，以及所有对区块链感兴趣的自学者参考。本书还为各章都附有习题，以提供授课老师课堂之需，以及自学者作为自我挑战和自我评测之用。本书内容的编撰以实用性为首要考虑因素，章节单元的独立性次之，这与我们过去编撰的一系列共六册Java相关书籍的编写风格一致，期望对有心一窥区块链奥秘的你有实质上的帮助。

本书各个章节的范例程序下载地址可以扫描下方二维码获得。

如果下载有问题，请电子邮件联系booksaga@163.com，邮件主题为"区块链智能合约与DApp实务应用"。

目　　录

第**1**章

漫谈区块链

本书第1章将先从比特币的前世今生谈起，包含了比特币的起源及其底层所使用的关键技术等；接着介绍对区块链发展有着举足轻重影响力的技术——以太坊（Ethereum）；随后说明加密货币市场的概况，包括ICO众筹、STO证券代币发行等，以及世界知名投资人、金融产业与各国政府对加密货币的态度与看法；随后探讨区块链技术在金融科技领域上的应用，以及对金融产业所带来的冲击；最后分析区块链技术存废的最大关键因素——新商业模式的设计，通过了解区块链案例的妙用，即可领略"他山之石亦可攻玉"的宝贵经验。

本章结构如下：

❖ 中立的科技

❖ 比特币的缘起

❖ 以太坊区块链

❖ 加密货币概况

❖ 金融科技与区块链

❖ 区块链商业模式

1.1 | 中立的科技

科技是中立的，关键是看人们如何运用它。

曾经有一部名为《极端黑客入侵》的纪录片，述说着被《Wired》杂志称为"世界最危险的人物"——Cody Wilson和Amir Taaki的故事。两个来自不同生长环境的年轻人，却有着相同的目标：期望人们能获得"无政府的真正自由"。

时年24岁的Cody Wilson利用3D打印技术，在家制造出名为"解放者"（Liberator）的枪支，并将枪支蓝图开放源码（Open Source），放在网络上供人下载使用；Amir Taaki曾被誉为30岁以下最有前途的比特币先驱、黑客、科技企业家等，当他亲眼目睹中东国家悲惨的战争景象后，决定运用自己所拥有的技术能力，创造一个完全去中心化、不需要国家法律、公平且自由的世界。

两人会面后相谈甚欢，并决定合作开发一种利用比特币的匿名特性隐藏用户真实身份的技术——"暗黑钱包"（Dark Wallet），以致犯罪者可将自己藏在更深、更幽冥、更无法追捕的地下世界，导致这一类型的犯罪案件层出不穷，人们也因而将比特币这种新颖的支付方式与毒品、黑市、黑社会连在一起。

尽管新兴科技被用于多数人无法认同的应用场景中，却仍有正向光明的另一面。2018年5月，澳洲"联合国儿童基金会"推出新的官网"The Hopepage"，该网站在征得访客同意的情况下运行挖矿软件，用户在网页上驻留越久，其个人计算机就可贡献越多的计算力，通过这个方法集结群众力量（Crowdsourcing，即众包）来进行加密货币"挖矿"的工作，挖矿所得的款项将被兑换成法定货币，用以帮助孟加拉国的弱势儿童。估计The Hopepage网站每个月可替"联合国儿童基金会"增加6000美元的捐款收入。

随着新兴科技日新月异的发展，伴随而来的是层出不穷的道德问题，但无论如何，人类都不该自我设限，应当平心静气地看待科技发展所带来的无限可能，如同《双城记》（A Tale of Two Cities）中所言："它是最好的时代，也是最坏的时代；它是智慧的时代，也是愚蠢的时代。"（It was the best of times, it was the worst of times. It was the age of wisdom, it was the age of foolishness.）

当红的区块链技术未来会如何？它会是一项中立的科技吗？期待你阅读本书后，能够找到满意的答案。

1.2 | 比特币的缘起

法不孤起，仗境方生，如同世间万事万物一样，比特币不是凭空而降，也不是单独存在的，本节就来聊聊它的缘起。

当人们谈论比特币时，有时指的是底层的信息技术，有时则为加密货币。为避免产生认知上的误差，本书遵循使用习惯，在使用英文单词时，当第一个字母为大写时，Bitcoin代表所使用的信息技术与网络（或者直接用"Bitcoin技术"或"Bitcoin网络"）；当第一个字母为小写时，bitcoin则代表加密货币本身（或者直接用中文"比特币"）；BTC则代表货币符号。

在开始本书的学习旅程之前，先来浏览一下blockchain.com网站，如图1-1所示。它是一个区块链观测网站，可通过https://www.blockchain.com网址访问。

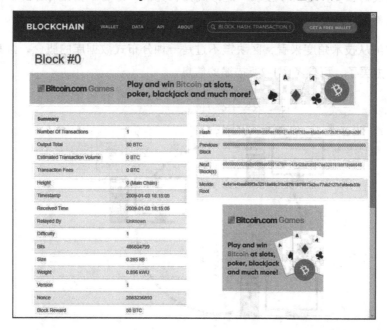

图 1-1

网页显示的内容是编号0的Bitcoin区块信息，此为建立比特币乌托邦世界的第一个区块，故被称为创世区块（Genesis Block）。这个区块中所记载的唯一一笔信息创建于2009年1月3日18时15分5秒，记录的是中本聪（Satoshi Nakamoto）无中生有挖到50个比特币的交易内容。从这个时间点开始，区块链热潮逐年火热直至沸腾，撼动世界的关键技术始于此源头。

既然比特币是一种"货币"，当然是可以被切分的，以下列出切分后的单位。

1　　　比特币（Bitcoins，BTC）
10^{-2}　　比特分（Bitcents，cBTC）
10^{-3}　　毫比特（Milli-Bitcoins，mBTC）
10^{-6}　　微比特（Micro-Bitcoins，µBTC）
10^{-8}　　聪（Satoshi）

欲以三言两语来描述区块链概念可不是一件容易的事，不过我们也许可以这样来叙述：

"通过特定编码方式，将多笔交易存储在称为区块的数据结构中，让每一个区块记录上一个区块的位置，进而串接在一起形成链状关系，为确保数据的公正性，每位参与者的计算机都会存储着相同的数据副本。"

如果单纯从技术角度来看，区块链不过是一种分布式数据库的概念，且具有异地存储数据的能力罢了，可参考图1-2所描述的信息。

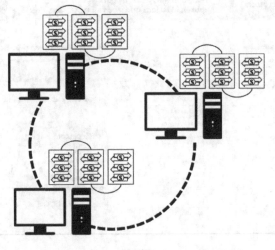

图 1-2

每台计算机通过网络相互连接，并且可以共同维护数据，此时计算机即称为区块链节点。这些计算机中会安装适合不同区块链技术的特定程序，进而形成使用特定协议的区块链网络，例如Bitcoin网络、以太坊（Ethereum）网络等。

在2009年1月12日3时30分25秒Bitcoin的高度达到第170个区块时，中本聪传输比特币给了Hal Finney。因此，中本聪虽是第一个靠挖矿获得比特币的人（严格来说是通过创世区块的设置而得到的），但Hal Finney才是第一个经由交易获得比特币的人。

在2010年5月22日，首度有人使用比特币换购实体商品，起因于美国佛罗里达州的软件工程师Laszlo Hanyecz，他花了1万个比特币购买两块价格合计约25美元的"Papa John's比萨饼"。为了纪念这一天，区块链币圈的人们将每年的5月22日订为"比特币比萨日"（Bitcoin Pizza Day）。

若以比萨价格为参考依据，当时1个比特币价值约为0.0025美元。对照2017年12月底时比特币曾创下1个约2万美元的历史天价，其飙涨幅度高达800万倍。换句话说，若在2010年投资100美元购买比特币，经过7年的时间，在2017年底将可以获得高达8亿美元的回报。

在探讨加密货币为什么会有价值之前，先来反思法定货币的价值。

法定货币（简称法币）是政府发行的货币，发行者没有将货币兑现为实物的义务，只依靠政府法令使其成为合法通货的货币。法定货币的价值来自拥有者相信"货币将来能够维持其购买力"。然而，法定货币本身并没有内在价值，因为人们所相信的其实是政府与中央银行。那么完全没有政府角色的去中心化的加密货币又所为何物呢？

货币必须具有流通、信用、存储价值等特性，才能决定它的价值。加密货币之所以会有价值，是因为其底层的区块链技术使得无人可以伪造加密货币，也无人可以篡改交易的历史记录，因而产生货币必须具备的"信用"的特性。另外，区块链也构建在"去中心化"的基础上彼此相互连接，即使不经过第三方认证单位也可以直接进行货币流通。因此，在去中心化与可被信任的两大关键因素下，人们愿意相信加密货币是具有"储存价值"的。

在过去的时代，信任关系的建立往往构建在实体物品之上，例如本人签名、纸本合约、会计师签证、抵押品、担保品等；反之，在数字时代，有越来越多资产并不具有实体，例如音乐创作权、软件版权、大数据、视频与照片等。当我们面对这些新时代所演化出来的数字资产，就必须依靠新兴科技（例如区块链等）来进行更妥善的保护。

时至今日，由于区块链技术是一种建立信任关系的好方法，因此不仅可以用来发行加密货币，还可以用来解决任何对信任有疑虑的应用场景，像是企业与企业间的信息交换等。换言之，区块链的信息安全防护变得更加重要，如果有一天发生严重的信息安全事件，就代表是人们对加密货币失去信心的那天，加密货币的价值将会瞬间归零，只剩一堆毫无价值的软件与程序代码！

所幸当前所听闻的区块链信息安全事件，全都不是区块链技术本身的问题，而是周边机制管控不当所造成的异常。例如，2016年中国台湾地区知名的比特币交易所"币托BitoEX"就曾经被不法人士入侵到后台网站，在非法获取员工的密码后登录系统窃取2400个比特币。全球知名的ICO项目The DAO（Decentralized Autonomous Organization）也曾经因为程序代码漏洞造成360万个以太币（当时价值近人民币3.2亿元）被非法盗取。

因技术演进一日千里、不可企及，本书仅针对区块链的底层技术略为介绍，区块链若能成为影响世界的关键技术，还是应从生态圈的营造、新商业模式的创新，以及找到适合的应用场景落地。因此，本书将焦点放在较贴近商业应用的DApp与智能合约，作为介绍区块链的切入点。

万丈高楼平地起，基础知识必须具备，就让我们从头说起！

2008年时，化名为"Satoshi Nakamoto"（中文翻译为"中本聪"）的神秘人物发表了《比特币：一种点对点的电子现金系统》（Bitcoin: A Peer-to-Peer Electronic Cash System）[①]，描述了一种被他称为"比特币"的电子货币及相关算法。2009年时，他发布了第一个支持Bitcoin的钱包软件，于是引爆了之后近10年的区块链热潮。

自2010年后，中本聪逐步将相关工作移交给Bitcoin社群的其他成员，渐渐淡出茫茫的Bitcoin网络世界。他到底是何许人也，真实身份至今仍莫衷一是。即便在2015年，被加州大学洛杉矶分校金融学教授Bhagwan Chowdhry提名为2016年"诺贝尔经济学奖"的候选人，也无法吸引这位神秘人物现身。网络谣传可能是下列4位之一：

- 望月新一：京都大学教授，专长数学。
- Craig Steven Wrigh：澳洲学者，自称是中本聪，但一直拿不出证据。
- Nick Szabo：前乔治华盛顿大学教授，热衷于去中心化货币。
- 多利安·中本：加州的日裔美国人，出生时的名字为"哲史"。

---

① Satoshi Nakamoto，Bitcoin 文件。

更有好事者认为Bitcoin是由四家公司联手开发，在这些公司名称中就隐藏着"Satoshi Nakamoto"，包括：

- 三星（Samsung）
- 东芝（Toshiba）
- 中道（Nakamichi）
- 摩托罗拉（Motorola）

一种比较可信的说法是中本聪并非一位特定人士，而是一个团体。

在中本聪的论文里其实没有"Blockchain"（区块链）这个单词，仅谈到如何将交易信息包裹在"Block"（区块）中，再如何将这些区块给"Chain"（链接）起来。姑且无论究竟是误用或有意为之，Block与Chain两个单词结合在一块儿了，逐渐变成专有名词Blockchain（区块链）。时至今日，当人们提到"区块链"时，所谈论的就是加密货币底层所使用的分布式数据存储技术。

区块链工作原理类似于计算机数据结构中的链表（Linked List）。在链表中，每一个节点都存储下一个节点的指针地址（Pointer），再通过层层记录的方式将所有节点串接在一起。区块链的概念也是如此，差别在于它所使用的链接方式通常仅记录上一个区块的位置，而不是下一个区块的位置，我们可以想一想为何不需要记录下一区块的位置。

区块链中的每个区块通过特定哈希函数（Hash Function）来得到代表该区块唯一的哈希值（Hash Value），并可将此哈希值当成区块的地址来使用，而计算区块哈希值的操作即称为挖矿（Mining）。仿照链表的原理，每个区块都记录上一个区块的哈希值，如此一来将能借助哈希值串接所有的区块，形成区块链的数据结构。

前文所提的Bitcoin创世区块为单链结构区块链的第一个区块，因此用来记录前一个区块哈希值的前区块（Previous Block）字段，在创世区块中全被设置为0，代表创世区块的前一个区块不存在。

在Bitcoin世界所谓的交易是指传输加密货币，然而完整的交易内容（例如A传100个比特币给B）并不会直接存储于区块中，所存放的仅为处理后的交易哈希值。完整的交易内容存储于区块链节点的数据库中，交易哈希值仅用于协助快速查找交易内容的数据索引值。

Bitcoin采用Merkle Tree（Merkle树或默克尔树，也称为哈希树）算法来实现交易哈希值的处理，可参见图1-3的说明。

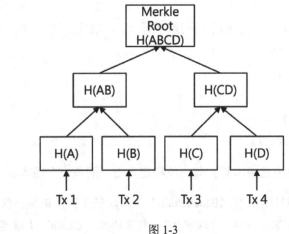

图 1-3

Merkle树为二叉树结构（Binary Tree），Bitcoin利用其特性将交易内容的哈希值存储在默克尔树的叶子节点，每层所得到的哈希值再两两进行哈希运算，最终可得默克尔树的根节点（Root Node）——Merkle Root（默克尔树的根），被存储于区块的数据即是Merkle Root，也称为默克尔树的根哈希值。

Bitcoin使用Merkle树的目的之一是为验证历史数据是否被篡改过。举例来说，若有人尝试篡改某一笔交易，那么修改交易后所计算出的哈希值绝对会与篡改前的不同，因此最终得到的Merkle树的根哈希值也会不同。通过简单的对比，即可知道区块内的交易是否被人动过手脚。

从某个Merkle树中快速查找一笔交易所需经过的路径长度即为Merkle路径（Merkle Path）。举例来说，若Merkle树中有512笔交易（2^9笔），Merkle路径搜索的长度仅为9，若具有32768笔交易（2^{15}笔）时，Merkle路径长度也只不过是15而已。因此通过Merkle树可快速找到交易的哈希值，进而能以哈希值为索引到数据库中找到该笔交易的真正内容。

综上所述，Merkle树即为可产生整个交易集合的数字指纹，亦可快速校验某笔区块内容的正确性，并能判断区块是否包含特定交易的算法。

前文提到计算新区块的哈希值即所谓挖矿，但哪些事务数据会被纳入哈希运算呢？其实是由各家区块链技术自行决定的，例如输入值可合并前一个区块的哈希值、交易集合的Merkle Root以及nonce（稍后解说）等数据一起纳入哈希运算。因将前一个区块的哈希值纳入计算，区块和区块之间的链接程度将变得更加稳固，即使"别有用心"的人想要从区块间插入伪造的区块，也将变得难上加难。

图1-4所示的示意图可说明交易、Merkle树、区块哈希值、区块链等元素间的关联。

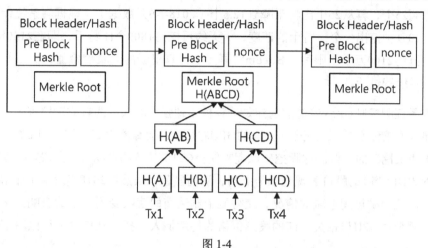

图 1-4

挖矿是与全世界的区块链节点竞争，谁能够计算得又快又正确，就按其计算出的哈希值作为新区块的"地址"。同时也因挖矿需耗费大量的计算资源，例如CPU/GPU所消耗的电力等，因此计算出哈希值即贡献于整个区块链，将可获得区块链网络中的奖励——比特币。

Bitcoin的哈希算法为SHA 256（更精准的是指执行两次的SHA 256），事实上计算哈希值并不困难，一般家用计算机都可胜任，但为何说挖矿是很困难的呢？

为维持公平性，贡献越卓越的节点才应得到奖励，因此Bitcoin加入了困难度的概念：计算所得到的值尚须满足特定条件才算合规的哈希值，例如前面几个位必须具有足够多个0的条件。当新区块的哈希值计算完成后，困难度会随着环境进行动态调整，每2016个区块会自动调整一次困难度，因此越后期的挖矿工作变得越困难。

先前提到nonce是加密学中"number once"的缩写，表示一个只被使用一次的任意或非重复的随机数值。当计算所得的哈希值无法满足困难度条件时，最普遍的做法是将nonce往上加1，或是随机数获取新的nonce再重新进行哈希运算产生不同的哈希值。因此，在多重条件（例如交易内容、nonce、前一个区块的哈希值等）变动的情况下，要能比全世界所有区块链节点又快又正确地找到适合条件的哈希值，其实是非常不容易的事。

在与所有区块链节点竞争中，建立所有人都认可的哈希值共识机制（Consensus）被称为工作量证明机制（Proof of Work，PoW）。

在Bitcoin初期，每当节点成功计算出新区块的哈希值时，矿工便可得50个比特币作为奖励。然而，Bitcoin会以每21万个比特币为区间逐次减半奖励，例如单次奖励从50个比特币降到25个，再从25个比特币降到12.5个（2018年6月数据）。根据观察统计，若维持平均每10分钟挖出一个比特币的速度，一天约可挖出1800个比特币，即在2140年5月，比特币达到约2100万个上限后，Bitcoin将再无法计算出新的区块哈希值，矿工们只能靠收取交易手续费过活。

工作量证明机制（PoW）的后遗症是计算机力越强大的人越能够成功挖到矿。因此有人利用显卡（或称为显示适配器）上面的GPU芯片（其运算能力高于传统CPU数十倍）专门制造出用来挖矿的矿机。这股挖矿风潮曾使得GPU芯片供不应求，显卡芯片大厂（例如AMD与NVIDIA等）的股价表现也顺势上扬，涨幅显著。虽然在2018年发生了加密货币市场暴跌、矿工挖矿热潮退减的情况，使得显卡制造商的营收受到不小的影响。不过，先前挖矿风潮带动GPU与相关厂商的股票价格的持续惊人上扬，在IT史上可以写下传奇的一笔了。

2018年前全球弥漫着挖矿风潮，曾造成约70%的算力集中在中国大陆，尤其是在天府之国——四川康定，因当地具有廉价的水力发电、低密度的人口与寒冷的气候，可同时解决高额的电费、矿机噪声和散热等问题。因此，即便每小时消耗4万度电，每月需支付100万人民币的电费，当时每天平均仍能挖出价值约60万元人民币的比特币。因为具有这么高额的回报，所以许多矿场业主依旧到当地建造庞大的机群，进行比特币的挖矿工作，甚至出现"弃水、弃电、激活经济"的顺口溜。而在枯水期时，矿场业主甚至会逐水草（电）而居，将庞大的挖矿机群"游牧"到内蒙古地区，造就了挖取地面下煤矿进行火力发电、供给地面上矿机进行比特币挖矿的奇妙景观。

用户发送的交易会通过椭圆曲线数字签名算法（ECDSA）进行签名，交易被送到Bitcoin节点后，会先放置在待确认池（Unverified Pool）中，并会对交易进行验证与Merkle树计算。当Merkle树计算完毕时仍不算完成交易，必须待矿工挖到新区块的哈希值，并将交易信息放置于新区块中，才算告一段落。

然而事情不仅如此，区块链网络上有成千上万个节点，当某个节点计算出新的区块并通过彼此连接的P2P网络广播给邻近节点时，世界上另外一头的节点可能也刚好算出合规的新区块，并同时进行广播的操作，可以想象在区块链网络上有两股互抢地盘的势力，通过扩散的方式鲸吞蚕食着每一个节点，互不相让。

节点收到新区块时会先确认区块中的交易是否有效，例如是否有同一笔加密货币同时传给两个不同人的问题——双花问题（Double Spending），若交易通过确认，节点除了接受该区块外还会将其广播给邻近节点。反之，若无法通过确认则会停止广播工作。

两股势力不断地扩张各自的范围，最终仍会面临交会处，此时在交会处的节点会比较两股势力的区块链高度如何，并选择高度较高的区块链作为接续的链。使用工作量证明机制的区块链具有多股势力角逐，呈现出动荡的局面，不过长期下来区块链状态终将进入稳定状态。

交易被纳入新区块后，交易确认数（Confirmation）会被加一，随着每次新区块的产生，若没有被其他高度较高的区块替代，则它交易的确认数亦逐次加一。一般来说，若交易经过6个区块确认后，代表该笔交易可被永久写入区块链中，已不太可能被其他较长的链所替代。此外，矿工按挖矿所得的比特币必须经过100个区块确认后才可用来进行交易。

综上所述，Bitcoin所使用的各项技术都已行之有年，包括哈希算法、椭圆曲线数字签名算法、Merkle树、P2P网络等，整体来看并无使用新的技术与科技，反之是一个聚合出来的交易系统，而中本聪巧妙地将这些技术集成在一起，确实是一件划时代的创举，实在令人赞叹！

交易从发送到区块链节点到被妥善记录之间是具有延迟时间的，在此工作模式中（以PoW共识算法为例）交易是无法实时完成的，因此后来跟进的各区块链平台针对此问题改而采用其他的共识算法（例如PBFT等）。不同的共识算法都有各自的优缺点与适用场景，本书不特别介绍，留给有兴趣的读者自行去学习和研究。

1.3 | 以太坊区块链

Bitcoin是当今区块链技术商业化最成功的案例之一，但无论怎么成功也只能进行比特币交易，几乎无其他能应用的场景。为此许多后起之秀都纷纷投入技术改进与引进新的工作模式，欲提高区块链可应用的范围。本书介绍的以太坊（Ethereum）即为其中的佼佼者。

谈到以太坊得先介绍其发明人Vitalik Buterin（生于1994/01/31），他是一位俄罗斯裔加拿大籍的工程师，曾于18岁获得"国际信息奥林匹亚竞赛"铜牌，大学辍学后便全心投入区块链技术，担任以太坊基金会首席科学家。2013年时，年仅19岁的Vitalik，提出并描绘构建去中心化平台的目标。Vitalik认为此新设计平台以区块链技术为底层架构，具备更完善的可程序化机制，并允许人们在平台上开发程序，以使区块链技术可应用的场景变得更多元和更自由，不再仅限于加密货币或金融产业。以太坊节点程序已交由瑞士的 Ethereum Switzerland GmbH 公司开发，再转换成为"以太坊基金会"（Ethereum Foundation）的开源项目。

2014年，以太坊项目在网络上公开募资，投资人可用比特币进行投资，并向以太坊基金会换购以太币（Ether）。此策略不但成功募得开发新区块链平台所需的资金，也使 Vitalik 相继入选2016美国《财富》杂志全球"40 under 40"（记录着每年甄选40位40岁以下对全球最有影响力者）与2018年《福布斯》杂志"30 under 30"的名录。

顺带一提，以太坊中的以太（Ether）是古希腊哲学家亚里士多德假想的一种光传播所需的介质。虽然爱因斯坦后来创立狭义相对论，证明以太确实不存在，但"以太"这个词仍继续影响着人们的生活，例如以太网（Ethernet）等。以下列出与以太坊（Ethereum）有关的大事年表：

- 2015年7月30日，以太坊启动最初版本"前沿"（Frontier）进行第一次分叉。
- 2016年3月，发布第一个稳定版本"家园"（Homestead），配合此次改版进行第二次分叉。
- 2016年6月，DAO项目传出被盗领的信息安全事件，金额高达5000万美元。
- 2016年7月，用户凝聚共识进行向后不兼容的第三次分叉，让区块链状态回到原点。不愿意接受此改变的用户的区块链则被称为古典以太坊（Ethereum Classic）。
- 2016年11月，进行第四次分叉，调整设计以降低网络攻击的可能性，同时也对区块链减重（de-bloat）。

以太坊（Ethereum）为区块链平台，其所用的加密货币称为以太币（Ether），符号为ETH。以太币和比特币一样都是可分割的，单位如下：

1	以太（ether）
10^{-3}	芬尼（finney）
10^{-6}	萨博（szabo）
10^{-18}	维（wei）

以太坊最卓越的贡献在于提供了智能合约（Smart Contract）机制，一种可以在区块链平台上执行的程序。智能合约与一般程序无差异，都包含逻辑与数据区段，并可根据所设置的条件自动执行。

智能合约承袭了区块链不可篡改交易的特性，故可在区块链生态系统扮演公正且被信任的角色，在符合逻辑条件的情况下，按照各方参与者事先谈妥的规则自动执行相关操作（例如数字资产转移等），如此即可增加各种应用场景的可能性，例如在区块链上开发真正符合公平、公正、公开的投票系统，或全程透明化的博弈系统等。

搭配智能合约进行整合运行的是一种称为DApp（Decentralized Application）的应用程序架构（去中心化的应用程序）。DApp是所有区块链技术依存的应用程序的总称。在一般架构中，DApp前端会提供用户操作界面，后端会连接以太坊区块链网络，并调用智能合约所提供的处理逻辑。下列为常见的DApp系统架构，但不仅于此。

- 主从式架构（参考图1-5）

图 1-5

在"主从式架构"中，客户端程序直接通过适当的函数库（例如适用JavaScript的Web3.js等）和区块链节点进行互动，并使用智能合约所提供的逻辑工作，当发送交易时，客户端程序必须要有能力执行签名操作（钱包功能），并自己负责保管私钥的工作。

- 网页架构（参考图1-6）

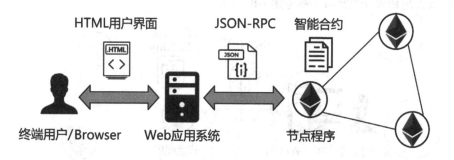

图 1-6

在"网页架构"中，终端用户通过HTML页面（由Web应用系统提供）间接和区块链节点进行互动，当发送交易时，Web应用系统会代替终端用户执行签名操作，即表示终端用户的私钥必须存储在Web应用系统中。Web应用系统再通过适当方式（例如借助JSON-RPC）使用区块链中的智能合约逻辑。

目前大多数的加密货币交易所都采用这种系统架构。然而，一旦Web应用系统遭受黑客入侵，就会导致终端用户的私钥被窃取，其所拥有的加密货币也将被盗领一空。

- **混合式架构**（参考图1-7）

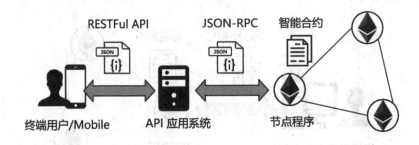

图 1-7

在"混合式架构"中，终端用户的移动设备会通过RESTful API（由API应用系统提供）间接与区块链节点进行互动。当发送交易时，API应用系统会替终端用户执行签名操作，即终端用户的私钥同样也必须存储在API应用系统中。这种架构的优点在于通过前端手机App多样化的操作界面，可提升用户体验（User Experience，UX）。然而，与前面介绍的架构相似，一旦API应用系统遭受黑客入侵时，终端用户的私钥就有被窃取的风险，因此也必须加强信息安全的防护。

- **以太坊的Web3j架构**（参考图1-8）

图 1-8

前三种常见的区块链系统架构都必须通过底层JSON-RPC的调用来与区块链节点互动，而拆解JSON-RPC的报文内容或是剖析API的参数值是件烦琐且低效的工作。所幸的是，Web3j开发包的出现解决了这个困扰。它是区块链的一种Java方案，通过面向对象的设计方式全权处理底层的JSON-RPC细节。如此一来，程序开发人员可以轻松地存取智能合约而专注在项目逻辑设计上。这个Java方案也是本书的重点，将在第5章详细介绍。

如前文所述，比特币为当前商业化最成功的区块链案例之一，因此多数人误以为区块链只能用在发行加密货币上，实际上以太坊所提出的智能合约有越来越多的应用场景可享受去中心化技术所带来的好处。无独有偶，各家区块链技术也纷纷参考以太坊的概念在自身的区块链平台上实现可程序化的机制，例如R3的Corda、Hyperledger的Fabric等。

区块链技术能否被广泛使用，关键因素为生态圈的营造。国内外看好区块链技术远景的企业与组织都通过结盟来建立成员间在技术或商业模式的对话渠道，通过提高所拥护的技术来加快商业化的可能性。目前全球前三大区块链联盟分别是Hyperledger联盟、R3金融区块链联盟、EEA企业联盟。超过80%的项目都构建在三大联盟所支持的区块链技术上。以下是对这三大联盟的简单介绍：

- Hyperledger联盟

  Hyperledger是由Linux基金会（Linux Foundation）于2015年12月主导发起的项目，成员包括金融业、科技业与制造业等。Hyperledger的主旨在于推动跨行业应用的区块链项目，强调开放源码（Open Source）、开放标准（Open Standard）与开放治理（Open Governance）三大开放原则。Hyperledger项目其实包括多个区块链平台，例如Burrow、Fabric、Iroha、Swtooth等。

  常有人将其中的Fabric平台与Hyperledger项目画上等号，但其实不尽相同。Hyperledger Fabric是一个许可实名制的区块链架构（由IBM与Digital Asset贡献给Hyperledger的项目），可结合证书认证机制（Certificate Authority）识别与管理区块链上的参与者。Hyperledger Fabric也支持可程序化机制，允许开发者在区块链上编写"Chaincode"（链码）应用程序。Hyperledger Fabric架构由多个扮演不同角色的节点彼此协同工作，是一个非常倚赖系统架构设计的平台。

- R3金融区块链联盟

  R3金融区块链联盟成立于2015年9月，创立者为R3公司（专注于金融科技FinTech）。R3联盟的主旨在于提供适合金融业的区块链技术，主要产品是受区块链技术启发所创新改进的分布式账本技术（Distributed Ledger Technology，DLT）—— Corda 平台。R3联盟曾多次召集会员共同进行概念验证项目，例如通过合作方式尝试提高贷款市场的透明度，或在贸易融资实验中验证交易加速的可能性。

此联盟最早由40家金融企业投资，而日本的思佰益集团（SBI Holdings）是初期的最大股东（投资额超过20亿日元以上）。其余的主要股东包括富国银行（Wells Fargo）、美银美林集团、花旗集团、日本的三菱东京日联集团、野村（Nomura）集团等。

中国民生银行、中国招商银行、中国平安集团以及中国台湾地区的信托金控等大型金融集团也为联盟成员。虽然在后期部分大型金融机构（例如摩根大通、桑坦德、高盛、摩根史丹利、美国合众等银行）因会员费过高等原因已纷纷退出R3联盟，加上R3公司频传破产的负面消息，让许多人对Corda感到却步。不过，仍有许多国际大公司（例如Microsoft、HPE、Accenture等200多家公司）持续支持R3联盟。因为Corda的设计考虑到大型企业商业化的额外成本（例如实名制等），所以此联盟还是一股不容忽视的区块链势力。

- EEA企业联盟

  EEA（Enterprise Ethereum Alliance，企业以太坊联盟）于2017年2月下旬成立，主旨在于集众成员之力，开发以企业需求为导向且构建在以太坊技术上的区块链解决方案。初期仅30名企业成员（包括石油巨擘BP、摩根大通、微软、纽约梅隆银行、埃森哲Accenture等），目前会员数已发展为450个以上，且会员组成相当多元，已跃升为全球最大的开源区块链组织。

  EEA初期分为7个工作小组，专注的领域有广告、银行、健保、保险、法律、供应链及代币。不同行业之间可相互合作与学习，观察市场环境的各个方向，且不再只局限于金融产业中，促使各企业会员能够更加贴近客户需求。另外，在2018年发布了适用于企业的通用以太坊区块链标准。

经过前面的介绍，相信读者已对区块链的三大联盟有了基本的了解。有趣的是，我们可以发现许多跨国企业同时加入不同的联盟，说明每家公司对于区块链的发展不太有把握，认为任何一个平台都有可能成为翘楚，因此在分散风险的考虑下只好对每一项技术都投资。

以太坊从公有链而来，在经过适当的调整后也可构建成企业间的私有链。以太坊支持可程序化的智能合约，可将区块链技术的应用带往另一个"桃花源"，这正是本书要介绍的主要内容，在后续章节再逐一详细探究。

2018年10月1日Hyperledger与EEA企业联盟共同宣布合作区块链领域，制定通用的标准，通过双向交流的方式扩展开源社群。双方建立合作关系之后，可让犹豫不决的企业减少投资区块链平台的疑虑。

Intel公司日前为Hyperledger制订了Sawtooth函数库，并已开始支持以太坊的EVM，使以太坊的智能合同能简单地转移到Sawtooth网络。官方文件指出Sawtooth能执行以太坊的智能合约，并整合了以太坊工具。这种Seth的整合方式可在增加一个Seth客户端后进行交易传送，对于区块链社群而言是乐见其成的，而通过构建通用的标准和数据格式，同时连接多条链的目标将指日可待。

1.4 | 加密货币概况

区块链网络流通的货币应该称为虚拟货币（Virtual Currency）、加密货币（Cryptocurrency）还是数字货币（Digital Currency）呢？

"欧洲银行业管理局"于2014年对虚拟货币的定义为：一种数字形式的价值，并非由央行或政府部门发行，也不必要与法定货币相关联，但可作为一种支付途径，并被自然人和法人所接受，可用电子方式转账、存储和交易。

中国把虚拟货币视为"运行在网络上的货币"（例如腾讯公司的Q币等），用户可使用虚拟货币购买网络上的虚拟服务。另外，在各种各样的在线游戏中，玩家可打怪或完成特定任务赚取这种虚拟货币，用来购买武器、装备、服饰，让自己在游戏世界中变得更酷、更强大。这些只能用在虚拟世界而无法购买真实世界商品和服务的货币就称为虚拟货币。

根据虚拟与现实之间的程度，虚拟货币可分为下列三种类型：

- 第一类：与实体法币无关，只能在封闭的虚拟环境（例如在线游戏）中使用。
- 第二类：单向兑换，通常只能在虚拟环境中使用，但有时也可购买实体世界的商品和服务。
- 第三类：双向兑换，有买入价和卖出价，与真正的法币相同，例如去中心化的比特币、以太币等均属此类。

数字货币是指以电子形式存在的替代货币（Altcoins），不局限于网络虚拟世界中，也可用来购买真实世界的商品和进行服务交易。数字货币不必经由中央银行发行，可通过P2P网络进行发行、管理和流通，同时还可根据是否使用加密技术将数字货币分为两大类型。

综上所述，加密货币是虚拟货币，也是数字货币，是通过密码学技术创建、发行、校验和流通的电子货币，同时可确保交易的安全性及控制货币的交易，并具有挑战法币地位的机会。本书将以加密货币来称呼在区块链上使用的货币，可以通过图1-9来理解加密货币的科技定位。

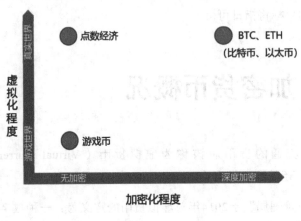

图 1-9

CoinMarketCap是提供有关加密货币资本市场信息的网站，根据该网站的统计，截至2018年6月全球加密货币的种类约有1629种，总市值约2821亿美元，其中排名第一的比特币（BTC）总市值约1123亿美元，占整个市场的39.8%；第二名的以太币（ETH）总市值约506亿美元，占整个市场的17.9%；排名第三的瑞波币（XRP）是由将经营焦点放在跨境汇款的Ripple公司发行的，总市值约有210亿美元的规模。从整体来看，比特币依然在加密货币市场中独占鳌头。

沙特阿拉伯为拥有全球最多移民工人的地区之一，约有1000万名外籍劳工需将所赚的薪酬从沙特汇给自己国内的亲友。以2016年为例，向外汇款的金额高达370亿美元，可见这是庞大的国际汇款市场。如何更有效率且透明地汇款是加速经济流动的关键因素，为此沙特最大的银行"国家商业银行"（National Commercial Bank）日前加入了Ripple企业级的区块链网络"瑞波网"（RippleNet），希望能提高跨境汇款的效率和质量。

Apple公司共同创办人Steve Wozniak于2018年6月接受《CNBC》专访，他认为比特币以区块链技术为基础，且具有完全去中心化的特性，价格也不受任何人的操弄，能单纯而自然地发展，同时谈到全世界超过1000种的加密货币中仅比特币仍保有初衷，因此称之为"纯粹的数字黄金"（Pure Digital Gold），在未来10年内比特币将成为全球的单一货币。

在去中心化的运行模式下，虽无任何一个国家的中央银行可通过大量发行加密货币而让价格大跌，但加密货币的价格真不能被操纵吗？难道没有其他手法吗？

2018年6月美国德州大学奥斯汀分校财经系教授John Griffin和研究生Amin Shams发表《Is Bitcoin Really Un-Tethered》（比特币真的没有束缚吗），文中指出Bitfinex虚拟货币交易平台利用其发行的泰勒币（Tether），对比特币与其他加密货币的价格进行操纵。

泰勒币（又称为USDT）是一种非去中心化的加密货币，坚持与美元维持接近1:1的汇率来降低汇率波动的风险，然而在"非"去中心化的本质下，Bitfinex公司几乎成为另一个美元的发行组织。在2017年John Griffin教授发现，比特币飙涨往往发生在大量泰勒币买进比特币与其他加密货币的1个小时后，同时在Bitfinex平台也会出现特殊的交易数据模式。John Griffin教授怀疑这是通过可被操纵的加密货币来间接操纵另一种加密货币的手法。美国商品期货交易委员会（Commodity Futures Trading Commission，CFTC）还为此进行调查并约谈了Bitfinex公司的当事人。

另外，黑客也会对"加密货币交易所"进行恶意的DDoS攻击，使得投资人无法通过交易所进行买卖，因而涌现恐慌性卖压而导致加密货币价格下跌，黑客再趁机在价格低点时大量买入，从而赚取价差。

无论如何，发行加密货币的主要目的并非为炒作币价、进行不法套利，而是发行人对某件事具有崇高的愿景，或企业运营发展需要资金时，向投资人进行募资或融资的手段，而融资的标的物便是发行人手里持有的加密货币，这种新颖的融资方式即为ICO（Initial Coin Offering）。

ICO的意思是"首次币发行"或"首次代币众筹"，其精神源于证券市场的IPO（Initial Public Offering，首次公开募股）。两者的差异在于：IPO是向公众筹集资金，发行的标的物是证券；ICO则是向公众筹集加密货币。

有资金需求的货币发行者必须撰写一份完整的白皮书，阐述企业发展的愿景与方向，并向投资人清楚说明持有新加密货币可得到什么保障、加密货币的优势与用途，以及将来能获得何种商品或服务等。举例来说，以太坊（Ethereum）在募资阶段就是向投资人募集比特币，ICO也因而形成"投资人将持有的加密货币换取另一种加密货币"的有趣现象。

若想开发全新的加密货币系统，再向投资人募集另一种加密货币，是不符合经济效益的。试想研发一个令人信服的区块链系统要投入多少人力物力呢？又会有多少投资人愿意架设节点、支撑新类型的加密货币呢？区块链生态具有非常高的网络效应（Network Effect）特性，随着用户人数增加将创造更多价值，进而吸引更多用户参与，以此不断地正向循环。若募资情况不如预期，新货币发行人所投资开发的加密货币系统将可能只有被弃用。

因此有人摒弃"硬件思维"，对公众进行加密货币募资时不再以自行开发新的区块链平台为导向，取而代之，通过以太坊智能合约的"软件解决方案"来实现。如前文所言，智能合约只运行于区块链网络，并且是具有不可篡改特性的程序，通过程序设计的方式在可受信任的智能合约中记录每一位投资者所投资的加密货币金额与对应的"股数"，即可实现众筹的目的，而此"股数"即为代币（Token）数。

简而言之，现在比较常见的ICO为"投资人以持有的加密货币换购智能合约中的代币"。2017年几个较具代表性的ICO项目如下：

- Bancor项目期望建立可交换代币的标准，允许任何人都可发行智能代币（Smart Token），而该标准的智能代币或网络代币（Bancor Network Token，BNT）创下3小时内募得1.5亿美元的纪录。
- Filecoin项目主张建立去中心化存储网络于IPFS（InterPlanetary File System）网络上，并能够将文件分散存储至世界各地。由于运行在Filecoin区块链上可以提高安全性，因此这个项目的ICO共募得2.57亿美元。

ICOStats网站统计指出，投资回报率最高的前五名ICO项目分别是NXT、IOTA、Ethereum、NEO和Spectrecoin，排名第一的NXT初期发行价到2018年初为止，它的投资回报率约为12600倍；排名第四的以太币（Ether）投资回报率也有2800倍。

另外，Bitcoin.com网站统计指出，在2017年总共的902个ICO项目中，其中142个项目在募资开始前就宣布失败；113个项目的状态久未更新，恐将面临失败；276个项目在募完资金后完全没有推出任何产品就销声匿迹。这些被列为失败的项目占整体ICO的比例约为59%，总投入金额共计2.33亿美元。ICO失败的比例其实不比传统风险投资（Venture Capital）失败的比例高。不过，由于不少ICO项目一开始就不打算真正开发产品或服务，只想恶意吸金，因此导致ICO投资人纷纷回避，逐渐将ICO视为洪水猛兽。

即使ICO项目是正派经营，由于发行的代币数量往往是固定的，因此也会发生物以稀为贵的情况，以至于大家都将代币留在手上，等待套利，而不肯真正使用。如此一来，又陷入炒币的恶性循环之中，无法实现当初ICO的伟大愿景。

为了保障ICO投资人，开始对ICO进行监管。例如，日本通过了《关于虚拟货币交换从业者的内阁府令案》，规定从事加密货币买卖、交换等业务的公司需登记申请。中国的中央银行发布了防范代币发行融资风险的公告，要求各类ICO活动应立即停止。美国证券交易委员会（SEC）在某些条件下会把ICO代币视为证券，故ICO将可能属于SEC的监管范围，美国SEC基于下列三个判断条件判断是否监管ICO：

- 利润是否完全依赖他人的付出。
- 加密货币是否具为有实用性。
- 投资人是否只为赚取利益。

比特币（BTC）与以太币（ETH）都是开放平台，投资人也可能是程序开发者，因此利润不仅仅是完全依赖他人的付出，同时比特币与以太币都具有实用性且可购买商品或服务，和股票无法直接使用的情况不同。而ICO投资人所换购代币不仅是为了赚取利差，也是为了换取商品或服务。因此，当比特币与以太币可能不会被SEC严格监管的消息一出，这两种加密货币的价格就顺势上扬。

无论如何，进行ICO投资时，投资人都应谨慎小心。美国SEC甚至设立HoweyCoins.com网站，教育民众进行ICO投资时应要注意的事项。

欧洲议会经济和货币事务委员会（ECON）已准备提出一份草拟提案，建议为ICO制定新法规，发展"众筹与端对端的融资框架"，并要求融资平台为ICO设置上限，且必须遵循特定的证券法规。

法国总统马克龙一向看好新兴技术，多次提议将法国转型为"创业国度"，在策略一致的前提下，法国倾全国之力朝着强化企业成长与转型的计划迈进。2018年9月中旬，法国经济与财政部宣布已接受企业成长与转型法案（PACTE）中适用于ICO的某项条例，法国金融市场管理局（AMF）有权向ICO融资公司发出许可证，除了保护投资者的利益，同时也希望能够吸引全世界的投资人。

除了ICO项目多以失败或可能发生弊端收场外，趁着全球ICO的"疯狂"热潮，网络上也弥漫着各种各样顺势而起的真实诈骗行为。例如，有人曾以传销诈骗方式兜售"五行币"（体积比普通一元稍大的硬币，号称纯金打造，印着"金、木、水、火、土"字样）。投资人用5000元人民币换购一个，就可"开网"获取对应的数字货币并开始赚取收益。据说"五行币"是限量版，共发行5亿个，且将全面替代纸币，一年就可赚至少400万元，而当事人日前已被警方逮捕。还有维卡币（Onecoin），号称是一种继承比特币特性的通用加密货币，被中国公安指控为庞氏骗局、传销诈骗、违法吸金，且涉案金额高达数十亿人民币。全世界更多疑似利用加密货币违法吸金的案件层出不穷，如同广告所说："投资一定有风险，ICO投资有赚有赔，申购前应详阅公开说明书"，希望大家小心谨慎，慎之又慎！

对加密货币有了初步认识后，让我们整理一下全球金融产业对这一波加密货币冲击的看法与策略。首先观察金融投资大师们对加密货币的看法，再延伸至跨国金融公司、全球性金融组织乃至各个国家和地区。

- 股神沃伦·巴菲特（Warren Buffett）

  个人资产高达800亿美元的巴菲特曾表示："购买加密货币时，并没有获得任何实质东西，也没有产生任何利益，只是希望下一个人花更多的钱把它买走"，他同时谈到比特币根本不是投资，只是一种游戏、赌博甚至是海市蜃楼（Mirage）。2018年巴菲特发出更为严厉的批判："比特币可能是已经投放好的老鼠药"（Bitcoin is probably rat poison squared）。

- 投资大师霍华德·马克斯（Howard Marks）

  马克斯是橡树资本（Oaktree Capital）的共同创办人，在华尔街极具分量，曾准确预测了"2000年网络泡沫"和"2007年金融海啸"。他警告说"加密货币不是真的"，只是一场毫无理由的热潮，甚至是"金字塔式骗局"，与1637年郁金香泡沫经济、1720年南海泡沫及1999年网络泡沫的情况完全相同。购买虚拟货币的人是投机，而非投资，他们并不考虑所购买的加密货币是否具有潜在价值，其价值与价格是否适当，只是认为其他人在未来会用更高的价格购买。

- 期货教父利奥·梅拉梅德（Leo Melamed）

  85岁（2018年）高龄的梅拉梅德是全球最大衍生品交易所"芝加哥商业交易所"（CME）的名誉主席。他认为比特币有可能成为一种新的资产类别，如同黄金或股票，并可被主流投资者用来交易，而不仅仅是一种加密货币，期货允许投资者卖空比特币，使双向投注成为可能，这种发展将能吸引主要机构的投资者，而不仅只有投机者。

- 摩根大通集团（JPMorgan Chase）

  2017年总资产高达25 336亿美元的跨国金融集团——摩根大通集团仅商业银行部门就有5100家分行，首席执行官Jamie Dimon曾多次抨击加密货币。他曾说过："比特币是一种欺诈""任何摩根大通的交易员，若进行比特币交易会被立刻解雇"
"因为这些员工违反公司守则，以及他们是愚蠢的""如果愚蠢到去买这种东西，
你总有一天会付出代价"。摩根大通堪称是对加密货币批评最严厉的公司，这其
实是可以理解的，若使用加密货币的人数增长，势必会压缩银行业的生存空间。

曾任摩根大通"大宗商品部门"高级主管与"全球商品部门"负责人的Blythe
Masters，在离开摩根大通后创立Digital Asset Holdings公司，专门开发金融服务
的区块链解决方案，并担任其首席执行官。她在"伦敦金属交易所"年度晚宴发
言："供应链是复杂且非常没有效率的，不仅常发生关键数据遗失、潜藏的安全
漏洞、成本过高、有问题的产地履历"，并认为区块链将在供应链领域扮演革命
性的角色，可实现产业中的商品追踪，例如粮食、服饰、黄金、钻石、石油等。

- 美国银行（Bank of America，BOA）
  仅次于摩根大通的美国第二大商业银行为2014年福布斯全球前2000大上市企业中
  排名第13的公司。美国银行董事总经理Francisco Blanch认为比特币若不接受监管，
  将无法顺利在全球扩展开来。

- 高盛（Goldman Sachs）
  高盛是一家跨国的银行控股集团，总部位于美国纽约，《财富》杂志评选为美国
  财富500强企业中的第74名。高盛证券部门表示：比特币虽然不是一种诈欺，也不
  具备货币特性，但却是储存价值的另一种选择。该公司从2017年开始已为客户处
  理比特币期货结算业务，也开始交易比特币期货。同时高盛集团考虑了一项新业
  务——开发比特币及加密货币交易平台（高盛虽未直接交易比特币，但在2015年
  投资给移动支付APP Circle公司5000万美元，该公司已收购加密货币交易所
  Poloniex）。

- 摩根史坦利（Morgan Stanley）
  与高盛具备高度的竞争关系，因此该公司对加密货币的立场是相对积极的，正具
  体地准备在既有的投资组合中新增加密货币基金的项目。

- 巴克莱银行（Barclays）
  巴克莱银行是英国最古老的银行，历史可追溯到1690年，目前是英国的第二大银
  行。在加密货币涉及合规与监管两大议题下，巴克莱的立场显得相对保守，但同
  时也想站在金融科技改革的前线，因此还是会持续观察加密货币的后续发展。

- 发现金融服务公司（Discover Financial Services）

  此公司已于2015年禁止用其信用卡购买加密货币。

- 美国运通银行（American Express）

  此银行允许客户购买加密货币，但设有每日200美元以及每月1000美元的最高限额。

- 美国三大银行

  摩根大通（JPMorgan Chase）、花旗银行和美国银行在考虑波动性与风险后，都已经宣布所发行的信用卡禁止用来购买加密货币。

- 劳埃德银行集团（Lloyds Banking Group）

  劳埃德银行集团已成为英国第一家禁止客户使用信用卡购买加密货币的主要信用卡公司，但客户仍可使用金融借记卡购买加密货币。

- 托克维尔资产管理公司（Tocqueville Asset Management）

  该公司全球著名的顶极黄金基金投资经理人John Hathaway直称"加密货币热潮是垃圾（garbage）"，并认为加密货币未来绝对会发生泡沫。

- 安联欧洲股份公司（Allianz SE）

  来自德国的安联是全球最大的金融服务集团，也是德国最大的保险公司。首席经济顾问Mohamed El-Erian曾表示比特币价格将大跌，且被广泛使用的情况不会发生。

- 芝加哥商品交易所（CME）和芝加哥期权交易所（CBOE）

  CME和CBOE已在2017年开放比特币期货交易，投资者可避免过高的加密货币波动风险，以更安全的方式进入市场，同时也正在评估其他加密货币期货化的可能性。

- Mastercard（万事达卡）信用卡

  Mastercard公司日前表示，虽然部分客户因使用信用卡购买加密货币而造成跨境交易量上涨22%，但公司仍没有直接投资加密货币的计划，不过公司内部确实正讨论和加密货币公司合作发行联名借记卡的想法。

- Visa（维萨）信用卡

  Visa公司要求多家加密货币金融借记卡的公司暂停服务，并强调只会处理法定货币的交易，然而消费者还是可使用其信用卡购买加密货币。

- 国际货币基金组织（International Monetary Fund，IMF）

  IMF总裁Christine Lagarde曾在英国央行会议表示加密货币可能会取代银行业及金

融服务业。她认为虽然目前波动性太大、风险太高、监管过程不够透明、同时还有信息安全疑虑等情况，但是这些问题都可随着时间推移而被解决。世界各国央行和监管机构都应认真对待加密货币，而IMF不排除发行自己的加密货币并会持续探索这项技术的潜力及各种可能性。

- 世界银行（World Bank）

  世界银行是为发展中国家提供贷款的国际金融机构，隶属于联合国系统。现任行长Jim Yong Kim表示：虽然区块链技术令人感到兴奋，但在很多时候打着区块链旗号的加密货币是庞氏骗局，故在面对加密货币时需谨慎小心。

- 马耳他（Malta）

  马耳他是地中海岛国，该国首相欢迎加密货币交易平台到该国来投资，并想成为区块链法规的世界先驱之国。

- 巴西

  巴西中央银行行长Ilan Goldfajn对比特币给予非常严厉的批评。他认为比特币是一种典型的泡沫或金字塔式骗局（Pyramid Scheme，又称为"层压式推销"法或"老鼠会"，就是俗称的"传销"）。简而言之，早期投资者买进大量的加密货币，再制造各种话题吸引更多人进场，此时加密货币价格会顺势水涨船高，早期投资人便能创造源源不绝的收入。

- 韩国

  韩国曾是全球第三大加密货币市场，占全球成交量约有30%。目前韩国政府明令禁止匿名交易，只允许实名的韩国公民进行交易，加密货币交易合法化后不仅增加了政府税收，也防止未成年及外籍人士的非法交易。加密货币在韩国盛行的主因在于国民对数字商品的接受度高，网络速度也是全球最快，同时从文化上观察，该国10%的成年人有赌博的嗜好。

- 日本

  日本是第一个承认比特币为法定货币的国家，取消了对比特币征收消费税，并在2018年初加快制定了对ICO的监管措施，期望让ICO合法化。民间虚拟货币产业也成立了日本加密货币协会（Nihon Kasotsuka Kokangyo Kyokai），建立自治系统的信息安全，并共同准备面临即将生效的法律规范。该协会初期包括16家政府核准的交易所，也试图解决没有被政府核准的交易，同时共同建立加密货币市场的相关准则。

- 中国

  "互联网金融风险专项整治工作小组"办公室在2017年要求所有在中国大陆地区的比特币交易平台必须在9月15日公布停止运营和和制定清退方案，并在同年9月30日前必须完全停止运营。

  中国台湾地区的银行将虚拟加密货币定调为"网络投资商品"，并认为比特币交易应根据金融部门的反洗钱（AML）规则进行管理。财税部门更表示：由于加密货币是虚拟商品，因此应在当地纳税，目前已正在研究如何执行相关的税收规定。

经由前面的介绍，我们可以发现具国际影响力或指标性的投资大师、跨国金融集团及各个国家或地区的政府对加密货币大多数持有悲观负面的态度。加密货币是一种数字货币，但它和"数字形式的货币"是截然不同的两件事。人们通过ATM、移动银行App、网络银行等方式所查询的账户余额或各种类型的账单待缴款项等，虽然都只是显示在信息家电或信息设备上的数字，但是仍都具有法偿的基础，也就是说是"以数字形式存在的法币"。到目前为止，政府征税使用法币，企业发工资也使用法币，法币是结算的最终方式。

然而，加密货币是依靠人们"无中生有"挖矿得来的，即使挖矿得到的加密货币在现实生活还无法直接使用，最终仍希望换回法币。除非有一天乌托邦世界真的降临，每个人都可到区块链的公有链进行交易（加密货币具有"网络效应"的特性，使用的人越多，便会吸引更多人加入），然而这一天的到来恐怕还是遥遥无期的。

ICO所换购的代币是指购买发行者未来所要提供的服务或产品的使用权。因此，如果该服务或产品本身的后市看涨，众人都争先抢用，那么代币的价格自然会上涨；但当公众预期代币价格会在后市上扬，持有人大多会停止使用代币换取服务或产品，也就再次陷入炒币的漩涡中。

ICO似乎已走到终点，但另一种称为STO （Security Token Offering）的证券代币发行机制却开始受到人们的重视。法律上任何被视为"证券"的资产（例如股票、债券、票据、期货选择权、权证等）都是可被代币化的，因此任何将资产权利转换为区块链代币并发行给公众的过程都是STO追求的目标。换言之，STO是一种受政府高度监管的ICO。

STO发行成本比IPO低，清算速度也优于IPO，且允许将资产划分成更小单位，使资产所有权能更加细分，对于投资风险的分散及在二级市场的流通都比传统IPO更富有弹性，因此STO可能成为企业将其证券转为代币化发行的标准模式。

美国证券交易委员会（SEC）主席Jay Clayton曾在2018年2月提及，所看到的每个ICO其实都是证券，借助ICO的经验在推行STO时已考虑到政府的监管，因此STO代币可视为是受监管的证券，未来无论是上市、买卖等活动都将受到规范，而投资大众向符合证券法的公司购买代币也能够确保获得较好的保障。

中国五大商业银行中的交通银行通过其自行研发的区块链资产证券化平台发行了价值约13亿美元的住宅抵押贷款证券。此平台可将"资产证券化"的信息上传至区块链，在信任机制下让参与方都能查看最新消息，提高交易结算的速度与降低操作风险，也缩短了证券发行周期，并期望能实现资产的快速共享与转移。

无论如何，加密货币与底层所使用的区块链技术是两个不同层次的问题。而国际上对于区块链技术的看法会是如何呢？请看下一节的探讨。

1.5 | 金融科技与区块链

金融创新教父Brett King是知名评论家和举世闻名的商业趋势大师，其著作曾四度登上亚马逊书店最畅销排行榜，于2012年出版《Bank 3.0》后立即成为众人争睹的畅销书，被视为掀起全球数字银行风潮的重要推手。

《Bank 3.0》强调未来不再以银行为中心，取而代之是以一般大众为主的生活类型与需求，满足客户的生活体验，让客户被"粘住"才算是成功的数字转型。《Bank 3.0》有下列几项重点：

- 数字化是为了便利顾客、提升服务质量的手段，提升顾客体验满意度是永不停止的目标。
- 银行保留柜台服务必有其特殊考虑，例如帮助网络弱势者、财富管理业务等，其中如何提升"营业面积绩效"是最主要的目标。
- 银行的标准操作流程（SOP）应以服务客户为中心来规划流程和规定，而不该以银行本身的便利为主要考虑。

Brett King认为银行不会只是一个地方，而更是一种行为，银行分行也可能因数字化而消失。这是他在书中阐述的观点，事实也是如此，详见表1-1。

表 1-1　从 2009 年金融海啸以来金融业在数字化技术冲击下的现状

时　　间	银　　行	冲　　击
2017 年	汇丰银行（HSBC）	2015 年，英国地区已关闭 321 家分行，2017 年底将再关闭 62 家
2017 年	劳埃德银行（Lloyds Bank），又名莱斯银行	将关闭 212 家分行
2017 年	花旗（韩国）分行	将关闭 133 家分行中的 30 家
2017 年	富国银行（Wells Fargo）	将关闭全美约 6000 家分行中的 400 家
2017 年 8 月	渣打银行在中国台湾地区的分行	累计 3 年已裁掉 16 家分行
2017 年 11 月	法国兴业银行（Societe Generale）	继 2016 年初宣布裁员 2550 人后，预计在 2020 年底前关闭 300 家分行、裁减约 900 人
2017 年 12 月	苏格兰皇家银行（RBS）	RBS 为英国政府所持有，于 2015 年已关闭 191 家分行。2017 年宣布将再关闭 259 家分行

上述银行中不乏百年企业，富国银行1852年成立于纽约，更在2013年以约2360亿美元成为全球市值最高的银行。随着全球数字化程度日益加深，运营分行的成本只会有增无减，面对公司赚不赚钱及股东庞大的压力，不知道这种趋势是否还会持续下去。

造成金融业这一波冲击的主因是金融科技（Financial Technology，FinTech）公司的迅速崛起。FinTech是近几年颇为热门的话题，然而各界对这个名词的定义却莫衷一是。"爱尔兰国家数字研究中心"（NDRC）将FinTech定义为一种"金融服务创新"，通过各种新类型的解决方案对传统金融服务业的生态(包括信息技术的采用、运营与获利模式、产品设计与流程等各个方面）造成颠覆性的改变。

金融科技公司这股趋势形成产业，认为可运用科技手段使金融服务变得更有效率，借着金融科技(FinTech)带来的种种优势贴近消费者市场，并对现有的市场进行"破坏"，而后挤占传统金融业的部分领域，在狭小的生存空间中挤出一条生路。

金融科技公司不见得都是小型新创公司（Start-up），国内外大型科技公司也有意进军金融业务，例如：

- 亚马逊公司的语音助理Alexa将推出语音P2P汇款功能，同时可和支票账户产品互通。
- Apple公司宣布将与高盛证券合作发行Apple Pay品牌的联名信用卡。
- Facebook公司筹建团队开发区块链技术，可能发行自己的虚拟货币，让在线的22亿用户进行电子支付。
- 中国的BATJ（百度、阿里巴巴、腾讯、京东）4大网络企业已跨入金融领域，分别拥有以下金融服务品牌：度小满、蚂蚁金服、腾讯金融、京东金融。

科技巨擘切入金融服务的主要目的在于深化客户关系，尤其是服务网络原生的、对传统金融陌生的年轻族群。然而，经营金融银行业务的额外成本却非常高，除了必须取得相关金融牌照外，对最低资本维持也有种种要求，同时还必须接受政府的高度监管，包括更加严格的个人信息保密、反洗钱（Anti Money Laundering，AML）以及打击资助恐怖主义（Combating the Financing of Terrorism，CFT）的法规要求。因此，传统金融业在各国政府的保护政策之下，对于金融科技公司的成长具有一定程度的威胁。

虽然曾有人断言金融科技公司的创业风潮正在加速解构全球银行业，但是从客观的角度来看，更大的可能会是大型科技公司选择与银行合作，如此一来不仅可满足政府的监管要求，也可为客户提供更多元的服务。一些大型互联网公司成立的"纯网络银行"，除了总行是实体外，其余都无营业柜台、实体分行及营业人员，所有的金融业务都通过网络与Apps提供。与"纯网络银行"相对的是，传统银行拓展网络业务为基础的网络银行，它在原有银行的基础上发展网络业务，互联网起辅助发展银行业务的作用。

"纯网络银行"若要在夹缝中生存乃至成功，需要六大要素：专注于价值所在、客户体验优化、创新、弹性及快速的组织环境、双轨的信息系统模式、创意营销以及建立运营生态圈。

无论发放执照的结果如何，区块链都是运营生态圈的一种实现方式。未来无论是哪一个团队取得牌照或者是银行引入区块链，其实都是将区块链视为发展策略之一。

在前一节我们知道了金融产业对加密货币的看法，那么全球环境对底层的区块链技术感兴趣吗？

- 百度公司

  百度是中国最大的网络搜索引擎公司，于2017年10月宣布加入Hyperledger 联盟，并成为核心董事会成员。该公司表现出对加密货币的高度兴趣，同时投资6000万美元给美国的数字支付公司Circle Internet Financial。Hyperledger技术最主要的不是用来发行加密货币，而是建立去中心化的应用模式。

- 摩根大通（JPMorgan Chase）

  尽管首席执行官Jamie Dimon曾经对比特币发出了最严厉的批判，但近期表示不再对比特币发表任何意见。他虽然不在乎比特币的交易价格，甚至认为比特币对犯罪分子来说是伟大的产品，但却支持加密货币的底层技术。

  从首席执行官Jamie Dimon的态度可看出，全球金融业巨擘对于未来蓝图与布局是清楚的，他们可明确知道加密货币与区块链技术之间的分别。摩根大通甚至基于以太坊（Ethereum）技术开发自己的Quorum区块链平台，并加入EEA联盟。

- 花旗集团

  首席执行官Michael Corbat表示比特币对金融体系确实已造成威胁，这将迫使各国政府发行自己的数字货币来应对，但加密货币几乎不可能被有效地监管，背后的匿名技术使之被用于洗钱、贪污贿赂以及为恐怖主义募资。尽管如此，却仍看好底层的区块链技术，认为相当有发展潜力。

- 汇丰银行（HSBC）

  汇丰银行即将发布过去两年的实验成果：验证区块链技术应用于信用证的可能性，他们认为客户已开始数字化众多业务，但信用证是其中一个最困难的领域，同时也计划在2019年初推出一个实体网络。

- 法国互助信贷银行

  IBM与法国国民互助信贷银行合作，利用区块链技术构建身份验证系统（Know Your Customer，KYC），他们使用区块链技术为客户向第三方机构（例如地方公共机构和零售商）提供身份证明。

  法国金融机构在探索区块链领域越来越活跃，法国巴黎银行和法国信托局也开始投入研发小型企业售后的区块链平台。

- 跨银行间的合作

  摩根大通（J.P. Morgan）、北方信托银行（Northern Trus）和创立于1857年的西班牙桑坦德银行（Banco Santander）合作，宣布完成一项使用区块链的先导测试，能通过同步进行"影子"投票登记，以收集区块链投票的实验数据。

- 跨境支付系统

  环球银行金融电信协会（Society for Worldwide Interbank Financial Telecommunication，SWIFT）是跨越200个国家和地区以及11000个金融与证券机构的国际合作组织，为全球金融业提供安全与标准化的电文交换系统，并协助完成各项金融交易。SWIFT在过去几年一直是跨境支付的领导者，近年更表示出对区块链技术有着浓厚的兴趣，并主导了几个概念验证项目，尝试解决国外同业账户（Nostro Account）的实时性调节，期望在减低运维成本的前提下加速跨国汇款的效率。参与测试与验证的金融机构包括澳新银行集团（ANZ）、法国巴黎银行（BNP）、纽约梅隆银行（NY Mellon）、星展银行（DBS）、加拿大皇家银行（RBC Royal Bank）和富国银行（Wells Fargo）等。

在2018年3月SWIFT宣布新的全球支付创新（Global Payments Innovation，GPI）电文已完成测试，50%的支付款通过SWIFT GPI可在30分钟内完成，有些甚至可在几秒内就到达最终受益人的账户，而100%的支付可在24小时内到账，不像过去有些跨境交易可能需花上几天时间。

然而，在2019年1月，SWIFT却又突然宣布，将与专注于金融区块链联盟的R3进行整合。此举实在令人雾里看花，但从另一个角度观察，以区块链技术实现跨境汇款一事具有持续发展下去的价值。

- 国际管理咨询机构

  埃森哲（Accenture）与基准咨询公司（McLagan）合作调查报告显示，到2025年区块链技术一旦成熟，每年就可为全球前10大投资银行节省约80亿到120亿美元的交易成本，占基础建设成本的30%。

- 阿布扎比（Abu Dhabi）

  阿布扎比是一个热衷于吸引金融科技公司的国家，并已为在阿布扎比证券交易所的67家上市公司推出区块链代理投票系统。

- 新加坡

  新加坡金融管理局（MAS）是行使中央银行职能与负责监控金融机构的主管部门，他们在2017年11月发布了有关"Ubin区块链项目计划"的第二阶段报告。该项目在2017年5月由MAS、数家新加坡银行、德勤会计师事务所、R3公司、新加坡银行协会（ABS）和埃森哲管理咨询公司（Accenture）共同进行测试。第一阶段着重于"新加坡元"以区块链运行的可能性；第二阶段则聚焦在全球央行之间的测试"实时支付结算（RTGS）系统"。MAS表示如果这样的系统真的开始商业运营，中心化的金融生态系统将被淘汰。此外，新加坡证券交易所（SGX）也和金融管理局（MAS）合作，计划提升付款交割制度（DvP）的流程，利用区块链改善证券结算的效率。

- 马来西亚

  东南亚国家联盟（东盟）中除新加坡政府计划推动区块链等创新政策以改善该地区的融资渠道外，马来西亚也采用了区块链技术推动整个地区的银行服务，该国的9家银行已开始与中央银行合作开发区块链的贸易融资申请。

- 泰国

  泰国逻罗商业银行正构建一个基于瑞波（Ripple）的跨境支付区块链汇款平台，

泰国央行于2018年8月1日发布的法规声明：泰国银行业可通过子公司发行与投资数字货币、提供加密货币的经纪服务与运营相关事业，但只能与经过"泰国证管会"及"泰国保险监理委员会"核准的其他公司进行交易，不得对散户提供加密货币相关的服务。

- 韩国

  韩国政府推动了第一个IoT(物联网)区块链保险服务，由未来创造科学部(Ministry of Science, ICT and Future Planning)的国家信息社会局(National Information Society Agency)负责推动，邀集韩国保险公司Kyobo Life参与该项目，保险客户通过区块链和基本的IoT认证技术自动化小额理赔程序。通过区块链记录病历情况和保险计划细节，可实时计算理赔额度，省去人工审核时间，赔偿金会实时发送给客户，无须繁复的转账过程。

- 中国

  中国官方虽不认同加密货币，但对于底层区块链技术却具有高度的兴趣。日前曾表示中国央行已完成将支票、本票、汇票等票据数字化，并以基于智能合约的区块链数字票据基础设施来解决中国市场的支票欺诈问题。未来将逐步扩展至银行团贷款、证券交易、保险管理、金融审计、资金管理、银行账本管理、金融资产等交易。

  中国官方同时表示，负责发币印钞的"中国印钞造币总公司"正研究使用以太坊(Ethereum)技术推出基于ERC-20规格的代币，并利用智能合约将人民币数字化。根据2018年10月份的消息指出，中国央行(中国人民银行)在2017年7月成立的数字货币研究团队已申请超过40项专利，并持续征聘多位和区块链有关的专家(包括技术、法律、金融和经济领域等)。

1.6 | 区块链商业模式

在加密货币与区块链技术未出现之前，人们其实早就开始使用"电子形式的货币"进行交易了。例如，有些国家允许民众使用电信公司的点数作为支付的工具、大部分金融机构提供借记卡(Debit Card)、信用卡(Credit Card)等服务也行之有年。换言之，传统银行早在进行电子化的进程中，在法令、法规、环境成熟度等种种影响条件下，金融技术公司到底还有什么竞争空间？

金融技术公司的优势在于灵活与创新的商业模式。举例来说，目前银行与银行间进行账务清算时，可通过中央银行或是清算银行（Clearing Bank）提供的机制实时进行。然而在进行跨境汇款时，可就不是那么一回事了，即使已通过国际机构进行清算，但信息传递的过程中还是需要经手数个中间行协同处理，因此一笔汇款交易仍需等上数天时间。

倘若各国银行之间通过区块链技术进行串接，利用"交易即清算"的特性形成一个看不见、跨越全球的虚拟清算机构，将一笔原本需花上几天的汇款支付，转瞬间在几秒内完成且同时兼顾安全、效率与速度，如此一来传统金融机构牢不可破的基础便会产生动摇。2012年推出的瑞波（Ripple）正是瞄准了这个市场，提供新颖的跨境支付系统及中央清算系统。

图1-10为跨境汇款的运作模式，金融机构持续以传统货币形式提供服务给终端用户，但银行和银行间的交易则通过区块链作为信息或现金流的交换网络，架构在去中心化与可信任的基础上，跨银行间的交易将变得更快速与便捷，同时也更加安全。

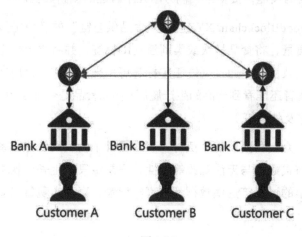

图 1-10

目前，全球大部分的区块链项目依然处于概念验证（POC）阶段，这些项目仍无法顺利进行商业运营，可能的原因是所设计的应用场景不具有商业价值或没有适当的获利模式。

区块链其中的一项特征是网络效应，参与者越多、网络的价值就越大。因此，运行在公有链上的节点越多，区块链就越有价值。退而求其次的是联盟链，为避免过度集中，即便是联盟链的节点数也要够多才有商业价值，因此如何打造一个生态系统才是最重要的。

如同华尔街众多知名人士认为，区块链技术有机会彻底改变世界金融的面貌，为避免在竞争不对称的情况下，金融巨头不小心就被新创小虾米给撂倒，因此欧美大型金融机构也进行多项合作保持创新动能。

瑞士洛桑管理学院世界竞争力中心主任Arturo Bris曾提及："产品不再是价值创造的核心，商业模式才是。而数字科技则可提供全新的价值创造模式"。新技术的发明是一回事，然而能够创新商业模式才是更重要的。

Gartner顾问公司曾每年发表《Gartner Top 10 Strategic Technology Trends》（Gartner十大战略技术趋势），在2019年列出区块链技术，并提到可通过独立于个人的应用程序（智能合约）消除业务摩擦，允许彼此不具信任关系的参与方放心进行交易。区块链技术可望能改变各行各业的面貌。尽管当前的应用场景常围绕着金融应用，但在政府治理、医疗保健、内容发行、供应链等方面具有很多潜在应用的机会。

使用区块链技术需清楚了解商业机会之所在、区块链功能与局限性、信任机制如何构建，以及建立必要的技能，接下来我们分享几个有趣的创新案例。

瑞士新创公司FoodBlockchain.XYZ创建"食品供应链"的区块链技术，食品制造商为确保生产阶段的质量，将食品批次或类别建立ID标签，并将之上传至区块链中，运用不可否定性防止数据被篡改，通过可信任ID标签可用来追踪整个供应链的产品项，除了能防止假冒品，消费者还能看到产品的生产履历（例如食品是否来自污染地区、农夫是否按照正确的方法运送及处理等）。

中国新创公司"众安科技"的"沃朴物联"提供了物联网智能设备和防伪技术，尝试利用区块链的分布式账本与无法篡改等特性，记录每只鸡生长的状态，保证从小鸡到成鸡、从鸡场到餐桌的过程等这些数据都被真实记录，真正实现每只鸡的防伪溯源。信息透明，让吃的人更放心！

俄罗斯最大的航空公司S7与该国最大私人银行Alfa合作在区块链上发售机票，减少航空公司与售票代理之间的结账时间（过去需花费2周之久），依靠区块链技术可缩短支付流程，在机票售出后平台自动扣除代理佣金，航空公司随即得到正确收益。

2002年联合国通过的"国际钻石原石认证标准机制"（简称金百利机制）可用来确认钻石的价值标准，在2003年1月1日开始实施，主要希望通过各国进出口交易的监管认证，根除来自非洲反叛军或其同党通过金融手段胁迫和控制冲突地区所生产的钻石原石。此项认证可通过激光技术将所取得的钻石特征值上传至区块链网络来加以实现，如此一来便能追溯钻石的真伪及其履历，包括钻石加工厂、认证机构、跨国运送方、海关、银行或保险公司、零售商等。

越来越多的资产也可被数字化（例如软件版权、地契等）。格莱美奖的音乐制作人
RAC将其作品EGO通过区块链发行与出售，通过区块链与智能合约技术直接付费给音乐
家，所有的版税都按照合约立即进行分配。去中心化的结果使得平台业者（例如Apple公
司）无法"剥削"30%的抽成，使艺术家能得到更多的报酬。

又如，财险公司与航空公司合作，运用区块链技术实现自动化的班机延误理赔机制，
航空公司的班机若延误时会将班机延误信息上传至区块链网络，当财险公司从网络上取
得延误信息后，智能合约根据所设置的条件自动拨款到消费者所指定的银行，如图1-11
所示。如此便可减少消费者申请理赔的种种不便。然而，这种商业模式需要相关法规的
实施方能实现。

图 1-11

另外一种值得称赞的商业模式为通过区块链技术建立医院、寿险公司及银行间的信
任关系，住院病人在出院后往往需提供大量的证明文件，才能申请寿险公司的理赔。倘
若随着病人出院，相关信息自动上缴至区块链网络，理赔金即可自动拨款到保户指定的
银行账户，这样既便民又省时间，如图1-12所示。

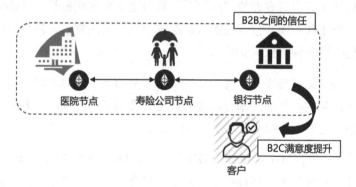

图 1-12

上述创新的理赔支付方式还受限于各个国家或地区的法令与法规，金融业者还需要
兼顾合法合规的考虑。然而，全力拥抱区块链技术的新加坡大都会人寿保险公司
（MetLife）已开始测试类似的商业模式，这让新加坡有投保的孕妇在被诊断患有妊娠糖
尿病时就可快速且自动地获得保险理赔。

前面介绍的几种商业模式中有些通过数据库或API方式进行信息交换也能够实现同样的功能。然而，通过区块链的方式，除了可免除发生单点错误的情况外，在效能上也会有显著的提升。

不过，不可否认的是，关键因素在于上传至区块链的数据真实性究竟有多少，虽然区块链能够妥善保护所存放的数据，但若这些数据在上传至区块链的过程中就已被篡改或破坏了呢？另外，以食品履历为例，粘贴在商品上面的标签会不会根本就已是作假或篡改的呢？导致完全和区块链网络所存放的数据不一致了呢？

适用区块链的商业场景应是班机延误险或医院自动理赔的案例。简单地说，以B2B2C的模式建立的信任关系依然存在于企业与企业之间，而最终用户则因这些公司彼此建立信任关系后才能间接受益。

毕竟现阶段区块链的交易速度与普及率并不高，要让所有的最终用户直接面对与使用区块链其实是不现实的。倘若以B2C的思维构建DApp，则成功的概率可能不高。因此，如何建立企业间的生态系统才是推广区块链技术的当务之急。

许多人将区块链当成一种破坏式的创新，然而《哈佛商业评论》杂志在 2017年1月的文章《企业转型启程—— 你不可不知的区块链创新》（The Truth about Blockchain）中转述了哈佛大学企管系的两位教授Marco Iansiti与Karim R. Lakhani对区块链的评论。他们认为区块链并不是一种"破坏式创新"技术，因为它无法通过低成本的解决方案攻击传统的商业模式来迅速夺取既有者的"江山"。同时也说到区块链是一种基础设施技术，因此必须等上几十年的时间，包括在技术、法规治理、组织完备等各个障碍都排除之后才有可能渗透整个经济与社会环境中。

作为新一代的信息基础设施，有人将区块链比喻为当年的TCP/IP，认为其有机会取代当前的网络应用架构。然而，基础设施的推进需要很长的时间酝酿和沉淀，比如1972年推出的TCP/IP一直等到1980年末才逐渐被广泛使用。

如图1-13所示，根据Marco Iansiti与Karim R. Lakhani这两位教授所设计的框架，可通过"复杂与协调程度"和"新颖程度"两个维度划分出四个象限，以此来观察基础技术的采用阶段与过程。

- 单一用途：过去几年区块链技术唯一的用途就是发行加密货币（例如比特币）。
- 局部化：作为技术采用的第二个阶段，将会有一些组织与企业组成联盟的方式进行小范围的实验。目前应落在这个阶段。

- 替代：在第三个阶段中，现存的部分业务将会被区块链技术所取代。
- 转型：最后一个阶段完全是全新的应用，可以改变整个经济、社会与政治制度的运作方式。

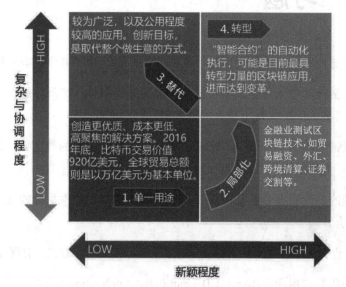

图 1-13

麦肯锡（McKinsey & Company）管理顾问公司的合伙人及金融顾问Brant Carson，曾于2018年6月中旬在官网上发表对于区块链的最新调查报告《区块链除了炒作：那些战略性商业价值为何？》（Blockchain beyond the hype：What is the strategic business value？）[2]。

报告认为区块链仍是一种不成熟的技术，市场也处于萌芽阶段，也无任何确定成功的方式，而需要一个能正常运转的生态系统，并在系统、数据、投资引导方式和监管等各个方面通通达成一致性，其实是件非常不容易的事情。

目前区块链技术虽然还有许多议题等待解决，例如交易速度、密钥保存方式、数据存储空间日益增加等，然而对于任何有信心的组织与公司而言，仍应积极对其投入研究与探索的资源。

---

[2] 原文网址：https://www.mckinsey.com/business-functions/digital-mckinsey/our-insights/blockchain-beyond-the-hype-what-is-the-strategic-business-value

1.7 | 习题

1. 在区块链技术中，大量使用哈希（Hash）算法，请简单介绍哈希算法的特性。

2. 在区块链技术中采用类似单向链表的数据结构概念，请阐述是否有强化安全、采用双向链表的必要，以及实现上有何困难的地方？

3. 工作量证明机制（Proof of Work，PoW）是一个公平的算法吗？请根据你的观点来说明PoW是否能达到去中心化的目的。

4. 区块链的三大联盟分别是Hyperledger、R3、EEA，请根据你的观点阐述哪个联盟较有胜出的机会。

5. 为什么世界各大企业在区块链合作上多采用加入联盟的方式，有哪些优点与缺点？

6. 去中心化的应用程序DApp（Decentralized Application）是否又回归"中心化"的老路？你的观点是什么？

7. 加密货币与当前政府所推行的电子支付都采用数字方式的货币，两者的优势和劣势分别是什么？

8. ICO被视为股票而列入监管范围，你认为是好事还是坏事？

9. 如果你要成立新创公司，会不会考虑以ICO方式募集市场上的资金？

10. "网络金融化，金融网络化"，当科技与金融产业间的差异越来越小，你觉得哪些企业有机会？

11. 有人说，金融科技没有成功的机会，你的观点是什么？

12. 许多银行纷纷成立数字分行，你去体验过吗？与传统银行的分行有何差别？

13. 简述B2C、B2B、C2B的商业模式。

14. 简述什么是"网络效应"？你知道哪种商业模式构建于"网络效应"之上吗？

15. 区块链非常安全，但它周边的世界不是如此，你同意吗？

第 2 章

搭建以太坊私有链

区块链技术更迭瞬息万变，概念看似简单却时常让人觉得只是管中窥豹。读者学会区块链技术最好的方法就是"边学边实践"。本章将以手把手的方式一步一步示范如何通过以太坊客户端软件（Ethereum Client）连接以太坊主链、测试链以及搭建属于自己的私有链，再尝试通过钱包软件传送（转账）加密货币。

本章结构如下：

- ❖ 以太坊客户端软件
- ❖ 连接主链与测试链
- ❖ 搭建私有链
- ❖ 以太坊钱包软件
- ❖ 点对点连接
- ❖ 使用权威证明共识 PoA 的 Ethereum-Parity

2.1 | 以太坊客户端软件

以太坊客户端软件俗称节点程序，可用来运行一个区块链节点，多个节点相互串接后便形成区块链网络。在区块链网络中，用户可进行挖矿、传送加密货币、执行智能合约、浏览历史记录等工作，进而发展出完整的区块链生态圈。

刚进入以太坊领域的读者可能会发现，可选择使用的以太坊节点程序多如过江之鲫，一时之间还真不知道该如何下手。

节点程序的多样性与区块链崇尚"开放"的价值观有关，以太坊节点程序构建在相同的通信协议上，并以不同程序设计语言与技术开发出适用各种操作系统与环境的多种版本。在不限制创新动能又能兼顾核心主轴的情况下，终于形成现在的局面。

表2-1列出的是目前广泛使用的以太坊节点程序，其中又以使用Go语言开发的Go-Ethereum（简称为Geth）和Parity两个版本为节点程序的领头羊。本书将以Geth为主要介绍对象。

表 2-1　目前广泛使用的以太坊节点程序

客户端软件	使用的程序设计语言	开　发　者
go-ethereum	Go	以太坊基金会
parity	Rust	Ethcore
cpp-ethereum	C++	以太坊基金会
pyethapp	Python	以太坊基金会
ethereumjs-lib	JavaScript	以太坊基金会
ethereum(J)	Java	<ether.camp>
ruby-ethereum	Ruby	Jan Xie
ethereumH	Haskell	BlockApps

开始操作之前，先要下载节点程序（网址为https://ethereum.github.io/go-ethereum/downloads/），如图2-1所示。

可根据自己使用的操作系统与环境下载适当的安装包。本书聚焦在Windows环境下的范例程序编写与测试，交付出版时所选用的Geth版本为1.8.7，获取的安装包名称为"geth-windows-amd64-1.8.7-66432f38.exe"。

图 2-1

　　Geth安装方法很简单，只要双击执行文件便可进入安装程序，虽说是"安装"，但其实只是将安装包解压缩到指定的目录罢了。为避免日后的困扰，在安装过程中要记得选择安装开发工具（Development tools），如图2-2所示。

　　如图2-3所示，将与节点程序有关的几个重要的可执行文件解压缩到指定目录（例如C:\MyGeth）。这些重要的可执行文件及其说明可以参考表2-2，后续各个章节的介绍将会围绕在Geth与bootnode这两个主要的应用程序上。

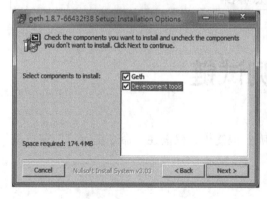

图 2-2

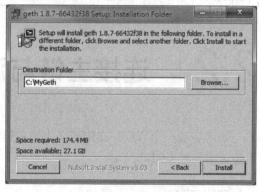

图 2-3

表 2-2　与节点程序有关的可执行文件

软件程序	说　明
geth	Geth 就是以太坊的节点程序（注：执行命令时用小写的 geth，因为程序文件名为小写），是一个命令行的应用程序。用户可以通过 Geth 连接以太坊主链、测试链或是搭建自己的私有链。在默认情况下，Geth 支持全节点模式（Full Node），也就是下载与同步完整的历史区块链数据。也可以运行在轻量模式（Light Node），只取得实时的数据更新。除此之外，用户还可以通过 HTTP、WebSocket 或是 IPC 等方式使用节点程序所提供的 RPC 服务，串接链上与链下的世界

（续表）

软件程序	说　　明
abigen	abigen 是一个程序代码生成器。它可以把 sol 或者 abi 文件转换成特定的程序设计语言，并且在符合安全规范的情况下提高程序编写的方便性与互动性。目前支持三种程序设计语言，包括 golang、objc、java
bootnode	bootnode 是一个轻量化的以太坊节点程序，然而它只保留和网络节点探询有关的通信协议。因此，可以用来协助建立 peer to peer 网络操作模式
evm	开发版本的 EVM（Ethereum Virtual Machine，以太坊虚拟机）允许在可调整环境的情况下执行智能合约的字节码（Bytecode，也就是中间码），协助和提高工程师调试和除错的效率
gethrpctest	协助开发与测试 JSON-RPC 的工具程序
rlpdump	协助开发的工具程序。可以将二进制表示的 RLP（Recursive Length Prefix，递归长度前缀）数据（包括网络与共识内容）以更友好、更具层级的方式显示
swarm	进入 swarm 分布式存储网络的进入点
puppeth	一个命令行的程序，用来协助建立以太坊网络

2.2 | 连接主链与测试链

如何启动一个节点并连接到以太坊主链呢？很简单，仅需在"命令提示符"窗口模式输入下列指令即可：

```
geth console
```

此时节点程序在执行后会不断显示出许多信息，如图2-4所示。

这些信息表示节点程序正进入快速同步（Fast-Sync）模式，连接至以太坊主链网络（Main Ethereum Network）下载最新的区块链数据与状态，所获取的区块链数据将被存储在默认的目录之中，例如：

C:\Users\myAcc\AppData\Roaming\Ethereum\geth\chaindata

在执行节点程序时带入console参数，将会进入JavaScript交互式控制台（JavaScript Interactive Console），用户可通过Geth控制台使用各种各样的Web3函数与特有的API（参见附录B的说明）。若想停止节点，只要在文本模式的Geth控制台输入"exit"指令即可停止节点的运行。

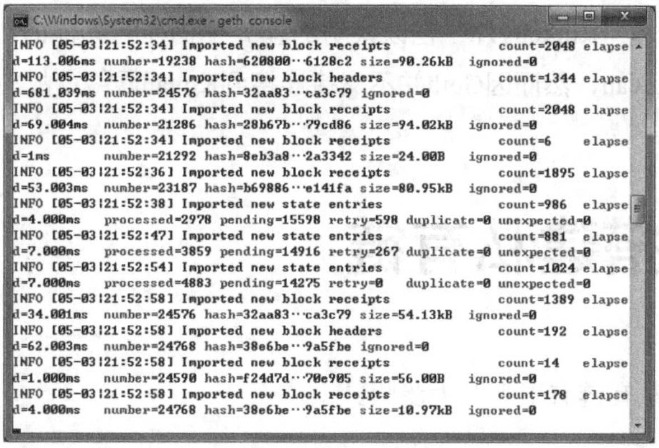

图 2-4

注意，节点程序所同步下载的区块链数据会迅速地占据好几兆字节的存储空间，若不再需要进行测试时请记得删除该目录，否则将浪费不少存储空间。

若想在正式的以太坊主链上测试区块链的各项功能（例如执行智能合约、传送加密货币等）则是不符合经济效益的，因为在主链上所执行的操作往往要消耗不少燃料（在以太坊中经常耳闻的Gas）。燃料是需要花费加密货币的，而加密货币又与真实世界的法币联系在一起，因此若直接在以太坊公有链上进行各种实验或程序开发则是不切实际的。

然而，程序在开发阶段总是需要进行测试的，否则很难验证程序逻辑编写的正确性。因此以太坊另有提供测试用的区块链网络（Ethereum Testnet，以太坊测试网络），让程序开发人员可在其上进行各种各样的测试与验证。最早提供的测试网络称为"Ropsten"，它采用的是"工作量证明"（Proof-of-Work，PoW）共识算法。在"命令提示符"窗口中输入下列指令，节点程序在启动后便会连接至Ropsten区块链网络：

```
geth --testnet console
```

虽然已连接至测试链，但是进行各项实验仍需支付燃料（Gas）费，那么该如何获取所需的燃料呢？第一种方式是使用自己计算机的计算资源进行挖矿，赚取以太币（ETH）加密货币。第二种方式是请其他已拥有测试链以太币的朋友把加密货币转账一点给你。最后一种方式是到提供水龙头服务（Faucet Service）的网站输入自己在测试链上的地址，得到免费的测试币。

工作量证明（PoW）是速度较慢的共识算法，因此在进行实验时可能会出现不顺畅的情况，为此Geth支持节点程序可连接至另外一条"Rinkeby"的测试链。由社区发挥力量所搭建的Rinkeby采用了速度较快的"权威证明"（Proof-of-Authority，PoA）共识算法。

其实除了Ropsten与Rinkeby外，在以太坊的世界中仍存在其他的测试链可供测试，例如采用PoA算法的Kovan，然而因Geth并不支持连接到Kovan网络，故在本书不进行介绍。

2.3 | 搭建私有链

使用Geth架设私有链有下列四大步骤：

① 设置创世区块（Genesis Block）

② 创建Coinbase账户

③ 获取节点网络信息

④ 设置静态网络配置文件

搭建私有链的第一步骤是设计与提供创世区块，那么什么是创世区块呢？简单地说，创世区块就是在单向链表结构中整条区块链的第一个区块。若把区块链想象成数据结构的链表（Linked List），创世区块就是编号0，唯一没有父节点的第一个区块。

如何判断网络上的两条区块链是否为同一条链呢？此时需借助网络ID（Network ID）与创世区块来辨识。区块链网络构建者可创造一条有着与以太坊主链一样的创世区块但网络ID不一样的区块链；也可以创造一条ID和主链一样但创世区块不一样的区块链，这些区块链都被视为不同的区块链网络。

换言之，假设在网络上存有两条网络ID与创世区块都一样的区块链，将被视为相同的区块链，同时便会开始进行同步的工作。高度较低的区块链（区块数较少的链）数据将被较长的区块链全部覆写，最后达到数据稳定的状态。

以太坊主链的创世区块信息已被写死（Hard Coded）在节点程序中，因此在默认情况下执行geth指令后便会开始和主链进行数据同步。

Geth支持自定义创世区块，只有具有这样的弹性才能在自己的网络环境中搭建专用的私有链。自定义创世区块的相关信息需存储在JSON格式的文本文件中，本章的范例存储在C:\MyGeth\private.json中，请参考下例：

```
{
    "config":{
        "chainId":168,
        "homesteadBlock":0,
        "eip155Block":0,
        "eip158Block":0
    },
    "alloc":{
        "0x0000000000000000000000000000000000000001":{"balance":"123"},
        "0x0000000000000000000000000000000000000002":{"balance":"456"}
    },
    "coinbase":"0x0000000000000000000000000000000000000000",
    "timestamp":"0x00",   "parentHash":
        "0x0000000000000000000000000000000000000000000000000000000000000000",
    "extraData":"",
    "gasLimit": "0xffffffff",
    "nonce":"0x0000000000000042",
    "difficulty":"0x400",   "mixhash":
        "0x0000000000000000000000000000000000000000000000000000000000000000"
}
```

在表2-3中提到只要调整创世区块的**difficulty**参数即可影响区块生成的效率，然而以太坊的区块链是"活的"，节点间彼此会动态调整挖矿的困难度，因此只能影响在区块链网络刚创建时的效率。随着区块链网络运行的时间增加，挖矿的困难度还是有可能增加的。

表2-3　区块链节点的字段及其说明

字　段　名	字　段　说　明
config: chainID	此参数是为了让以太坊上的交易能和以太坊经典网络（Ethereum Classic network）上的交易有所区别而设置。交易的签名方式取决于这个参数，搭建私有链或联盟链时应该采用唯一的标识值。如下为以太坊所建议的数值： 1：Ethereum mainnet 2：Morden (disused), Expanse mainnet 3：Ropsten 4：Rinkeby 30：Rootstock mainnet 31：Rootstock testnet 42：Kovan 61：Ethereum Classic mainnet 62：Ethereum Classic testnet 1337：Geth private chains (default)

（续表）

字　段　名	字　段　说　明
config: HomesteadBlock	设为 0 时，代表采用 Homestead 版本的以太坊
config: EIP155Block	设置用来避免重放（Replay）攻击的区块起始编号，设置为 0 即可
config: EIP158Block	设置节点程序对于空账户（Empty Account）的处置方式，设置为 0 即可

alloc	账户地址与加密货币余额的"主键与数据"对，用来预先配置以太坊加密货币给所指定的账户地址，如下为以太坊主链最初的创世区块的设置，这些地址的拥有者也是参与当初预售阶段的人，预设可以获得的以太币：
	
	`"alloc": {`
	　`"3282791d6fd713f1e94f4bfd565eaa78b3a0599d": {`
	　　`"balance": "1337000000000000000000"`
	　`},`
	　`"17961d633bcf20a7b029a7d94b7df4da2ec5427f": {`
	　　`"balance": "2294270000000000000000"`
	　`},`
	　`"493a67fe23decc63b10dda75f3287695a81bd5ab": {`
	　　`"balance": "8800000000000000000000"`
	　`},`
	　`"01fb8ec12425a04f813e46c54c05748ca6b29aa9": {`
	　　`"balance": "2598000000000000000000"`
	　`}`
	`}`

coinbase	挖矿账户。长度为 160 位（bit）的以太坊地址，挖矿所获得的奖金或执行智能合约的燃料费将被加总计入到这个账户。在一些规范中此参数又被称为受益人（Beneficiary），有些文章则将它称为 Etherbase
timestamp	用来保持系统稳态（Homeostasis）的特性参数。倘若最后两个区块间的生成时间间隔过短，则会增加挖矿的困难度；反之，若两个时间间隔太长，则会动态降低挖矿的困难度，因此可让系统保持平稳的状态
parentHash	将父区块的标头（包括 nonce 与 mixhash）进行哈希运算，得到长度为 256 位（bit）的哈希值。区块通过记录父节点的哈希值进而串接在一起，终将形成区块链。哈希值的计算采用 Keccak 算法，也就是 SHA3（Secure Hash Algorithm 3，安全哈希算法 3），是于 2015 年 8 月 5 日由 NIST 通过 FIPS 202 的第三代安全哈希算法
extraData	长度最大为 32 字节（byte）的选择性参数，用来记录额外信息
gasLimit	区块链中的每一个区块所能消耗燃料的最大限制值，此参数和每一个区块能包含的交易信息总和有关，在搭建私有链时通常设置为最大值

（续表）

字 段 名	字 段 说 明
difficulty	用来控制区块生成频率的设置值，即为用来决定挖矿的困难度。在搭建私有链时，会让此数值尽可能小一点，以降低区块生成的等待时间
nonce	长度为 64 位（bit）的随机数，但通常都是上一个 nonce 加 1 后的数值，配合 mixhash 的使用，为计算新区块时所需
mixhash	长度为 256 位（bit）的数据，配合 nonce 使用，用来证明该区块已具有足够的计算量来协助验证加密挖矿的有效性

在接下来的实验里，在同一台计算机主机启动3个"命令提示符"窗口，并分别执行以太坊节点程序来扮演不同的区块链节点，以下简称为节点1、节点2和节点3。稍后便要将这3个节点相互连接起来形成私有链网络。

首先，在第一个"命令提示符"窗口执行下列指令，以初始化节点1：

```
geth --datadir "C:\MyGeth\node01" init "c:\MyGeth\private.json"
```

其中，datadir参数用以指定存储区块链数据的目录，init参数通知节点程序按指定的创世区块进行初始化的操作。若成功执行则应出现如图2-5所示的信息，例如"successfully wrote genesis state"。

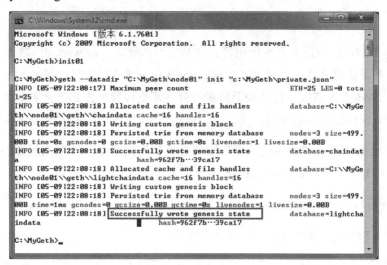

图 2-5

节点程序在初始化过程中会在数据存储目录创建geth与keystore两个子目录，前者用来存储区块链上的数据，后者用来存储密钥文件。

接着准备在节点1上创建一组账户，并让它扮演矿工的角色，即所有挖矿所得将计入此账户的余额。请在节点1的"命令提示符"窗口输入下列指令，准备第一次启动节点1：

```
geth --identity "Node1" --networkid 168 --nodiscover --datadir "c:\MyGeth\node01"
```

启动之后的界面如图2-6所示。

图 2-6

identity参数用以设置节点的标识符，也是节点的别名。networkid参数为之前说明过的网络ID，用以区别网络上的其他区块链。nodiscover参数告诉节点程序不需要进行对等节点（Peer Node）的查找，因为稍后将通过静态网络设置的方式连接所有节点。datadir参数用于指向区块链数据的存储目录。成功启动节点1后，节点程序便会开始运行。

接着启动另外一个"命令提示符"窗口并执行下列指令，准备通过IPC的方式进入节点程序的控制台模式（Console Mode）：

```
geth attach ipc:\\.\pipe\geth.ipc
```

成功进入控制台，屏幕上应显示如下信息：

```
Welcome to the Geth JavaScript console!

instance: Geth/Node1/v1.8.7-stable-66432f38/windows-amd64/go1.10.1
 modules: admin:1.0 debug:1.0 eth:1.0 miner:1.0 net:1.0 personal:1.0 rpc:1.0 txp
```

```
ool:1.0 web3:1.0

>
```

在控制台的闪烁光标后面输入下列指令：

```
> personal.newAccount("16888");
```

personal.newAccount指令为要求节点程序创建一组新账户，此组账户的密码为"16888"。节点程序在顺利创建账户后随即会显示该账户的地址，例如0x4cd063815f7f7a26504ae42a3693b4bbdf0b9b1a，也会在其keystore子目录中生成该账户的密钥文件，例如：

```
UTC--2018-05-09T14-54-57.8876707000Z--4cd063815f7f7a26504ae42a3693b4bbdf0b9b1a
```

至此，大致就完成了节点1的设置。由于所规划搭建的是私有链，因此尚需获取节点的网络连接信息，准备用来创建一份静态网络配置文件，使得各节点知道彼此的存在。在节点1的控制台输入下列指令，获取节点1的网络连接信息：

```
admin.nodeInfo.enode
```

控制台所显示的连接信息应如下所示：

```
"enode://2dc26365e0126c92e4036da8fc2ea4af41147e61ea6272781a49e5f56a3c54a1ae6b5
5a44a54c4cffbf2efae1aeca1ac32dcbfcfb68047e0403c8626a0675a6b@[::]:30303?discport=0"
```

将上述网络连接信息中的[::]字符串置换成计算机主机的实际IP，由于当前只在同一台计算机主机运行3个节点，因此只要将[::]置换成127.0.0.1即可，最后将网络连接信息存储在命名为static-nodes.json的纯文本文件中。

```
"enode://2dc26365e0126c92e4036da8fc2ea4af41147e61ea6272781a49e5f56a3c54a1ae6b5
5a44a54c4cffbf2efae1aeca1ac32dcbfcfb68047e0403c8626a0675a6b@127.0.0.1:30303"
```

目前可先暂停节点1的运行。在控制台界面输入"exit"指令退出控制台，同时请在节点1的"命令提示符"窗口按下Ctrl + C组合键停止节点的运行，接下来准备初始化节点2和节点3。初始化节点2的指令如下：

```
geth --datadir "C:\MyGeth\node02" init "c:\MyGeth\private.json"
```

以太坊节点程序默认的端口号为30303。由于本节范例是在同一台计算机主机上执行3个节点，为避开端口号30303已被节点1使用的情况，因此节点2和节点3只能选用其他端口号。如下所示，通过port参数将节点2使用的端口号设置为30304。

```
geth --identity "Node2" --networkid 168 --nodiscover --datadir "c:\MyGeth\node02"
--port "30304"
```

在初始化过程中，"命令提示符"窗口会显示如下节点2的网络连接信息：

```
"enode://e89caaae9ef5de61c65982f4ef6d21d5bcfec599ac54be76a0f1b6d5030637be9f613
9ba080ca6bf5282a0423e68ab10414ed8d3b681bc20c18639849565f6f9@127.0.0.1:30304"
```

同样的原理，设置节点3使用端口号为30305，并获取相关的网络连接信息。

```
geth --identity "Node3" --networkid 168 --nodiscover --datadir "c:\MyGeth\node03"
--port "30305"

"enode://1827859b77c51b730fe3ab75561366456f1a1bb06c7d66aeb75cccf3d52f3d69be8fe
b2400f06d1266a7b6cc6620be71bbfba166062be7e3dee3b6b881811c41@127.0.0.1:30305"
```

最后合并所有节点的网络连接信息，并将它们存储在名为static-nodes.json的纯文本文件中，例如：

```
[
  "enode://2dc26365e0126c92e4036da8fc2ea4af41147e61ea6272781a49e5f56a3c54a1ae6b5
5a44a54c4cffbf2efae1aeca1ac32dcbfcfb68047e0403c8626a0675a6b@127.0.0.1:30303",
  "enode://e89caaae9ef5de61c65982f4ef6d21d5bcfec599ac54be76a0f1b6d5030637be9f613
9ba080ca6bf5282a0423e68ab10414ed8d3b681bc20c18639849565f6f9@127.0.0.1:30304",
  "enode://1827859b77c51b730fe3ab75561366456f1a1bb06c7d66aeb75cccf3d52f3d69be8fe
b2400f06d1266a7b6cc6620be71bbfba166062be7e3dee3b6b881811c41@127.0.0.1:30305"
]
```

最后一个步骤是将static-nodes.json分别复制一份到各个节点的数据存储目录之中，如此一来，在启动节点后，彼此即可通过静态配置文件相互进行连接。准备正式启动各个节点，请参考如下3个节点的启动指令（启动指令的参数选项及其说明可以参考表2-4）。

节点1：

```
geth --identity "Node1" --networkid 168 --nodiscover --maxpeers 5 --rpc --rpcapi
"web3" --rpcport "8080" --datadir "c:\MyGeth\node01" --port "30303" --mine
--minerthreads=1 --cache=1024
```

节点2：

```
geth --identity "Node2" --networkid 168 --ipcdisable --nodiscover --datadir
"c:\MyGeth\node02" --port "30304"
```

节点3：

```
geth --identity "Node3" --networkid 168 --ipcdisable --nodiscover --datadir
"c:\MyGeth\node03" --port "30305"
```

表 2-4　启动节点指令的参数选项及其说明

参数选项	说　　　明
maxpeers	设置最大的连接 P2P 节点数，默认值为 25
rpc	启动 HTTP-RPC 服务器，让外部程序可以通过 JSON API 和节点互动
rpcapi	可用逗点隔开，设置所要开放的 JSON API 的种类，例如 db、eth、net、web3、personal 等
rpcport	HTTP-RPC 服务的网络端口号
mine	启用节点的挖矿功能
minerthreads	设置用来挖矿的线程数量，默认为 4 个线程
cache	单位为 MB，设置用来作为内部缓存的大小，默认为 1024 MB

在同时启动3个节点后，将发现每个"命令提示符"窗口中的数据都在持续更新，表明扮演矿工的节点持续地进行新区块地址的计算，节点间彼此不断地进行共识，使数据得以同步到整个私有链。图2-7即为矿工节点更新情况的界面。

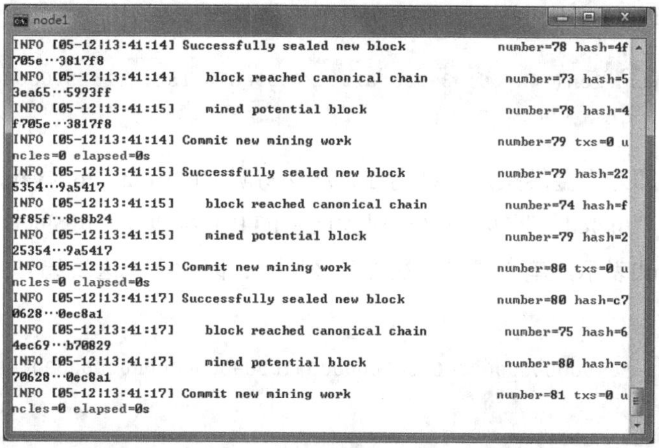

图 2-7

已开始进行挖矿的工作就代表开始获得加密货币。那么要如何确认及查询已获得的以太币呢？或该如何进行加密货币的资产转移呢？很简单，只要通过钱包软件即可。

2.4 | 以太坊钱包软件

Geth控制台提供了各种各样的指令，例如personal.newAccount可用来创建新账户；若想暂停节点程序的挖矿工作，则可通过miner.stop指令；要使节点程序恢复挖矿则可利用miner.start指令；eth.getBalance（账户）指令用于查询账户余额；web3.fromWei（数值）可将输入的加密货币从wei单位转换为eth单位。

Geth控制台还提供了资产（加密货币）转移的功能，但前提是转出的账户必须要经过解锁，即必须先输入密码进行身份确认。下列即为Geth控制台解锁账户的指令：

```
personal.unlockAccount('0x4cd063815f7f7…', '16888');
```

解锁完成后可进行资产转移的工作。下面列出的信息是通过sendTransaction指令从地址"0x4cd…"转账100个以太币（ETH）给地址"0x59a…"。顺利执行后控制台将显示这次资金转账的交易哈希值（例如"0xe66dd…"）。

```
eth.sendTransaction({from:'0x4cd063815f7f7a26504ae42a3693b4bbdf0b9b1a',
to:'0x59ab8c8176719e70322e755295fae06791e8c334', value:web3.toWei(100,'ether')});
```

可以通过getTransaction指令来根据交易哈希值查询交易明细：

```
eth.getTransaction("0xe66dd39965f21f1024999e31adfa6f4f2df520d8b4bff7bfce84dd67
2e3d1975");
```

下面列出的即为资金转账的交易明细，从交易明细的from、to与value字段可以看出，此次交易从地址"0x4cd…"转账100个以太币（ETH）给地址"0x59a…"，而区块编号blockNumber为null表示这笔交易尚未被加到区块链，因此尚无区块编号。

```
{
  blockHash: "0x0000000000000000000000000000000000000000000000000000000000000000
0000",
  blockNumber: null,
  from: "0x4cd063815f7f7a26504ae42a3693b4bbdf0b9b1a",
```

```
    gas: 90000,
    gasPrice: 18000000000,
    hash: "0xe66dd39965f21f1024999e31adfa6f4f2df520d8b4bff7bfce84dd672e3d1975",
    input: "0x",
    nonce: 4,
    r: "0xbf2aa44d74923039fbc77c99451aafb4f96317a66b5d0ddab2894bd6fa12ec7e",
    s: "0x709d1ad3dcadfe85463bdd2161179a064186ef08df8fedcdf8be277619851983",
    to: "0x59ab8c8176719e70322e755295fae06791e8c334",
    transactionIndex: 0,
    v: "0x173",
    value: 100000000000000000000
}
```

在Geth控制台输入了txpool.status指令，可发现有一笔交易正处于挂起（Pending）状态，而这笔交易就是刚刚所提出的资金转账交易。

```
{
    pending: 1,
    queued: 0
}
```

等候挖矿工作继续执行并顺利计算出新的区块地址后，再试着用getTransaction指令查询交易明细，此时可发现blockNumber已不再是null，而是数字1229，这代表交易已被存储至区块链编号1229的区块。

```
{
    blockHash: "0x3ff06f39f87625ab9f8e5ac760488e8f16b90d9bad2d5b5adeb77eaa4187d
               6c8",
    blockNumber: 1229,
    from: "0x4cd063815f7f7a26504ae42a3693b4bbdf0b9b1a",
    gas: 90000,
    gasPrice: 18000000000,
    hash: "0xe66dd39965f21f1024999e31adfa6f4f2df520d8b4bff7bfce84dd672e3d1975",
    input: "0x",
    nonce: 4,
    r: "0xbf2aa44d74923039fbc77c99451aafb4f96317a66b5d0ddab2894bd6fa12ec7e",
    s: "0x709d1ad3dcadfe85463bdd2161179a064186ef08df8fedcdf8be277619851983",
    to: "0x59ab8c8176719e70322e755295fae06791e8c334",
    transactionIndex: 0,
    v: "0x173",
    value: 100000000000000000000
}
```

接下来可试着用getBlock（区块编号）指令来查询该笔区块的内容。

```
> eth.getBlock(1229);
{
  difficulty: 169762,
  extraData: "0xda830108078467657468886f312e31302e318777696e646f7773",
  gasLimit: 1292609622,
  gasUsed: 21000,
  hash: "0x3ff06f39f87625ab9f8e5ac760488e8f16b90d9bad2d5b5adeb77eaa4187d6c8",
  logsBloom: "0x0000000000000000000000000000000000000000000000000000000000000000
              0000000000000000000000000000000000000000000000000000000000000000
              0000000000000000000000000000000000000000000000000000000000000000
              0000000000000000000000000000000000000000000000000000000000000000
              0000000000000000000000000000000000000000000000000000000000000000
              0000000000000000000000000000000000000000000000000000000000000000
              0000000000000000000000000000000000000000000000000000000000000000
              00",
  miner: "0x4cd063815f7f7a26504ae42a3693b4bbdf0b9b1a",
  mixHash: "0xdb29671b7effee622a368ff8daf38068022f1aca37212c4f8bf58eb936afa1be",
  nonce: "0x514aa8e095756654",
  number: 1229,
  parentHash: "0x9f4af55c44906f33e279e91d0771a8371dc62088c8206dcdae0bd71a21ed
              1c0a",
  receiptsRoot: "0xfe0097c4703e190886a5fcf3ec213fd444b6d5beffd7803438725854864
                de6e5",
  sha3Uncles: "0x1dcc4de8dec75d7aab85b567b6ccd41ad312451b948a7413f0a142fd40d4
              9347",
  size: 658,
  stateRoot: "0x9d482412cc0eb6bca1918d2e907a259bab5ef00eac1fee75141db3fce9b4
             c67f",
  timestamp: 1526216547,
  totalDifficulty: 200753608,
  transactions:["0xe66dd39965f21f1024999e31adfa6f4f2df520d8b4bff7bfce84dd672e
               3d1975"],
  transactionsRoot:"0x92eb2d35e6ca5a2ab5362cd114551a99056dd88bb6a88c92fc71594a
                  1119bb81",
  uncles: []
}
```

从系统架构设计的角度来看，虽可将Geth当成"后端"软件进行挖矿、创建账户等工作，但对一般用户来说操作界面并不友好。

为了给用户提供方便友好且具图形化操作的界面，"前端"软件是不可或缺的。本节要介绍的前端软件就是官方版的以太坊钱包（Ethereum Wallet）软件，即MIST的客户端Ethereum-Wallet，也可以称为MIST钱包。通过以太坊钱包可进行加密货币的资金转账、智能合约的使用等多项工作。可到下列网址下载安装包（笔者所下载的安装程序名为"Ethereum-Wallet-installer-0-10-0.exe"）：https://github.com/ethereum/mist/releases。

图2-8为以太坊钱包安装启动后的界面，上方中间显示的"PRIVATE-NET"字样表示钱包软件正通过节点1连接到刚才搭建的私有链中。

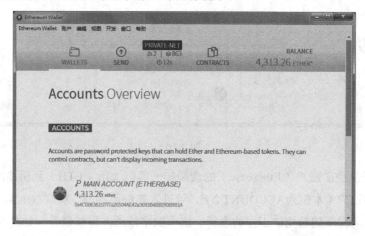

图 2-8

除节点1之外，当前另有两个对等节点正和节点1连接，符合本节范例所设置的3个节点私有链的场景，区块链当前的高度为863，代表整条链是由863个区块所链接而成的。

从界面中可看到节点的第一个账户，也是预设担任领取挖矿奖金的挖矿账户（Etherbase，或称为矿工账户），当前拥有4313.26个以太币（加密货币），这个数值会随着不断进行的挖矿工作而往上攀升。

此时所获得的加密货币属于测试性质，也只在本私有链有作用，在真实世界或其他区块链网络是不具任何"价值"的。

接下来，准备在私有链添加一组新账户，可单击钱包软件上方菜单中的"账户／新建账户"选项，并在如图2-9所示的对话框显示时输入新账户的密码。

图 2-9

回到钱包软件的主界面，可看到刚刚新建的账户已显示在挖矿账户（Etherbase）的旁边，当前账户内的余额为0个以太币（ETH），如图2-10所示。

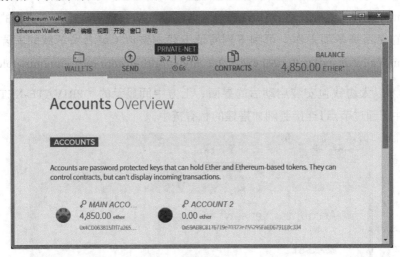

图 2-10

接着准备从挖矿账户（Etherbase）的余额转一笔以太币（ETH）到新建的账户，直接单击欲转入的账户（本例为ACCOUNT 2），可进入其细节界面。观察右上角所显示的挖矿账户的余额，可发现随着挖矿工作的进行，这个数字依然在持续攀升，如图2-11所示。

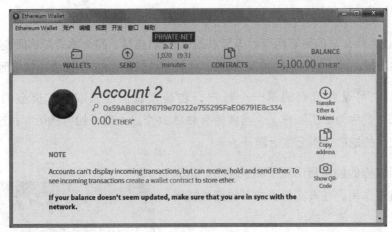

图 2-11

单击界面右侧的"Transfer Ether & Tokens"选项，此时钱包软件会要求输入准备进行资金转账的加密货币数量以及转出（From）与转入（To）账户，如图2-12所示（准备转账2345个以太币）。

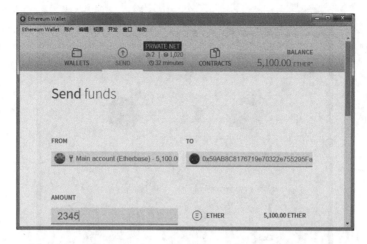

图 2-12

往下滚动钱包软件的页面，可看到在发送交易前钱包程序会要求用户输入愿意支付的燃料费金额，如图2-13所示。

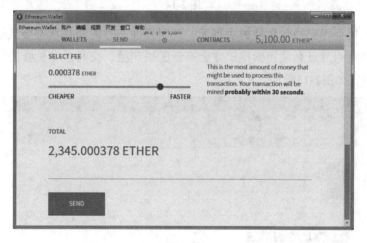

图 2-13

简单地说，节点程序会设置最低愿意接受的燃料费。若用户愿意支付的金额小于节点程序的设置时，节点程序将拒绝这笔交易。此时用户只有两种选择：一是支付较高的燃料费；二是另外找愿意收取较低燃料费的节点，甚至自己搭建节点进行交易发送。在进行加密货币资金转账时，除了要从转出账户的余额扣除转出的金额外，还要扣除所愿意支付的燃料费用。

若确认转出金额设置无误，则单击"SEND"按钮，钱包软件为求慎重会要求输入转出账户的密码，如图2-14所示。

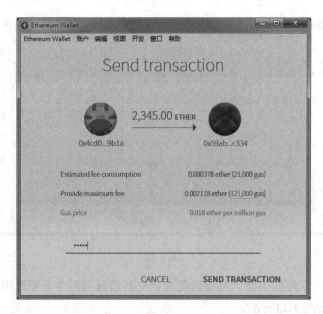

图 2-14

　　交易送出后会回到钱包软件的主界面，此时界面下方的交易状态会显示交易确认的进度。私有链中的节点必须持续挖矿才会有新区块产生，交易才有机会进行下去并被记录在区块链中，如图2-15所示。

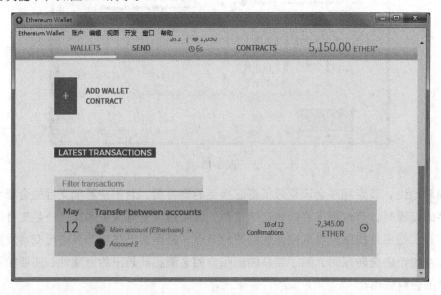

图 2-15

　　交易确认后，可发现已成功转账2345个以太币给转入账户，如图2-16所示。

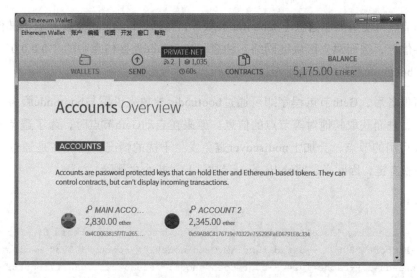

图 2-16

2.5 | 点对点连接

在前面几节中，尝试采用静态方式搭建私有链，即通过static-nodes.json存储每个节点的连接信息，再让每个节点取得静态配置文件，让彼此间相互连接和参照；然而获取与维护网络连接信息不符合经济效益，试想若一个新节点想加到私有链时，除了需取得新节点的连接信息外，还要同时更新所有节点的static-nodes.json配置文件，而且加入的节点数量越多，配置文件的维护工作将变得越繁杂。

所幸Geth提供了一个名为Bootstrap的程序，通过Bootstrap能让Geth节点间相互发现彼此，进而形成区块链网络。如下所示即为启动Bootstrap的指令（备注：bootnode.exe与geth.exe在安装后会存储在同一个目录中）：

```
bootnode --genkey=boot.key
bootnode --nodekey=boot.key
```

当bootnode程序顺利启动后便会显示如下的enode URL：

```
INFO [05-28|22:44:10] UDP listener up  self=enode://e66a62c2317da81f7fbd5f5fec
dfa65c6146d4ead3c44691226e3cdb5179f7b372333da99187e283c9ff528bf56022d0ccdcee25
013c12fff95d1a8192102bd7@0.0.0.0:30301
```

Geth节点可使用上述信息连接bootnode服务，再通过bootnode交换并获得其他对等节点的连接信息，进而建立区块链网络。注意，bootnode连接信息中的"0.0.0.0"或"[::]"应要换成bootnode真正的IP地址。

万事俱备后，Geth节点程序即可通过bootnodes参数来设置与bootnode服务连接的信息与服务，进而获取其他对等节点的信息。原来在启动Geth节点时，为了避免节点程序自动查找可用的节点，会加上nodiscover避免发生干扰的情况，而现在是通过bootnodes服务搭建私有链，因此必须将nodiscover参数从启动指令中删除。

节点1：

```
geth --identity "Node1" --networkid 168 --nodiscover --maxpeers 5 --rpc --rpcapi
"web3" --rpcport "8080" --datadir "c:\MyGeth\node01" --port "30303" --mine
--minerthreads=1 --cache=1024 --bootnodes=enode://e66a62c2317da81f7fbd5f5fecdfa
65c6146d4ead3c44691226e3cdb5179f7b372333da99187e283c9ff528bf56022d0ccdcee25013c12f
fff95d1a8192102bd7@127.0.0.1:30301
```

节点2：

```
geth --identity "Node2" --networkid 168 --ipcdisable --datadir "c:\MyGeth\node02"
--port "30304" --bootnodes=enode://e66a62c2317da81f7fbd5f5fecdfa65c6146d4ead3c
44691226e3cdb5179f7b372333da99187e283c9ff528bf56022d0ccdcee25013c12fff95d1a8192102
bd7@127.0.0.1:30301
```

节点3：

```
geth --identity "Node3" --networkid 168 --ipcdisable --datadir "c:\MyGeth\node03"
--port "30305" --bootnodes=enode://e66a62c2317da81f7fbd5f5fecdfa65c6146d4ead3c
44691226e3cdb5179f7b372333da99187e283c9ff528bf56022d0ccdcee25013c12fff95d1a8192102
bd7@127.0.0.1:30301
```

通过本章前面几节的学习，读者应该了解了以太坊客户端软件，同时学会了如何使用节点程序来连接以太坊主链与测试链，以及通过静态网络设置和点对点（对等节点）的连接方式搭建自己的私有链，还学习了如何使用钱包软件。有关智能合约的编写（执行在以太坊区块链上的程序），将在第3章介绍。

2.6 使用权威证明共识 PoA 的 Ethereum-Parity

经由前几节介绍已可通过Geth搭建PoW算法的私有链，然而PoW共识算法需要进行挖矿的操作，对于只想运用区块链技术而不打算在私有链发行加密货币的应用场景，如果还需要等待区块的生成与同步就会致使性能降低。

本节将介绍一种使用PoA共识算法的Parity节点程序，除了可以大大提高区块生成的效率，也适用于无法连接到以太坊测试网络（Ethereum Test Net）的网络环境。有别于PoW需要解数学难题来生成区块，Parity由预设好的权威节点（Authority Node）负责生成区块，这种共识算法即为权威证明（Proof-of-Authority，PoA）共识算法。

使用Parity节点程序搭建的私有链可根据需求设置权威节点的数量，同时可指定区块的生成时间，例如收到交易后的3秒生成一个新的区块。一般的以太坊节点也可连接到PoA区块链，并正常执行交易与智能合约等操作。

虽然在本书付梓之际，Parity的版本号已到了2.1.10，但由于自1.9版后Parity将基于网页的管理员界面独立成单独的应用程序，反而引发了更多的后续问题。例如，执行Parity UI v0.3.4管理程序时，会发生"An error occurred while fetching parity"的错误消息，使得无法对Parity节点进行有效的管理与使用。因此，退回到Parity 1.6版，以便于本书概念的介绍。有关节点程序相关的改版信息，请同步留意官网的信息。可先到 https://www.parity.io/ethereum/#download网址获取节点程序。

下载后要安装节点程序。同样，安装程序只会进行解压缩的操作，解压缩完毕后，如果直接执行"parity.exe"，那么Parity节点程序将自动连接至主链；若是通过--chain参数，则可手动指定想要连接的区块链网络，例如parity--chain mainnet表示指定连接至主链。目前Parity节点支持表2-5所列的网络。

表 2-5 Parity 节点支持的网络

参 数 名 称	说　　明
mainnet	默认连接的以太坊主链
kovan 或 testnet	使用 PoA 共识算法的测试链

（续表）

参 数 名 称	说 明
ropsten	使用 PoA 共识算法的旧测试链
classic	以太坊 Classic 网络
classic-testnet	以太坊 Classic 网络的测试链
expanse	Expanse 网络
dev	私有链环境，交易将直接加至区块中，而不用进行挖矿的操作
musicoin	Musicoin 网络
ellaism	Ellaism 网络
tobalaba	EWF Tobalaba 网络

要通过Parity节点程序搭建私有链时，可使用--config参数指定配置文件*.toml所在的位置。在讨论配置文件的内容之前，同样必须提供创世区块。如下即为创世区块的字段结果：

```
{
    "name": "CHAIN_NAME",
    "engine": {
        "ENGINE_NAME": {
            "params": {
                ENGINE_PARAMETERS
            }
        }
    },
    "genesis": {
        "seal": {
            ENGINE_SPECIFIC_GENESIS_SEAL
        },
        "difficulty": "0x20000",
        "gasLimit": "0x2fefd8"
    },
    "params": {
        "networkID" : "0x2",
        "maximumExtraDataSize": "0x20",
        "minGasLimit": "0x1388"
    },
    "accounts": {
        GENESIS_ACCOUNTS
    }
}
```

同样地，Parity的创世区块也是以JSON格式呈现的。表2-6提供几个比较重要的字段说明。

表 2-6　Parity 创世区块的 JSON 字段及其说明

JSON 字段	说　　明
name	用来作为表示区块链的名称
engine	指定所要使用的共识算法引擎,ENGINE_NAME 若设置为 ethash 则使用 Ethash 引擎,也就是以太坊原本的 PoW。 若设置为 authorityRound 则指定使用 Aura 引擎,是一种最简单也最容易使用的 PoA 引擎。指定的验证者（Validator）可在既定的时间内生成一个新的区块。 本节稍后将采用 Aura 引擎,会对其所使用的参数做更进一步的说明。在 params 参数区段中可填入 stepDuration 参数,以秒为单位指定区块生成的频率。如果所设置的时间过短,在系统时钟不同步的情况下容易引发重新排序的情况,若设置的时间太长,则会造成过长的区块生成时间。validators 参数用来指定交易验证账户,并可因此获得奖励。params 参数区段中的 gasLimitBoundDivisor 用来设置区块间的燃料（Gas）限制变化量。需要注意的是,在新版的 Parity（例如 2.1.10）中会被移到一般性参数之中
genesis	创世区块的标头消息,具有下列几个子字段: • seal: 指定使用的共识算法引擎 • difficulty: 区块生成的困难程度,若使用 PoA 算法,则任意数值都不会有影响 • gasLimit: 创世区块的燃料限制值,将会影响初始的燃料限制调整
params	包含和区块链有关的一般性参数。 • networkID: 区块链网络的标识 ID • maximumExtraDataSize: 以数值指定区块标头中 extra_data 字段的大小,必须指定小于 32 字节或符合以太坊黄皮书的规定 • minGasLimit: 最小的燃料限制,通常设置为 5000,即十六进制数的 0x1388
accounts	可用来设置账户或是合约的默认余额。Parity 在默认的情况下并不包括以太坊默认内建的智能合约,但所编写的新智能合约却往往需要参考这些内建的信息,因此在 accounts 区段中需填入默认账户的余额

本节所使用的创世区块在调整后的内容如下所示,存储到名为my-demo-spec.json的文件中。

```
{
    "name": "MyPoA",
    "engine": {
        "authorityRound": {
```

```
            "params": {
                "gasLimitBoundDivisor": "0x400",
                "stepDuration": "5",
                "validators" : {
                    "list": []
                }
            }
        },
        "params": {
            "maximumExtraDataSize": "0x20",
            "minGasLimit": "0x1388",
            "networkID" : "0x2323"
        },
        "genesis": {
            "seal": {
                "authorityRound": {
                    "step": "0x0",
                    "signature": "0x000000000000000000000000000000000000000000000000
                                  0000000000000000000000000000000000000000000000000000
                                  0000000000000000000000000000000000"
                }
            },
            "difficulty": "0x20000",
            "gasLimit": "0x5B8D80"
        },
    "accounts": {
        "0x0000000000000000000000000000000000000001": { "balance": "1", "builtin":
{ "name": "ecrecover", "pricing": { "linear": { "base": 3000, "word": 0 } } } },
        "0x0000000000000000000000000000000000000002": { "balance": "1",
"builtin": { "name": "sha256", "pricing": { "linear": { "base": 60, "word": 12 } } } },
        "0x0000000000000000000000000000000000000003": { "balance": "1",
"builtin": { "name": "ripemd160", "pricing": { "linear": { "base": 600, "word":
120 } } } },
        "0x0000000000000000000000000000000000000004": { "balance": "1",
"builtin": { "name": "identity", "pricing": { "linear": { "base": 15, "word": 3 } } } } }
    }
    }
```

完成设置创世区块后即可开始设置启动Parity节点所需的配置文件。本节将示范启动两个区块链节点。如下是第一个区块链节点的配置文件内容：

```
[parity]
chain="C:\\parity1.6\\my-demo-spec.json"
base_path="C:\\parity1.6\\node01"
[network]
port=30300
[rpc]
port=8540
apis=["web3", "eth", "net", "personal", "parity", "parity_set", "traces", "rpc",
      "parity_accounts"]
[ui]
port=8180
[dapps]
port = 8080
```

- [parity]区段中的chain参数用于设置私有链创世区块的存储位置。
- base_path参数用于设置区块数据的存储目录。
- [network]区段中的port参数用于设置和其他节点连接所使用的端口号。
- [rpc]区段中的port参数用于设置提供JSON-RPC服务的端口号。
- apis参数用于设置欲开放的JSON-RPC服务列表。
- [ui]区段中的port用于指定管理界面所使用的端口号。

将这些配置信息存储到名为node1.toml的配置文件中。

以下列出的是第二个节点所使用的配置文件内容。由于将两个节点安装在同一台计算机中，因此需避免使用相同的端口号，并分别使用不同的数据存储目录。这个配置文件命名为node2.toml。

```
[parity]
chain="C:\\parity1.6\\my-demo-spec.json"
base_path="C:\\parity1.6\\node02"
[network]
port=30302
[rpc]
port=8542
apis=["web3", "eth", "net", "personal", "parity", "parity_set", "traces", "rpc",
      "parity_accounts"]
```

```
[ui]
port=8182
[dapps]
port = 8082
```

接着分别执行下列两个命令行指令来准备引导区块链节点。以下为启动节点1的指令：

```
parity --config node1.toml
```

需要注意的是，在启动节点2时为避免两个节点同时存取IPC造成错误，要使用--no-ipc 参数关闭IPC连接。

```
parity --config node2.toml --no-ipc
```

Parity 1.9之前的版本（例如1.6版）在启动Parity节点时，若同时输入--ui-port参数则可启动基于网页的用户管理界面。对于较新的版本，必须要另外安装Parity UI程序。然而，如同本节一开始时所提到的，Parity UI尚且存在一些待修正的问题，因此暂时不对Parity UI做过多的介绍。

在节点顺利启动后，打开网页浏览器连接节点默认的网页管理界面，网址为 http://localhost:8180/。

基于网页的管理界面一开始会显示 "URL BLOCKED - YOU ARE NOT ALLOWED TO ACCESS TRUSTED SIGNER USING THIS URL" 的错误消息，如图2-17所示。

图 2-17

这是因为在登录管理界面时必须先获得存取授权的网页token（令牌）。在命令行输入下列指令：

```
parity signer new-token --ui-port 8180
```

即可得到如下执行结果：

```
Open: [1;37mhttp://127.0.0.1:8180/#/auth?token=oG9d-FqsZ-aAJN-knvy[0m
to authorize your browser.
```

```
Or use the generated token:
oG9d-FqsZ-aAJN-knvy
```

接着把获得的token（http://127.0.0.1:8180/#/auth?token=oG9d-FqsZ-aAJN-knvy）作为网页参数，以便浏览基于网页的管理界面。此时应可顺利地进入如图2-18所示的管理界面。

图 2-18

接下来的几个页面都是要求用户确认同意相关的规范，最后则会要求创建一组新的用户账户，如图2-19所示。

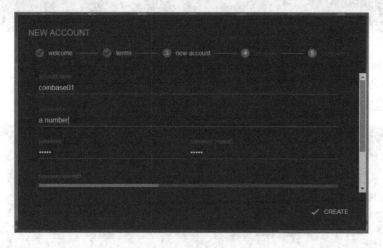

图 2-19

新创建的账户命名为"COINBASE01"，将作为第一个节点的验证账户，如图2-20所示。

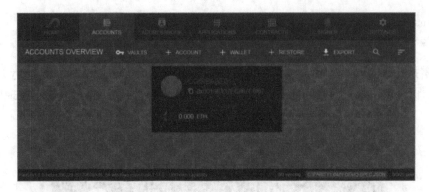

图 2-20

如法炮制，在节点1中创建第二个用户账户，如图2-21所示。

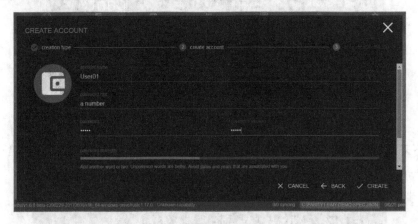

图 2-21

到目前为止，在节点1中已经创建了两组账户。注意右下角的"peers"消息，此时节点1与节点2还未进行连接操作，尚未形成区块链网络，如图2-22所示。

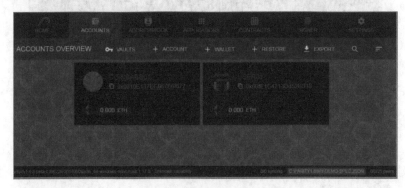

图 2-22

随后试着连接下列网址，准备进入节点2的管理界面：

http://localhost:8182/

若遇到"URL BLOCKED"的错误信息，则参考使用刚才介绍的命令行指令去获得存取网站的token（令牌）。

在节点2创建一组用于交易验证的账户，如图2-23所示。

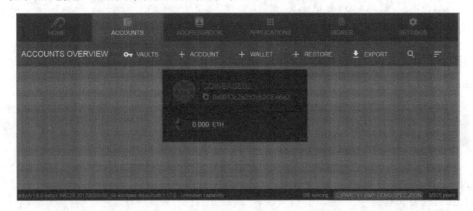

图 2-23

接下来准备将两个节点串接起来。首先，使用HTTP工具（例如curl、postman等）通过HTTP POST发送请求至localhost:8540，以获取节点1的连接信息：

```
{
  "jsonrpc":"2.0",
  "method":"parity_enode",
  "params":[],
  "id":0
}
```

节点1便会返回如下连接信息：

```
{
  "jsonrpc": "2.0",
  "result": "enode://68a61c0a3fa90e62a7827487419a8737d83a91ff346df53456b250
4fae5cf57ed747ab54f5ef96bae245d56b9bc3108871e532bbb80bbe43e74c404706123500
@127.0.0.1:30300",
  "id": 0
}
```

发送相同的HTTP请求至localhost:8542，以获取节点2的连接信息。节点2的连接信息如下所示：

```
{
  "jsonrpc": "2.0",
  "result": "enode://c433f8ae50d3535e7c1f066adcb3ac59bd65961d8d453c1fa2318
d7651886856dd7836c400b8188903745b9820cb044cbda4fbd1a46ca2b2ec7f37a8e1ee8d23
@127.0.0.1:30302",
  "id": 0
}
```

接着准备将节点1的连接信息传输给节点2（将下列报文以HTTP POST方式发送至localhost:8542）。

```
{
  "jsonrpc":"2.0",
  "method":"parity_addReservedPeer",
  "params":["enode://68a61c0a3fa90e62a7827487419a8737d83a91ff346df53456b2504
fae5cf57ed747ab54f5ef96bae245d56b9bc3108871e532bbb80bbe43e74c404706123500
@127.0.0.1:30300"],
  "id":0
}
```

若顺利更新连接信息，则JSON API会返回如下信息：

```
{
  "jsonrpc": "2.0",
  "result": true,
  "id": 0
}
```

反之亦然，将下列节点2的连接信息通过HTTP POST请求发送至localhost:8540，以传送给节点1。上述操作将使得两个节点进行串接的工作。

```
{
  "jsonrpc":"2.0",
  "method":"parity_addReservedPeer",
  "params":["enode://c433f8ae50d3535e7c1f066adcb3ac59bd65961d8d453c1fa2318d
7651886856dd7836c400b8188903745b9820cb044cbda4fbd1a46ca2b2ec7f37a8e1ee8d23
@127.0.0.1:30302"],
  "id":0
}
```

若从基于网页的管理界面观察，则可发现
节点程序已完成串接的工作。如图2-24所示，
可连接的节点数有25个，目前已经与一个节点
进行连接。

图 2-24

最后准备设置验证账户，以获取区块链的奖励。下面稍微整理一下到目前为止所获
取的账户信息。

节点1：
验证账户：

```
0x0010E137EC867E6f67746f36f3D8aFCd3Dbd24dd
```

一般账户：

```
0x00fE1C4213Dd528D18310605a60F0B0C9dCd12C0
```

节点2：
验证账户：

```
0x0013c2a252cb2CEe6a24D96c543054789fEDee79
```

停止节点1与节点2的运行，准备进行创世区块的调整。打开创世区块文件
"my-demo-spec.json"，并将两个验证账户加到engine区段的validators列表中，如下所示：

```json
"engine": {
   "authorityRound": {
      "params": {
         "gasLimitBoundDivisor": "0x400",
         "stepDuration": "5",
         "validators" : {
            "list": ["0x0010E137EC867E6f67746f36f3D8aFCd3Dbd24dd",
            "0x0013c2a252cb2CEe6a24D96c543054789fEDee79"]
         }
      }
   }
}
```

再移至创世区块的accounts区段，设置普通账户的以太坊（ETH）余额。

```
    "accounts": {
        "0x0000000000000000000000000000000000000001": { "balance": "1", "builtin":
{ "name": "ecrecover", "pricing": { "linear": { "base": 3000, "word": 0 } } } },
        "0x0000000000000000000000000000000000000002": { "balance": "1", "builtin":
{ "name": "sha256", "pricing": { "linear": { "base": 60, "word": 12 } } } },
        "0x0000000000000000000000000000000000000003": { "balance": "1", "builtin":
{ "name": "ripemd160", "pricing": { "linear": { "base": 600, "word": 120 } } } },
        "0x0000000000000000000000000000000000000004": { "balance": "1", "builtin":
{ "name": "identity", "pricing": { "linear": { "base": 15, "word": 3 } } } },

        "0x00fE1C4213Dd528D18310605a60F0B0C9dCd12C0": { "balance":
"90000000000000000000000000" }
```

在节点1的配置文件node1.toml中加入下列区段以设置验证者的账户：

```
[mining]
engine_signer = "0x0010E137EC867E6f67746f36f3D8aFCd3Dbd24dd"
reseal_on_txs = "none"
```

在节点2的配置文件node2.toml中加入下列验证者账户区段：

```
[mining]
engine_signer = "0x0013c2a252cb2CEe6a24D96c543054789fEDee79"
reseal_on_txs = "none"
```

重新启动节点程序，可发现普通账户已具有加密货币余额，如图2-25所示。

图 2-25

可尝试从节点1的普通账户将以太币（ETH）转账到节点2的验证账户。先单击一个账户，再单击界面上方的"TRANSFER"选项，如图2-26所示。

图 2-26

输入要转账的以太币（ETH）数量，例如100，如图2-27所示。

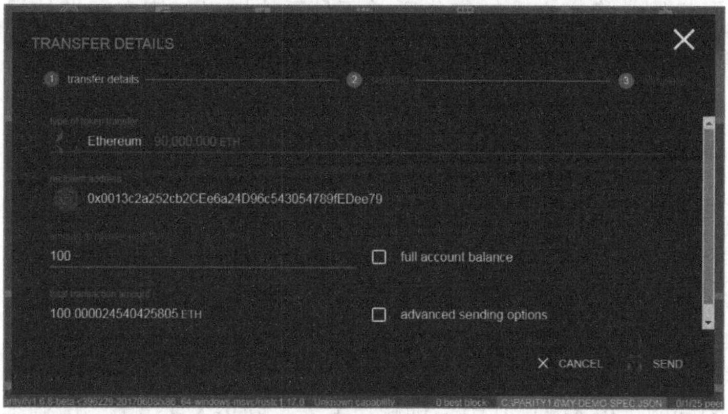

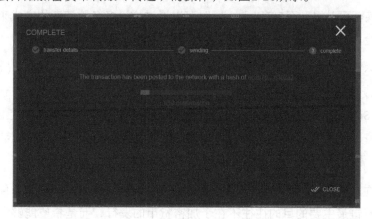

图 2-27

接着便会开始加密货币转账（传送）的操作，如图2-28所示。

图 2-28

在节点2的验证账户收到转账过来的以太币（ETH），如图2-29所示。

图 2-29

为了让所有区块链参与者能帮忙存储账本，基于公有链架构所设计的以太坊才有了加密货币的奖励机制。换言之，加密货币并不是区块链当初横空问世的目的，而是为了能让得到奖励的机会较公平、公正才引进 PoW 共识算法，让贡献越多计算力的人可得到越多的奖励。后来算力过分集中在某些人手上，违背了去中心化设计的初衷，这是预料之外的情况，不在本书探讨的范围。

PoW 共识算法除了可能因为挖矿而造成资源浪费，还因为区块生成不易造成整体运作效能低下，尤其是在执行智能合约急需转账交易时，若挖不到矿则将引发网络拥塞与用户体验不佳的情况。

为了解决 PoW 效能低下的窘境，有越来越多的人投入共识算法的研究，尝试解决挖矿不易所引起的问题，PoA 就是其中一种解决方案。在 PoA 算法中，由预先选择、信誉良好的节点担任验证者（Validator），通过它们轮流生成封存交易所需的区块，减少了大量计算与挖矿的工作，确实能提升区块链整体运行的速度。根据实测经验，交易速度相对于 PoW 来说甚至可以提升至 5 倍以上，同时可以通过增设多名验证者的方式来降低去中心化不足的风险，似乎非常适合应用在私有链或联盟链。

然而，还有一个尚未解决的根本问题，就是执行交易时必须支付燃料（Gas）费用。燃料费用的设计目的是为了防止"别有用心"的人在公有链环境发动拒绝服务式攻击（Denial of Service）而造成整个区块链网络的瘫痪。因为燃料在某些程度上来说等同于加密货币本身，"别有用心"的人若想发动拒绝服务式攻击，则必须拥有非常雄厚的资金成本才行，因此可起到吓阻的作用。

不过，在私有链或联盟链的应用场景，燃烧燃料（消耗燃料）却是一件相当扰民的事。搭建私有链最主要的目的往往不在于加密货币的发行，而是希望能够通过智能合约的使用实现去中心化、分布式存储的应用场景，然而即使是 PoA 的验证者，没有持有任何加密货币的话也无法支付燃料费用进行交易。

在 PoA 环境中不再依靠挖矿获取加密货币，因此在 PoA 私链环境中，暂时的解决方案就是在创世区块中设置让用户账户持有巨量的加密货币余额，才能进行交易的提交。

无论是 PoW 还是 PoA，其实都不太适用于私有链或联盟链的应用场景，因为在这些应用场合中加密货币往往不会是业务主轴，更何况是燃料（Gas）。Hyperledger Fabric 与 R3 Corda 就是不使用加密货币的区块链技术，因此这些解决方案更适用于企业环境。无独有偶，J.P. Morgan 也已想到这个层面的问题，该公司基于以太坊所开发出来的 Quorum 就是一种不使用燃料（Gas）的以太坊。以太坊的EEA联盟也开始认真思考企业真正的需求，相信在不久的将来一定会出现适合私有链与联盟链使用的以太坊。

2.7 ｜ 习题

1. 参考本章的介绍，搭建只具有一个节点的Geth区块链环境，此时矿工还可进行挖矿吗？

2. 尝试调整创世区块中的困难度（difficulty），观察挖矿速度的变化情况。

3. 挖矿困难度应用于企业时是否存在疑虑？PoW算法适合实际的商业应用吗？

4. 简述PoW与PoA共识算法的不同，并对两者挖矿速度的不同之处进行说明。

第 3 章

初探智能合约

智能合约（Smart Contract）是以太坊区块链最具特色的地方，也具有引领塑造新时代的潜力。若要用一句话来介绍智能合约，最简单的说法是："一种在区块链虚拟机（VM）上执行的计算机程序"。

通过智能合约可去中心化，使得离乌托邦世界更进一步。举例来说，有两个人想打赌有关天气的情况，在过去的中心化世界中为求公正性，两人会选择一位第三方人士担任中心化的仲裁者，分别将赌金交给公正的第三方，确定赌局结果后，再由公正的第三方将获胜奖金交给胜利的一方。

这听起来颇为合理，毕竟这种交易方式已使用数千年之久。然而公正的第三方会不会想要抽成呢？在最极端的情况下，公正的第三方若变得不再公正，反而卷款潜逃，那又该如何是好呢？

请暂时忽略执行智能合约需花费燃料（Gas）的事实。假设同样的打赌游戏搬到智能合约场景中，智能合约会按程序逻辑所设置的规则运行，当某个状态达到设置的条件，例如天气结果为晴天时自动将赌金转账给胜利的一方。这样实在是太好了，从此以后世界运转中将不再需要中心化的仲裁者，只要拥抱智能合约即可！

本章结构如下：

❖ 浅谈智能合约

❖ Hello World 智能合约

❖ JSON-RPC 远程访问智能合约

3.1 | 浅谈智能合约

以编写Java程序为例，程序开发人员会按高内聚、低耦合（High Cohesion, Low Coupling）的概念设计类（Class），当运行需要时便会根据类所勾勒出来的蓝图将类实例化，形成可执行的对象实例。智能合约的概念与面向对象的程序设计如出一辙，可把它当成类来设计。

以太坊的智能合约编写完后同样需要经过编译的操作，而顺利编译后即可得到二进制代码（Binary Code）及JSON格式的ABI。ABI（Application Binary Interface，应用程序二进制接口）是用来描述智能合约所提供的接口（Interface）应如何解读的信息，即是告知合约用户该如何调用合约所提供之函数的说明书。

执行Java程序时可直接在内存中创建对象实例，然而智能合约必须经过部署（Deploy，又称上链）的操作。在部署过程中会先利用ABI创建智能合约的空壳，再将所取得的二进制代码（Binary Code）作为填充数据。可将它想象成创建一个对象实例，接着通过以太坊的特性将实例化的智能合约广播到整个区块链网络，随着矿工挖矿的进行，智能合约便会被写到区块链中。当部署完成后便会得到该智能合约在区块链中的地址，用户即可通过此地址及对应的ABI来调用与使用智能合约所提供的函数，进而改变合约状态，类似对象中变量的概念。

区块链是一种分布式系统，若对某节点调用特定的智能合约并改变其状态，其结果也将被广播至整个区块链网络。如同分布式账本，智能合约的状态改变具有不可否认的特性，因此在某种程度上与真实世界中的合同一样，具有相当程度的信任基础。也正因为如此，以太坊（Ethereum）智能合约具有引领新时代的能力。

编写以太坊智能合约有多种程序设计语言可供选择，例如Serpent、LLL、Viper等，其中以Solidity程序设计语言的使用最为广泛，本书即采用此语言来做介绍。Solidity的主要开发者为Gavin Wood、Christian Reitwiessner、Alex Beregszaszi、Liana Husikyan、Yoichi Hirai与其他几位早期的贡献者。Solidity是一种面向合约式（Contract-Oriented）的语言，多方参考了JavaScript、C++、Python、PowerShell等高级程序设计语言。与一些高级语言一样，Solidity也是一种静态类型（Statically Typing）的程序设计语言，意指在编译期间即必须声明变量的类型，同时也支持继承、函数库以及自定义复杂数据类型的能力。

图3-1为本书各技术章节范例所采用的系统架构图。

图 3-1

在此系统架构中，构建底层区块链网络的节点程序可以选用Geth或是Parity（第2章），以Solidity程序设计语言实现以太坊智能合约（第3章和第4章），至于DApp的前端，则是由Java应用程序搭配Web3j开发包来实现（第5章和第6章）。

本章接下来将以两节来简要介绍Solidity，让读者对智能合约有小试身手的机会。

3.2 | Hello World 智能合约

不能免俗，第一个以太坊智能合约还是从著名的"Hello World"程序开始。首先用自己习惯的文字编辑软件编写下列智能合约，并将程序内容存储为以.sol结尾的纯文本文件。

文件名：HelloWorld.sol

```
pragma solidity 0.4.22;

contract HelloWorld {
    address owner;
    string greetStr = "hello world";

    constructor() public {
        owner = msg.sender;
    }

    function greet() public constant returns (string) {
        if (msg.sender == owner) {
            return strConcat(greetStr, " ", "boss");
```

```
        } else {
            return strConcat(greetStr, " ", "guest");
        }
    }

    function strConcat(string _a, string _b, string _c) private pure returns
(string){
        bytes memory _ba = bytes(_a);
        bytes memory _bb = bytes(_b);
        bytes memory _bc = bytes(_c);

        string memory abcde = new string(_ba.length + _bb.length + _bc.length);
        bytes memory babcde = bytes(abcde);

        uint k = 0;
        for (uint i = 0; i < _ba.length; i++) babcde[k++] = _ba[i];
        for (i = 0; i < _bb.length; i++) babcde[k++] = _bb[i];
        for (i = 0; i < _bc.length; i++) babcde[k++] = _bc[i];

        return string(babcde);
    }
}
```

这个程序的第一行pragma solidity 0.4.22声明了此智能合约所适用的编译程序的版本。contract HelloWorld声明了后面一对大括号所包裹的内容是一份智能合约程序，可将它想象成其他程序设计语言（如Java语言）的类声明。

address owner声明一个类型为"地址类型"且名称为owner的变量。在以太坊智能合约中，address类型可用来记录账户在区块链中的地址，或另外一份智能合约的地址。string greetStr声明一个名为greetStr的字符串变量，并把它的初始内容设置为"hello world"。

constructor()就是构造函数，是智能合约在上链时最先执行的函数。读者可以想象智能合约上链的过程，就好比是传统面向对象的程序设计语言在内存中创建对象实例，因此可将一些初始化的工作放在智能合约的构造函数中。如这个范例程序所示，是将执行智能合约上链操作的用户账户（msg.sender）记录在owner变量中。

function greet() public constant returns (string) 是声明一个名为greet的函数，因为函数声明为public，所以任何账户或智能合约都可调用与使用此函数；constant则是用来保证执行此函数时不会变更区块链的任何状态，即不会改变任何合约的变量内容，因此调用此类型函数的交易不必经过节点间的共识；最后的returns(string)表示函数执行后将会返回字符串类型的结果。

greet函数使用if语句，比较"调用greet函数的用户账户"和"智能合约上链的账户"是否为同一个，若比较结果相同，则返回字符串"hello world boss"，否则返回字符串"hello world guest"。

在此顺便提一下，以太坊智能合约因先天的限制，对于字符串的处理比其他程序设计语言烦琐，以本节示范程序的智能合约function strConcat函数为例，若想进行字符串合并时，必须先将字符串转换成字节类型，再通过对字节中每个位进行复制的方式才能实现字符串合并的目的，strConcat函数的内容十分容易理解，因此这里不再详细说明。

编写合约后与传统程序无异，接着要对它进行编译。虽然可以在自己的计算机中安装适当的编译软件，不过更简单的方式是直接通过Solidity语言的在线编译程序进行编译，访问网址http://remix.ethereum.org/即可。

进入网站后，单击编译程序上方的"+"号，如图3-2所示,而后就会新建一个空白的程序代码编辑区。

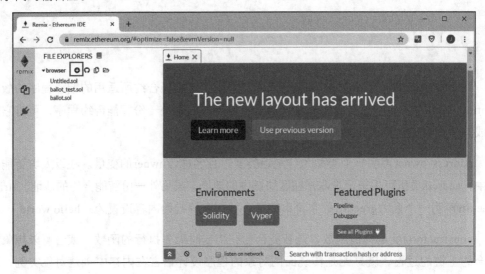

图 3-2

把前面编写好的智能合约复制并粘贴到该编辑区中，如图3-3所示。

智能合约声明必须使用0.4.22版本的编译程序，故切换到Setting选项卡选择编译程序的版本，通过下拉式菜单选取符合需求的版本，如图3-4所示。

切回Compile选项卡，单击"Start to compile"按钮，若没有显示任何错误信息，则代表编译工作已顺利完成，最后单击"Details"按钮，如图3-5所示。

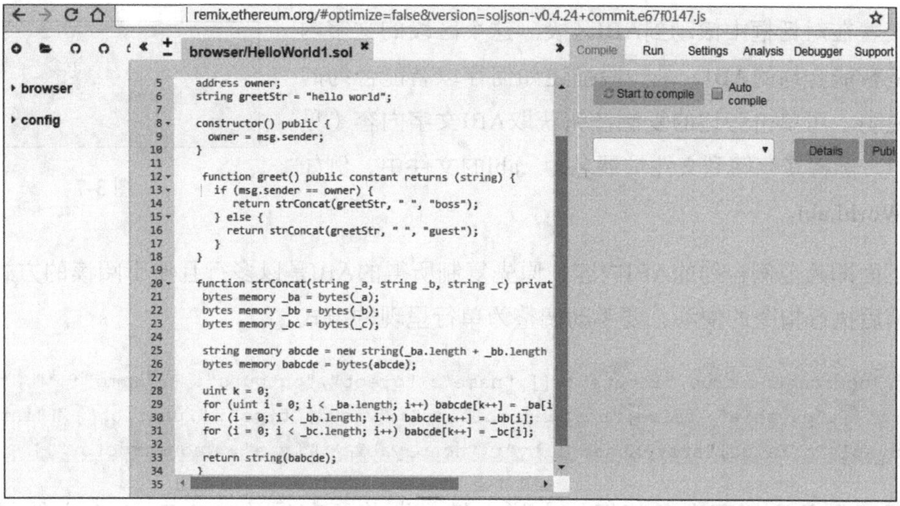

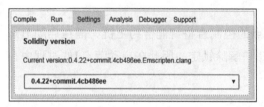

图 3-3

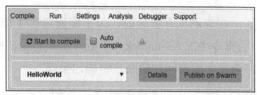

图 3-4   图 3-5

      在弹出来的对话框中滚动至 WEB3DEPLOY 区段，此区段中的文字内容即为智能合约的字节码（或称为中间代码），可选择复制按钮获取文字内容（见图 3-6），再将其内容存储到文件扩展名为 .js 的文本文件中，例如 HelloWorld.js。

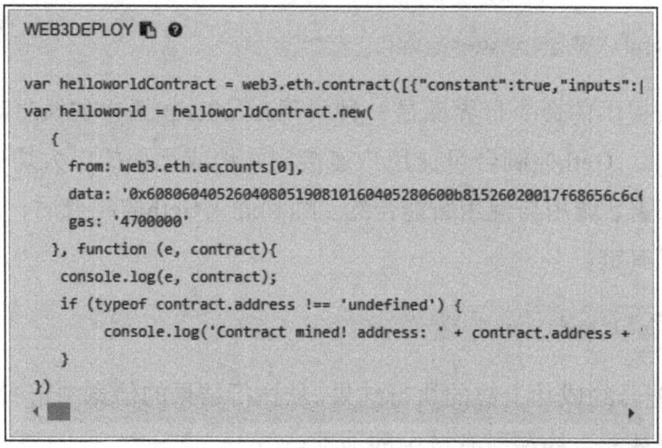

```javascript
var helloworldContract = web3.eth.contract([{"constant":true,"inputs":
var helloworld = helloworldContract.new(
   {
     from: web3.eth.accounts[0],
     data: '0x6080604052604080519081016040528060017f68656c6c(
     gas: '4700000'
   }, function (e, contract){
   console.log(e, contract);
   if (typeof contract.address !== 'undefined') {
        console.log('Contract mined! address: ' + contract.address +
   }
})
```

图 3-6

接着在对话框中滚动到ABI区段。这个区段的文字内容就是智能合约的ABI，是一段描述如何存取智能合约的接口说明。可单击旁边的复制按钮获取ABI文字内容（见图3-7），再将其存储到文件扩展名为 .abi的文件中，例如HelloWorld.abi。

图 3-7

下面即为范例合约的ABI内容，原先复制所得的ABI是以多行且便于阅读的方式呈现，为了稍后执行指令的便利，要手动调整为单行呈现的方式。

```
[{"constant": true,"inputs": [],"name": "greet","outputs": [{"name": "","type":
"string"}],"payable": false,"stateMutability": "view","type": "function"},{"inputs":
[],"payable": false,"stateMutability": "nonpayable","type": "constructor"}]
```

万事俱备后便可准备将智能合约上链，要将所获得的HelloWorld.js文件置于与geth.exe相同的目录中。

在启动私有链之前，为了能通过矿工节点的控制台将智能合约上链，需在启动节点1的指令中加入--unlock 0参数，用来将挖矿账户解除锁定，因此在启动节点1的过程中，将会多一道询问挖矿账户密码的手续。

```
geth --identity "Node1" --networkid 168 --nodiscover --maxpeers 5 --rpc --rpcapi
"web3" --rpcport "8080" --datadir "c:\MyGeth\node01" --port "30303" --mine
--minerthreads=1 --cache=1024 --unlock 0
```

确认具有3个节点的私有链已正常运行，且具有挖矿账户的节点也正常挖矿时，再启动另一个"命令提示符"窗口并执行geth attach指令来进入Geth控制台。

```
geth attach ipc:\\.\pipe\geth.ipc
```

Geth控制台所提供的命令行界面是一种采用JavaScript语言的执行环境，其所使用的函数库称为Web3.js。Geth控制台可让用户连接到本地或远程的以太坊节点，并允许用户通过命令行方式部署、调用与使用智能合约。顺利进入Geth控制台后，输入下列指令来将智能合约部署到私有链。

```
loadScript("HelloWorld.js");
```

图3-8即为智能合约成功上链的执行结果。从执行结果的信息中可看到"address: 0x…"字样，此地址便是智能合约在私有链中的地址。

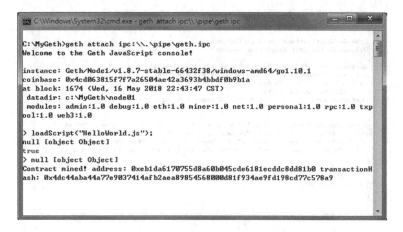

图 3-8

若要调用已经上链的智能合约，则需由刚才所获取的ABI接口来描述。下列指令是在Geth控制台使用智能合约的范例，请将ABI的内容及智能合约地址分别复制到下列指令的相对位置。

```
var greeter = eth.contract(ABI的内容).at(智能合约的地址);
```

置换后的新指令如下所示：

```
var greeter = eth.contract([{"constant": true,"inputs": [],"name": "greet",
"outputs": [{"name": "","type": "string"}],"payable": false,"stateMutability":
"view","type": "function"},{"inputs": [],"payable": false,"stateMutability":
"nonpayable","type": "constructor"}]).at("0xeb1da6170755d8a60b045cde6181ecdd
c8dd81b0");
```

顺利执行指令后，变量greeter便会对应到区块链中的智能合约，接着即可通过变量greeter调用智能合约中的函数，例如：

```
greeter.greet();
```

由于当前将智能合约上链的账户和使用智能合约的账户是同一个，因此执行结果即显示"hello world boss"，如图3-9所示。

除了通过Geth控制台使用与调用智能合约之外，也可以通过以太坊钱包软件调用智能合约。启动钱包软件，单击界面上方的"CONTRACTS"按钮，如图3-10所示。

切换到"CONTRACTS"页面后，单击"CUSTOM CONTRACTS"区段中的"WATCH CONTRACT"按钮，如图3-11所示。

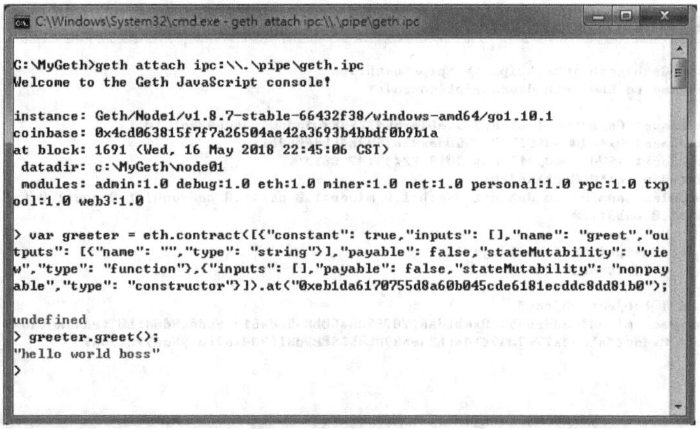

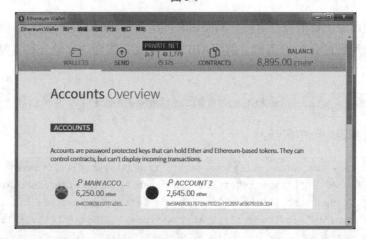

图 3-9

图 3-10

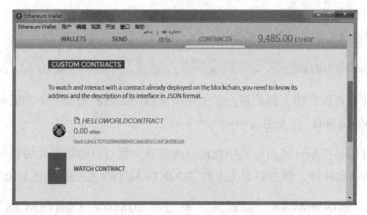

图 3-11

在弹出的对话框中分别输入适当的参数：在CONTRACT ADDRESS字段填入智能合约的地址；在CONTRACT NAME字段填入任意的合约标识名称（例如HelloWorldContract）；在JSON INTERFACE字段填入ABI的内容。全部填好后单击"OK"按钮，如图3-12所示。

经过上面的系列操作，已在钱包软件建立可以与智能合约对应的选项。如图3-13所示，单击智能合约名称以准备使用该合约。

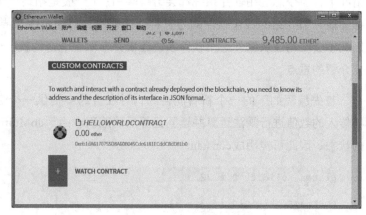

图 3-12   图 3-13

进入智能合约细节界面后，使用滚动条滚动到"READ FROM CONTRACT"区段，就可以看到智能合约提供的唯一函数Greet。由于Greet函数声明为constant也不必填入任何参数，因此在Greet函数下方便会直接显示函数执行的结果，也就是"hello world boss"字符串，如图3-14所示。

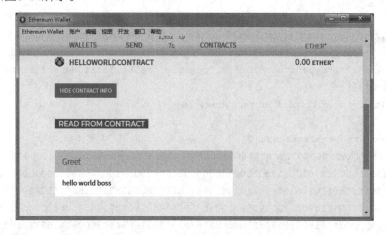

图 3-14

3.3 | JSON-RPC 远程访问智能合约

前一节示范了如何以手动方式使用命令行指令调用与使用智能合约，然而在大多数情况下，当今的应用软件系统都会给终端用户（一般是指最终用户）提供友好的操作界面，如同前一节介绍的钱包软件即为一种让终端用户可通过图形界面使用智能合约的方式。因此学会使用区块链外应用软件系统连接并存取智能合约就十分重要。此内容即为本节所要介绍的重点。

首先编写如下的一个新智能合约，并在合约中提供一个名为doMultiply的函数，其将传入的数值进行乘法运算并返回运算后的乘积。由于doMultiply函数并不会变更区块链的状态，因此可声明成constant。

```solidity
pragma solidity 0.4.22;

contract Multiply {

    function doMultiply(uint in01, uint in02) public constant returns (uint) {
        return in01 * in02;
    }

}
```

同样地，可以使用在线工具编译这个智能合约，获取编译后的中间码并存储为Multiply.js文本文件。

```javascript
var multiplyContract = web3.eth.contract([{"constant":true,"inputs":[{"name":
"in01","type":"uint256"},{"name":"in02","type":"uint256"}],"name":"doMultiply","ou
tputs":[{"name":"","type":"uint256"}],"payable":false,"stateMutability":"view","ty
pe":"function"}]);
    var multiply = multiplyContract.new(
     {
       from: web3.eth.accounts[0],
       data: '0x6080604052348015610010576000080fd5b5060c58061001f6000396000f30060
8060405260043610603f576000357c010000000000000000000000000000000000000000000000000
000000900463ffffffff168063648146a2146044575b600080fd5b348015604f57600080fd5b50607
6600480360381019080808035906020019092919080359060200190929190505050608c565b604051808
2815260200191505060405180910390f35b6000818302905092915050600a165627a7a723058203b83
9f390dbccb99f5903002bbc0d82039b5bba59b954e754e71f84828b16cf60029',
```

```
    gas: '4700000'
  }, function (e, contract){
    console.log(e, contract);
    if (typeof contract.address !== 'undefined') {
      console.log('Contract mined! address: ' + contract.address + '
transactionHash: ' + contract.transactionHash);
    }
  })
```

同时将所获取的ABI存储为Multiply.abi文件。

```
[{"constant": true,"inputs": [{"name": "in01","type": "uint256"},{"name":
"in02","type": "uint256"}],"name": "doMultiply","outputs": [{"name": "","type":
"uint256"}],"payable": false,"stateMutability": "view","type": "function"}]
```

参考前一节所介绍的步骤，将编译后的智能合约上链。为求慎重，可通过Geth控制台验证智能合约是否能正确执行。如图3-15所示，智能合约上链后得到的合约地址是0x03858d3ff0c2acc5299f79497beafd3fd8e1a5b5。

图 3-15

再以智能合约的ABI与合约地址作为eth.contract指令的输入值，并以myContract变量接收eth.contract的返回值，自此myContract变量便会指向该合约。

```
var myContract = eth.contract([{"constant": true,"inputs": [{"name":
"in01","type": "uint256"},{"name": "in02","type": "uint256"}],"name":
"doMultiply","outputs": [{"name": "","type": "uint256"}],"payable":
false,"stateMutability": "view","type":
"function"}]).at("0x03858d3ff0c2acc5299f79497beafd3fd8e1a5b5");
```

接着在Geth控制台调用合约的doMultiply函数。如图3-16所示，输入的测试数据为8×8，并观察是否可得到正确的乘积（64）。

```
C:\Windows\System32\cmd.exe - geth  attach ipc:\\.\pipe\geth.ipc
instance: Geth/Node1/v1.8.7-stable-66432f38/windows-amd64/go1.10.1
coinbase: 0x4cd063815f7f7a26504ae42a3693b4bbdf0b9b1a
at block: 2554 (Sun, 27 May 2018 20:52:50 CST)
 datadir: c:\MyGeth\node01
 modules: admin:1.0 debug:1.0 eth:1.0 miner:1.0 net:1.0 personal:1.0 rpc:1.0 txp
ool:1.0 web3:1.0

> loadScript("Multiply.js");


null [object Object]
true
null [object Object]
Contract mined! address: 0x03858d3ff0c2acc5299f79497beafd3fd8e1a5b5 transactionH
ash: 0x753d60ff95176752b4e709f2009236c980c25cc736fb37cac67194d320fb991d

> var myContract = eth.contract([{"constant": true,"inputs": [{"name": "in01","t
ype": "uint256"},{"name": "in02","type": "uint256"}],"name": "doMultiply","outpu
ts": [{"name": "","type": "uint256"}],"payable": false,"stateMutability": "view"
,"type": "function"}]).at("0x03858d3ff0c2acc5299f79497beafd3fd8e1a5b5");
undefined
> myContract.doMultiply.call(8,8);
64
>
```

图 3-16

在验证可正确执行该智能合约后，即可准备开始与区块链外的应用程序进行整合。该如何进行呢？还记得启动节点的指令吗？

```
geth --identity "Node1" --networkid 168 --nodiscover --maxpeers 5 --rpc --rpcapi
"web3" --rpcport "8080" --datadir "c:\MyGeth\node01" --port "30303" --mine
--minerthreads=1 --cache=1024 --unlock 0
```

启动指令有几个关键的参数：rpc参数为启用节点程序的RPC API功能；rpcapi参数用于设置所要开放的API种类；rpcport参数用来设置RPC API所使用的端口号。

参考图3-17所示的典型区块链整合系统架构图，位于中央的计算机主机会动态生成以HTML实现的用户操作界面，同时计算机主机再通过区块链节点所提供的JSON-RPC，一种具有无状态（Stateless）、轻量（Light-Weight）的远程过程调用（Remote Procedure Call，RPC）通信协议来使用节点的功能，并与区块链进行互动，例如部署与调用智能合约、创建账户、传送加密货币等。

图 3-17

以太坊的RPC API部分遵循JSON-RPC 2.0，同时还具有专属的规范，例如：

- 数字类型采用十六进制编码表示。为支持某些无法表示的极大化数字，或有限制条件的程序设计语言中避免数字出现误差，因此采用十六进制表示法，并将数字转换的工作留给应用系统所使用的程序设计语言自行处理。
- 在共识尚在进行的过程中存取区块链信息时，无法非常明确地给定区块编号，因此在以太坊RPC API规范中会以字符串列举的方式，以默认区块编号（Default Block Number）来方便程序开发人员调用智能合约，例如 "earliest" 代表最早的区块、"latest" 代表最新挖到的区块、"pending" 代表待处理的状态或交易。有关的RPC API 包 括 eth_getBalance、eth_getCode、eth_getTransactionCount、eth_getStorageAt、eth_call。

本书所示范的RPC端口号为8080，不过不同程序设计语言开发的以太坊节点程序所默认的端口号其实是有其惯例可循的，参考表3-1。

表 3-1　不同程序设计语言开发的以太坊节点程序默认使用的端口号

程序设计语言	端 口 号
Go	8545
C++	8545
Py	4000
Parity	8545

对RPC有基本了解后，即可尝试通过JSON-RPC来与节点程序进行互动。用户可以通过任何可发送HTTP请求的工具（例如命令行模式的curl、图形用户界面的Postman、自行编写程序等）来进行互动。试着以HTTP POST发送下列JSON内容给私有链的节点程序。

RPC地址与端口号：

```
http://127.0.0.1:8080
```

JSON内容：

```
{
    "jsonrpc":"2.0",
    "method":"eth_coinbase",
    "params":[],
    "id":64
}
```

执行后得到如下的错误结果，节点程序似乎并不认得eth_coinbase这个API。

```json
{
    "jsonrpc": "2.0",
    "id": 1,
    "error": {
        "code": -32601,
        "message": "The method eth_coinbase does not exist/is not available"
    }
}
```

原来问题出在：启动节点的指令中并没有声明启用"eth"开头的API。在原本节点启动指令的rpcapi参数中加入新的内容：db,eth,net,web3,personal。

```
geth --identity "Node1" --networkid 168 --nodiscover --maxpeers 5 --rpc --rpcapi
"db,eth,net,web3,personal" --rpcport "8080" --datadir "c:\MyGeth\node01" --port
"30303" --mine --minerthreads=1 --cache=1024 --unlock 0
```

以太坊RPC API的名称开头和所提供的功能有关，亦可当作分类的依据，例如以net开头的API和网络连接有关、以eth开头的API和区块链交易有关等。启动节点指令中的rpcapi参数用来指定哪些名称开头的API可开放使用。表3-2列出的是当前节点版本提供的所有RPC API。

表3-2 当前节点提供的所有 RPC API

RPC 名称	传 入 参 数	用 途 说 明
web3_clientVersion	无	返回字符串类型，表示节点程序的版本
web3_sha3	要进行哈希编码的数据	返回数值类型，将输入值转换成以Keccak-256 哈希编码的结果
net_version	无	返回字符串类型，表示当前区块链的网络 ID。以太坊默认使用的网络 ID 如下： • 1：以太坊主链 • 2：Morden 测试链（已弃用） • 3：Ropsten 测试链 • 4：Rinkeby 测试链 • 42：Kovan 测试链
net_listening	无	返回布尔值，表示节点程序是否正处于监听网络连接的状态

（续表）

RPC 名称	传 入 参 数	用 途 说 明
net_peerCount	无	返回数值类型，表示当前连接节点的对等节点数
eth_protocolVersion	无	返回字符串类型，表示当前通信协议的版本
eth_syncing	无	返回对象或布尔类型，分别代表一个包裹同步状态数据的对象，若不在同步阶段时则返回 false。在返回的对象中，包括下列 3 个重要信息： • startingBlock：数值类型，开始同步导入的区块 • currentBlock：数值类型，当前的区块编号，等同于 eth_blockNumber • highestBlock：数值类型，预估最高的区块高度
eth_coinbase	无	返回数值类型，表示节点的挖矿账户，长度为 20 个字节
eth_mining	无	返回布尔值，表示节点是否正在进行挖矿的工作
eth_hashrate	无	返回数值类型，表示节点进行挖矿时每秒所计算出的哈希数量
eth_gasPrice	无	返回数值类型，以 wei 单位表示当前燃料（Gas）的价格
eth_accounts	无	返回以数组表示的数据，代表当前连接节点中所拥有的账户地址，每个地址的长度为 20 个字节
eth_blockNumber	无	返回数值类型，表示在节点中最新的区块编号
eth_getStorageAt	需输入 3 个参数： • 20 个字节指定存储地址（Storage Address） • 数值表示存储的位置（Position） • 数值表示特定的区块编号，或以字符串标识符（例如"latest""earliest""pending"）来表示的区块编号	返回数值类型，即以数值表示的指定存储位置

（续表）

RPC 名称	传 入 参 数	用 途 说 明
eth_getBalance	需输入两个参数： ● 20 个字节的账户地址 ● 数值代表特定的区块编号或字符串标识符（例如"latest""earliest""pending"）代表的区块编号 例如： ```params:['0x4cd063815f7f7a26504ae42a3693b4bbdf0b9b1a','latest']```	返回数值类型，表示指定账户在特定的区块编号时，以太币的余额是多少。返回的数值单位是 wei
eth_getTransactionCount	需输入两个参数： ● 20 个字节的指定地址 ● 数值代表特定的区块编号，或以字符串标识符（例如"latest""earliest""pending"）来表示的区块编号	返回数值类型，表示从指定地址送出的交易数量
eth_getBlockTransaction CountByHash	区块的哈希值	返回数值类型，根据指定区块的哈希值进行对比，查询在特定区块中的交易数量
eth_getBlockTransaction CountByNumber	数值代表特定的区块编号，或以字符串标识符，例如"latest""earliest""pending"来表示的区块编号	返回数值类型，根据指定的区块编号，查询在特定区块中的交易数量
eth_getUncleCount ByBlockHash	区块的哈希值	返回数值类型，根据指定区块的哈希值进行对比，查询在特定区块中的叔块数（Number of Uncles）
eth_getUncleCount ByBlockNumber	数值代表特定的区块编号，或以字符串标识符（例如"latest""earliest""pending"来表示的区块编号）	返回数值类型，根据指定区块编号，查询在特定区块中的叔块数（Number of Uncles）
eth_getCode	需输入两个参数： ● 20 个字节指定地址 ● 数值代表特定的区块编号，或以字符串标识符（例如"latest""earliest""pending"）来表示的区块编号	返回在指定地址与区块编号下的数据代码（Code）

（续表）

RPC 名称	传 入 参 数	用 途 说 明
eth_sign	需输入两个参数： • 20 个字节长度，用来进行签名的账户地址（需要解锁） • 要进行签名（Sign）的信息	以太坊特殊的算法：sign(keccak256 ("\x19Ethereum Signed Message:\n" + 消息长度 + 消息内容)))，对传入的信息进行签名计算。 将签名计算的结果附加在传送的信息之中，可用来验证数据的正确性，避免恶意软件伪冒交易
eth_sendTransaction	交易信息的对象，字段属性包括： • from：长度为 20 个字段的交易发送者的账户地址 • to：长度为 20 个字节的交易接收者的账户地址。若交易是用来创建新合约，则该属性免填 • gas：可选属性且默认为 90 000，用于设置执行交易所愿意支付的燃料费数量 • gasPrice：数值类型的属性，表示每一单位燃料（Gas）的价格 • value：可选的属性，数值类型，用于指定交易所要传输的数值 • data：编译过的智能合约程序代码，或调用合约时签名过的函数及编码过的参数 • nonce：不重复的数值	创建一条新的消息用来执行交易，若数据内容含程序代码时也可用来创建智能合约。 交易的哈希值，若交易尚未就绪时则返回 0。 可以搭配 eth_getTransaction-Receipt 来使用。若交易是用来创建智能合约，则可获取智能合约的地址
eth_getTransactionReceipt	32 个字节长度的交易哈希值	通过交易的哈希值，查询交易明细。交易在未完成前无法查得明细。 返回的交易明细内容包括： • transactionHash：长度为 32 个字节的交易哈希值 • transactionIndex：数值类型，表示交易在区块中的位置 • blockHash：长度为 32 个字节的交易所在区块的哈希值 • blockNumber：数值类型，交易所在的区块编号

（续表）

RPC 名称	传 入 参 数	用 途 说 明
		• cumulativeGasUsed：数值类型，执行交易所在区块的总花费（燃料费的数量） • gasUsed：数值类型，执行交易所花费的燃料费数量 • contractAddress：若交易是用来创建智能合约的，则此对象属性是一个长度为 20 个字节的合约地址，否则为 null • logs：数组类型，执行交易所产生的日志信息 • logsBloom：用于快速检索日志 • root：采用拜占庭（Byzantium）共识算法时，所返回的交易后 stateroot 数据，长度为 32 个字节 • status：数值类型，若为 1 则代表成功，若为 0 则代表失败
eth_sendRawTransaction	签名过的事务数据	创建一条新的消息用来执行交易，若数据内容含程序代码时则可用来创建智能合约
eth_call	共有两个参数。 参数 1 是包裹交易信息的对象，字段属性包括： • from：长度为 20 个字节的交易发送者的账户地址，为可选参数 • to：长度为 20 个字节的交易接收者的账户地址。若交易是用来创建新智能合约，则该属性免填 • gas：可选参数且默认为 90 000，用来设置执行交易所愿意支付的燃料（Gas）数量。eth_call 并不会消耗燃料，而某些操作则需要，故此为可选参数 • gasPrice：数值类型的属性，表示每一单位燃料（Gas）的价格。此为可选参数	执行智能合约时，不会改变区块链状态的函数。执行结果为所执行智能合约的返回值

（续表）

RPC 名称	传 入 参 数	用 途 说 明
	• value：数值类型属性，表示交易所要传输的数值。此为可选参数 • data：编译过的智能合约程序代码，或调用合约时签名过的函数及编码过的参数。此为可选参数 • nonce：不重复的数值 参数 2 是一个数值，表示特定的区块编号，或以字符串标识符（例如"latest""earliest""pending"）来表示的区块编号	
eth_estimateGas	参考 eth_call	返回执行交易所需要花费燃料的预估值，该预估值可能远大于实际上所需的燃料数量。 若没有设置燃料（Gas）上限，则节点程序会以处理中区块所需的燃料数量作为预估值。在这种情况下，预估值反而可能会小于实际所需的燃料数量
eth_getBlockByHash	共有两个参数： • 长度为 32 个字节的区块哈希值。 • 布尔值。若为 true 时，则返回完整的事务数据对象。若为 false 时，则返回交易的哈希值	根据区块哈希值，查询区块相关的信息，若数据不存在则返回 null。 • number：数值类型。若区块已存入区块链中，则返回区块编号，若区块尚在待处理状态时，则返回 null • hash：长度为 32 个字节的数据。若区块已存入区块链之中，则返回区块的哈希值；若区块尚待处理，则返回 null • parentHash：长度为 32 个字节的数据，记录前一个区块的哈希值 • nonce：长度为 8 个字节的数据，记录 POW 共识时的 nonce 值。若区块尚待处理，则返回 null • sha3Uncles：长度为 32 个字节的数据，区块中叔块数据的 SHA3 值

（续表）

RPC 名称	传 入 参 数	用 途 说 明
		• logsBloom：长度为 256 个字节的数据，用于过滤区块日志 • transactionsRoot：长度为 32 个字节的数据，区块的交易前缀树（Transaction Trie）的根 • stateRoot：长度为 32 个字段的数据，区块的最终状态前缀树（Final State Trie）的根 • receiptsRoot：长度为 32 个字段的数据，区块的明细前缀树（Receipts Trie）的根 • miner：长度为 20 个字节的数据，记录挖到本区块而得到奖励的账户地址 • difficulty：数值类型，记录挖到此区块的困难度 • totalDifficulty：数值类型，表示到此区块为止的困难度总和 • extraData：区块的额外数据 • size：数值类型，以字节为单位记录区块的大小 • gasLimit：数值类型，记录本区块允许的最大燃料（Gas）数 • gasUsed：数值类型，表示区块中所有交易所使用的燃料总和 • timestamp：数值类型，记录挖区块当下的 UNIX 时间戳 • transactions：以数组呈现所有事务数据对象。若输入的参数设为 false 时，则是所有交易哈希值的数组 • uncles：以数组呈现的叔块哈希值
eth_getBlockByNumber	共有两个参数： • 区块编号或是以字符串标识符（例如"latest""earliest""pending"）代表的区块编号	参考 eth_getBlockByHash 的返回值

（续表）

RPC 名称	传 入 参 数	用 途 说 明
	• 布尔值。若为 true，则返回完整事务数据对象。若为 false，则为交易的哈希值	
eth_getTransaction ByHash	长度为 32 个字节的交易哈希值	根据交易的哈希值查询交易信息。若查无交易时，则返回 null。 • hash：长度为 32 个字节，表示交易的哈希值 • nonce：数值类型，是交易发送者发送交易时所创建 • blockHash：长度为 32 个字节，交易所在区块的哈希值。若区块尚未建立，则返回 null • blockNumber：数值类型，记录交易所在区块的编号 • transactionIndex：数值类型，记录交易所在区块的索引值 • from：长度为 20 个字节的交易发送者的账户地址 • to：长度为 20 个字节的交易接收者的账户地址。若交易是用来创建新合约，则为 null • value：数值类型，表示交易所传输的数值，单位为 wei • gas：交易发送者所支付的燃料数量 • gasPrice：数值类型，表示交易发送者所支付的燃料价格，单位为 wei • input：伴随交易所传送的数据
eth_getTransaction ByBlockHashAndIndex	共有两个参数： • 长度为 32 个字节的区块哈希值 • 交易的索引值	根据交易所在区块的哈希值及交易索引值查询交易信息。若查无交易时，则返回 null。 参考 eth_getTransactionByHash 的返回内容

（续表）

RPC 名称	传入参数	用途说明
eth_getTransaction ByBlockNumberAndIndex	共有两个参数： ● 区块编号或是以字符串标识符（例如"latest""earliest""pending"）代表的区块编号 ● 交易的索引值	根据交易所在区块的编号及交易索引值查询交易信息。若查无交易时，则返回 null。 参考 eth_getTransactionByHash 的返回内容
eth_getUncleByBlock HashAndIndex	共有两个参数： ● 长度为 32 个字节的区块哈希值 ● 叔块的索引值	根据区块的哈希值及叔块索引值查询叔块数据。 请参考 eth_getBlockByHash 返回值
eth_getUncleByBlock NumberAndIndex	共有两个参数： ● 区块编号或是以字符串标识符（例如"latest""earliest""pending"）代表的区块编号 ● 叔块的索引值	根据区块的编号及叔块索引值查询叔块数据。 参考 eth_getBlockByHash 返回值
eth_getCompilers	无	以列表呈现节点可使用的编译程序
eth_compileSolidity	以 Solidity 语言编写的智能合约源代码	返回编译后的源代码
eth_compileLLL	以 LLL（Low-level Lisp-like，低级类似 Lisp）语言编写的智能合约源代码	返回编译后的源代码
eth_compileSerpent	以 Serpent 语言编写的智能合约源代码	返回编译后的源代码
eth_newFilter	输入参数为过滤条件： ● fromBlock：开始进行过滤的区块编号或以字符串标识符（例如"latest""earliest""pending"）代表的区块编号。默认为"latest"，表示从最近的区块进行条件过滤 ● toBlock：结束进行过滤的区块编号或以字符串标识符（例如"latest""earliest""pending"）代表的区块编号。默认为"latest"，表示从最近的区块进行条件过滤	根据条件建立过滤器，用于在状态改变时发送通知。若要确认状态是否改变，则可调用 eth_getFilterChanges。返回过滤器的 ID

RPC 名称	传 入 参 数	用 途 说 明
	• address：长度为 20 个字节要进行过滤的合约地址，或是以数组呈现的一组合约地址 • topics：以数组呈现的数据集，每笔数据的长度为 32 个字节。数据为过滤的比较内容，同时具有顺序性	
eth_newBlockFilter	无	在节点中建立过滤器，当新区块抵达时发出相关的通知。若要确认状态是否改变，则可调用 eth_getFilterChanges。返回过滤器的 ID
eth_newPending TransactionFilter	无	在节点中建立过滤器，当待处理的区块抵达时发出相关的通知。若要确认状态是否改变，则可调用 eth_getFilterChanges。返回过滤器的 ID
eth_uninstallFilter	数值类型的过滤器 ID	根据 ID 解除指定过滤器的作用。当不再需要过滤器时，必须要妥善调用此函数解除过滤器。除此之外，在一段期间内若没有调用 eth_getFilterChanges，则会造成过滤器超时（Timeout）
eth_getFilterChanges	过滤器的 ID	轮询过滤器的 API，返回距上次查询后到现在之间所发生的相关事件。 返回多个 Log 对象的数组，若和上次查询比较无任何变化，则返回空数组。 若过滤器是通过 eth_newBlockFilter 建立，则返回区块哈希值。若过滤器是通过 eth_newPending Transaction-Filter 建立，则返回交易哈希值。若过滤器是通过 eth_newFilter 建立，则日志（Log）以对象呈现，并具有下列参数：

RPC 名称	传 入 参 数	用 途 说 明
		• removed：若为 true，则表示区块链已被重组，日志已被移除。若为 false，则为一个有效的日志 • logIndex：数值类型，记录日志在区块中的索引值 • transactionIndex：数值类型，记录建立日志的交易索引值 • transactionHash：长度为 32 个字节的哈希值，记录建立日志的交易哈希值 • blockHash：长度为 32 个字节的哈希值，记录日志所在区块的哈希值 • blockNumber：数值类型，记录日志所在区块的编号 • address：长度为 20 个字节，记录日志源自的地址 • data：包含一个到多个长度为 32 个字节的日志的非交易索引参数 • topics：数据数组
eth_getFilterLogs	过滤器 ID	返回所有符合过滤器 ID 的日志，以数组方式返回。返回的内容可参考 eth_getFilterChanges
eth_getLogs	参考 eth_newFilter 的传入参数	返回符合过滤器对象的所有日志。参考 eth_getFilterChanges 的返回值
eth_getWork	无	返回值是以数组方式呈现的下列属性： • 长度为 32 个字节，记录当前区块标头的 pow-hash • 长度为 32 个字节，用于 DAG 的种子（Seed）哈希值 • 长度为 32 个字节，边界条件

RPC 名称	传 入 参 数	用 途 说 明
eth_submitWork	• 长度为 8 字节的 nonce • 长度为 32 个字节，记录标头 pow-hash • 长度为 32 个字节，记录 mix digest	提交一个 POW（Proof-of-Work，工作量证明）的运算解决方案。返回布尔值，若为 true，则表示提交的运算解决方案为合法，反之为不合法
eth_submitHashrate	用来提交挖矿的 Hashrate ID。Hashrate ID 是一个长度为 32 个字节的十六进制数字字符串，随机数 ID 用以标识节点	布尔值，true 代表提交成功，false 代表提交失败
db_putString	将字符串存到本地节点的数据库。此 API 未来恐怕被撤销，因而不建议使用。输入参数包括： • 字符串类型，数据库名称 • 字符串类型，数据主键（Key） • 字符串类型，数据值（Value）	返回布尔值，true 表示存储成功，false 表示存储失败
db_getString	从本地节点的数据库取回数据。此 API 未来恐怕被撤销，因而不建议使用。输入参数包括： • 字符串类型，数据库名称 • 字符串类型，数据主键（Key）	返回先前存储的字符串数据
db_putHex	将二进制数据存到本地节点的数据库。此 API 未来恐怕被撤销，因而不建议使用。输入参数包括： • 字符串类型，数据库名称 • 字符串类型，数据主键（Key） • 要存储的数据	返回布尔值，true 表示存储成功，false 表示存储失败
db_getHex	从本地节点的数据库取回二进制的数据。此 API 未来恐怕被撤销，因而不建议使用。输入参数包括： • 字符串类型，数据库名称 • 字符串类型，数据主键（Key）	返回先前存储的数据
shh_version	无	返回当前 whisper 通信协议版本

（续表）

RPC 名称	传 入 参 数	用 途 说 明
shh_post	传送一条符合 whisper 协议的消息。传入参数为包裹 whisper 消息的对象，包括： • from：长度为 60 个字节，可选字段，消息传递者的标识信息 • to：长度为 60 个字节，可选字段，消息接收者的标识信息。使用 whisper 协议会对消息加密，故只有消息接收者才能解密 • topics：以数组方式呈现的数据。消息传递者识别消息的主题（Topic） • payload：消息内容 • priority：数值类型，记录优先等级 • ttl：数值类型，以秒为单位，记录消息的残余生命时间	返回布尔值，true 表示传送成功，false 表示传送失败
shh_newIdentity	在节点中，创建一个新的 whisper 标识号（Identity）。无传入参数	返回值为长度 60 个字节的新标识号
shh_hasIdentity	根据标识号（账户地址）确认节点是否握有其私钥（Private Key）。传入值为要确认的账户地址	返回布尔值，true 表示节点握有私钥，false 则表示没有私钥
shh_newFilter	• to：长度为 60 个字节，可选的字段，消息接收者的标识信息。使用 whisper 协议会对消息加密，故只有消息接收者才能解密 • topics：以数组方式呈现的数据。消息传递者识别消息的主题（Topic）	建立一个通知用的过滤器，当节点收到一条 whisper 消息时，若符合过滤条件，则会发送通知
shh_uninstallFilter	过滤器 ID	根据给予的 ID 解除过滤器。每当不再需要监控时，就应调用此 API 进行解除的工作。在一段时间没有调用 shh_getFilterChanges 获取过滤信息时，过滤器会自动触发超时（TimeOut）

（续表）

RPC 名称	传 入 参 数	用 途 说 明
shh_getFilterChanges	过滤器 ID	用于轮询 whisper 过滤器，返回从上次调用此 API 之后所有新增的消息。 配合调用 shh_getMessages 会清空暂存区的数据，避免重复读取。 返回的所有消息会以数组方式呈现。 ● 长度为 32 个字节，记录消息的哈希值 ● From 长度为 60 个字节，记录消息的发送者 ● To 长度为 60 个字节，记录消息的接收者 ● expiry：数值类型，以秒为单位说明消息的剩余到期时间 ● ttl：数值类型，以秒为单位说明消息在系统中的浮点数（float）表示的时间 ● sent：数值类型，记录消息发送时的 UNIX 时间戳 ● topics：以数组方式呈现的数据，记录消息内含的主题 ● payload：消息本文
shh_getMessages	过滤器 ID	返回所有消息。参考 shh_getFilterChanges 的返回内容

若想参阅最新的RPC说明，请参考GitHub文件：

https://github.com/ethereum/wiki/wiki/JSON-RPC#json-rpc-methods

接着回到原来的测试场景，再试着以HTTP POST发送下列RPC到私有链的节点程序。

RPC地址与端口号：

```
http://127.0.0.1:8080
```

JSON内容：

```
{
    "jsonrpc":"2.0",
    "method":"eth_coinbase",
    "params":[],
    "id":64
}
```

这一次终于可顺利执行了，结果如下：

```
{
    "jsonrpc": "2.0",
    "id": 64,
    "result": "0x4cd063815f7f7a26504ae42a3693b4bbdf0b9b1a"
}
```

根据查表得知，eth_coinbase函数能用来查询节点的挖矿账户，验证之后可发现返回值果然与当前节点的挖矿账户相同。

下面继续本节的范例程序，回顾一下Multiply智能合约，该合约程序提供一个名为doMultiply的函数，并提供了对输入值进行乘法运算的功能。在合约的函数中声明该函数为constant，表示调用该合约函数时并不会更改区块链的状态，为此可使用RPC API中的eth_call来调用合约函数。如下为发送的RPC内容。

```
{
    "jsonrpc": "2.0",
    "id": 1,
    "method": "eth_call",
    "params": [
    {
      "to": "0x03858d3ff0c2acc5299f79497beafd3fd8e1a5b5",
      "data": "0x648146a2000000000000000000000000000000000000000000000000000000000000000800000000000000000000000000000000000000000000000000000000000000008"
    },
    "latest"
    ]
}
```

其中to指向智能合约的地址，data指向所要调用的合约函数。RPC会以十六进制对所要调用的合约函数加以描述，上述的"0x648146a2"就是以Keccak 哈希算法对函数名称进行的4字节编码。开发者可直接在Geth控制台输入下列指令来得到编码结果。

```
> web3.sha3("doMultiply(uint256,uint256)").substring(0,10)
"0x648146a2"
```

"0000000000000000000000000000000000000000000000000000000000000008"为传入到智能合约函数的第一个参数，uint256则表示长度为256个位（bit）的无符号整数，因此可用64个字符（character）来表示长度为32个字节的数据，因想计算8×8的结果，故传入两组内容相同的参数。通过任何能发送HTTP请求的软件将RPC内容传给节点程序，便可得到如下的执行结果：

```
{
    "jsonrpc": "2.0",
    "id": 1,
    "result": "0x0000000000000000000000000000000000000000000000000000000000000040"
}
```

若将"0x0000000000000000000000000000000000000000000000000000000000000040"转换成十进制（16×4 = 64），则可发现该智能合约函数执行运算后得到了正确的结果。确认与验证合约可正确执行之后，接下来的事情就简单多了。任何支持HTTP请求的程序设计语言都可通过RPC来和节点程序与整个区块链进行互动。如下即为使用Java 语言所编写的范例程序。

```java
import java.io.IOException;
import org.apache.http.HttpEntity;
import org.apache.http.client.methods.CloseableHttpResponse;
import org.apache.http.client.methods.HttpPost;
import org.apache.http.entity.StringEntity;
import org.apache.http.impl.client.CloseableHttpClient;
import org.apache.http.impl.client.HttpClients;
import org.apache.http.util.EntityUtils;

public class MultiplyContract {

    public static void main(String[] args) {
        // 建立HTTP客户端
        CloseableHttpClient httpClient = HttpClients.createDefault();
```

```
// 使用POST
HttpPost = new HttpPost("http://127.0.0.1:8080");

// 执行并获取结果
CloseableHttpResponse response = null;
try {
    // RPC内容
    String method = "eth_call";
    String to = "0x03858d3ff0c2acc5299f79497beafd3fd8e1a5b5";

    String data = "0x648146a2000000000000000000000000000000000000000000
                  000000000000000000000000080000000000000000000000000000000
                  0000000000000000000000000000000008";
    String json = "{\"jsonrpc\": \"2.0\",\"id\": 1," + " \"method\":
                  \"" + method + "\",\"params\": [{\"to\": \"" + to + "\",
                  " + "\"data\": \"" + data + "\"" + "},\"latest\"]}";

    StringEntity entity = new StringEntity(json);
    httpPost.setEntity(entity);
    httpPost.setHeader("Accept", "application/json");
    httpPost.setHeader("Content-type", "application/json");

    response = httpClient.execute(httpPost);
} catch (IOException e) {
    e.printStackTrace();
}

// 获取结果
HttpEntity entity = response.getEntity();
try {
    System.out.println(EntityUtils.toString(entity));
    EntityUtils.consume(entity);
} catch (IOException e) {
    e.printStackTrace();
}
}
}
```

至此，在学习区块链的过程中编写了第一个智能合约，同时还将它顺利地部署到私有链中，并通过JSON-RPC调用与使用区块链上的智能合约。这是学习区块链的一大进步。

3.4 | 习题

1. 仿照本章的范例,实现可显示 "Hello Blockchain" 的智能合约,并部署到私有链之中。

2. 尝试删除 "启动节点的指令" 中的--unlock 0参数,观察所建立的私有链是否还可以正常工作? 如果不行,出现了什么错误消息?

3. 随着区块链节点数的增加,成功挖矿的速度是否会随之降低?

4. "启动节点的指令" 中的--rpcapi参数可分为 "db,eth,net,web3,personal" 等,原创者为什么要做这些细的分类?

5. JSON-RPC中的eth_sendTransaction与eth_call有什么区别?

6. 思考并说明为什么使用eth_call时需指定区块编号或区块字符串标签,但使用eth_sendTransaction时则不需要指定?

7. 在以太坊区块链中进行交易都必须支付燃料(Gas)费,有必要吗? 若企业要采用以太坊技术,有没有什么迟滞难行的地方?

第 4 章

深入探讨智能合约

经过前一章的初探智能合约后，已经学会了如何通过JSON-RPC存取以太坊区块链，同时小试身手，通过命令行指令的方式手动调用与使用了Hello智能合约，也学会了以图形界面的钱包软件调用稍微复杂的乘法智能合约。

本章将进一步探究智能合约，首先介绍以太坊区块链核心的账户地址概念，接着介绍完整的Solidity程序设计语言与特性，以及如何使用它编写复杂功能的智能合约，同时也将探讨掀起全球浪潮的ICO融资模式，最后遵循ERC 20智能合约协议的标准，实现能够发行代币（Token）的代币合约。

本章结构如下：

- ❖ 以太坊账户地址
- ❖ Solidity 智能合约结构
- ❖ Solidity 智能合约语言
- ❖ ICO 首次币发行融资
- ❖ ERC 20 智能合约协议标准

4.1 │ 以太坊账户地址

前一章对"地址"的概念做了入门介绍，由于"地址"在以太坊中扮演着核心角色，因此在深入探讨智能合约之前，再深入认识一下以太坊的"地址"。

当人们谈论以太坊"地址"时，可能是指EOA（Externally Owned Account，外部拥有账户，简称外部账户）或合约账户（Contract Account）。EOA是一组公开字符串，对应于终端用户的私钥，可作为在区块链收发交易的代表，可将它想象成终端用户在区块链世界的"银行账户"，可拥有以太币余额（Ether Balance），并像真实世界的"银行账户"那样进行转入与转出以太币的交易，也可用来触发与执行智能合约。

以太坊在产生EOA的过程中，采用"椭圆曲线数字签名算法"（Elliptic Curve Digital Signature Algorithm，ECDSA）来生成公私密钥对。ECDSA是一种结合了ECC与DSA的算法，由Don Johnson、Alfred Menezes与Scott Vanstone于1992年提出并发表。

ECDSA所参照的ECC是一种公钥的密码技术，是在1985年由Neal Koblitz与Victor Miller所提出的。ECC是基于数学中的椭圆曲线发展出来的，是各种国际标准（例如ISO 11770-3、ANSI X9.62等）算法的基础。ECC不仅能用在密码学的加解密、数字签名、密钥交换等方面，同时也可用在大数因式分解（Factorization）与质数判断（Primality Testing）上。借助椭圆曲线的离散特性使得所生成的密钥长度比其他算法（如RSA等）更短，但安全强度却更高。因此ECC常被用于存储空间有限的环境中，例如智能卡、移动电话、无线设备等。

ECDSA参考的另一种算法是"数字签名算法"（Digital Signature Algorithm，DSA），是由David W. Kravitz于1991年提出，属于美国联邦信息处理标准的算法。DSA堪称是当今世上最重要的数字数据防伪技术，已被广泛应用于各个领域，例如电子公文、电子合约、电子支票、软件防伪技术等。综观以太坊所使用的加解密算法，无论是ECDSA、ECC还是DSA都非以太坊原创，只是将其进行适当的整合而已。

由于以太坊在EOA的产生过程中使用ECDSA，因此很多人都误以为ECDSA所生成的公钥等同于EOA，其实并不然。以太坊在使用ECDSA的secp256k1曲线生成公私密钥对后（注：公钥使用未压缩模式，即uncompressed模式），会删除公钥的第一个字节，再对剩下的部分调用SHA3（keccak-256）哈希函数进行处理。最后将得到的长度为64个字符的Hex字符串取最后面的40个字符，这40个字符才是以太坊最终的EOA（外部账户）。简而言之，将以太坊公私密钥对中的公钥经过适当的拆分与哈希运算，才能得到EOA，也就是以太坊的"地址"。

相对于EOA（外部账户），另外一个以太坊的"地址"被称为合约账户（Contract Account）。EOA代表终端用户在区块链中的身份，而合约账户代表智能合约在以太坊中的"地址"。换句话说，通过合约账户可以调用智能合约所提供的处理逻辑。EOA是通过终端用户的公私密钥进行特殊运算而得来的，那么合约账户呢？其实合约账户是参照合约创建者的地址与nonce计算而来的。对于以太坊虚拟机（Ethereum Virtual Machine，EVM）来说，无论是EOA（外部账号）或合约账户，其实都被视为"地址"，因此合约账户可和EOA一样拥有以太币余额，表示智能合约本身也可以拥有以太币。许多ICO智能合约都是利用这项特性来实现的。

智能合约是一组运行在以太坊虚拟机（EVM）上的程序代码，因此可通过EOA发送的交易执行智能合约所提供的功能，也可调用和执行另外一个智能合约。但是，因为智能合约在以太坊虚拟机沙盒环境中运行，所以智能合约不可以存取外部网络（如HTTP等）、节点端的文件系统（File System）或进程（Process），只能运行在独立且封闭的区块链环境中。

顺便提一下，以太坊的智能合约是图灵完备（Turing Completeness）的，所以可执行更为复杂的运算。此外，智能合约具有将变量永久化存储（Persistent Storage）在区块链中的特性，因此程序中的变量可视为永久状态（Permanent State）。

4.2 | Solidity 智能合约结构

智能合约既然也是用程序设计语言编写的，下面就来看看如图4-1所示的Solidity智能合约结构图。一份智能合约基本上由3个区段所组成：编译程序版本声明、引用其他合约以及合约内容。

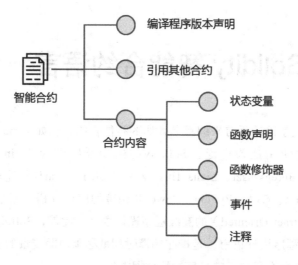

图 4-1

首先，编译程序版本声明区段必须指定合适的编译程序，该份智能合约才可被正确地编译。其次，在引用其他合约区段中，可以声明引用若干他人已编写好的智能合约，以节省重写的时间。最后的合约内容区段就是程序开发人员挥洒的舞台，包含了状态变量、函数声明、函数修饰符、事件以及注释。

状态变量类似于传统面向对象的程序设计语言中的对象变量，是指整份智能合约都可以存取的变量。它可包含数值类型与引用类型；数值类型是我们熟悉的整数、实数、字符串等；引用类型是程序开发人员自行设计所需的类型，例如结构类型、映射类型等。

函数声明是程序开发人员实现智能合约处理逻辑的地方。同任何一种程序设计语言一样，Solidity语言也有些内建的函数，将在4.3.4小节加以介绍。同样，函数内也可声明局部变量，其类型与状态变量一样。函数修饰符的作用是提供执行函数逻辑之前预先设置判断条件以改变函数的行为，例如在某条件成立下方可执行函数等，此部分将在4.3.3小节进行介绍。

在以太坊中，事件（Event）是一种以日志方式记录（Logging）存取智能合约过程的机制，可将合约的执行结果通过事件方式永久写入区块链。4.3.5小节将完整地介绍这部分内容。最后，为了提高程序代码的维护性与阅读性，在智能合约中也可以编写注释。

4.3 | Solidity 智能合约语言

可以使用多种程序设计语言来编写以太坊的智能合约，例如Serpent、LLL、Viper等，目前Solidity语言的使用最为广泛。Solidity的主要开发者为Gavin Wood、Christian Reitwiessner、Alex Beregszaszi、Liana Husikyan、Yoichi Hirai与其他几位早期的贡献者。Solidity受到JavaScript、C++、Python、PowerShell等程序设计语言相当多的启发，是一种合约导向式（Contract-Oriented）的高级程序设计语言。此外，Solidity也是一种静态类型（Static Type）的程序设计语言，是指在编译时期就必须声明变量的类型。它同时也支持继承、函数库，并允许用户自定义复杂的数据类型。

先来看一个简单的智能合约程序StoreMyState.sol：

```solidity
pragma solidity ^0.4.22;
contract A {

    uint myState;

    function set(uint val) public {
        myState= val;
    }
    function get() public view returns (uint v) {
        return myState;
    }

}
contract B {
}
contract C is A, B {
}
```

pragma关键字声明此智能合约适用的编译程序版本，使用指定版本的编译程序进行编译，程序执行才能符合预期，否则可能发生意料之外的错误。

以太坊智能合约通常被保存在文件扩展名为 .sol的文本文件中。一个sol文件允许同时存放多份智能合约的程序代码。如上的智能合约程序所示，在StoreMyState.sol文件中共存放了contract A、contract B、contract C三份智能合约，而这些智能合约被声明在成对的大括号之间，其中可以包括合约的函数、合约的状态变量等。此外，Solidity允许多重继承。在上述范例中，C合约声明为继承自A合约与B合约。

如同其他程序设计语言，合约程序可以包含多个函数或变量（函数提供处理逻辑，而变量则用来存储数据）。Solidity将合约变量称为状态（State），而函数内的变量称为局部变量。无论是合约名称、函数名称或是变量名称都必须是ASCII字符。

在上述范例中的myState变量声明成uint类型，表示适合用来存储没有正负符号、长度为256比特位（Bit）的整数。终端用户或是其他智能合约，可以通过set函数设置myState变量（或状态）的数据内容，也可以通过get函数获取myState变量（或状态）的内容值。到目前为止，所示范的合约程序并没有对myState变量进行任何防护措施，一旦A合约部署到区块链网络后，任何知道智能合约地址的人都可以通过set与get函数设置与查询myState的内容值。

若将区块链视为一种分布式数据库，那么无论是传输以太币、修改智能合约的变量（或状态）的行为，都称为是在执行交易（Transaction）。与传统数据库系统一样，交易可能成功，也可能失败，失败的主因可能是为了避免双重花费（俗称的双花）问题，在所有矿工共识机制的情况下，不承认交易的执行。也因此，区块链交易在发送之后，一般会经过6次区块确认，才代表交易被永久写到区块链上。与传统数据库系统不同的是，每次交易时会由交易发起人执行签名的操作。因此，交易的执行具有不可否认性。

Solidity编写智能合约的方式类似编写一般面向对象的程序。一份智能合约可以包含函数（Function）、函数修饰符（Function Modifier）、事件（Event）、结构类型（Structure Type）、枚举类型（Enum Type）与状态变量（State Variable）这几种元素。以下是对各种元素的语法介绍：

Solidity默认的sha256、ripemd160或ecrecover等函数，在执行过程中有可能会遭遇Out-Of-Gas（燃料耗尽）的情况，这是因为私有链实现一种称之为预先编译合约的机制。简单地说，合约要在收到第一个消息交易之后才会真正存在于区块链上。目前暂时的解决方式就是在第一次使用合约之前先传送1 wei单位的加密货币，以完成智能合约的初始化工作。

由于Solidity是一种类似JavaScript与C的程序设计语言，因此大部分的逻辑控制语句（除了不支持switch与goto之外，如if、else、while、do、for、break、continue、return等）都与传统程序设计语言相同。因此，本书就不多介绍Solidity语言的控制语句了。

4.3.1 变量类型

作为静态类型程序设计语言的Solidity，每个状态变量（State Variable）及局部变量（Local Variable）在编译期间都必须声明类型，变量之间可通过运算符（Operator）与表达式（Expression）进行运算，状态变量将被永久存储在智能合约存储区（Contract Storage）。下面介绍Solidity的两大类型：数值类型与引用类型。

1. 数值类型（Value Type）

数值类型的变量可用于赋值、作为函数的参数、参与表达式的运算等。当作为函数的参数传递时，数据的内容会被复制一份，即为传统程序设计语言中传值调用（Call by Value）的概念。

数值类型包含：布尔类型（Boolean）、整数类型（Integer）、定点实数类型（Fixed Point Number）、地址类型（Address）、定长字节数组（Fixed-Size Byte Array）、变长字节数组（Dynamically-Sized Byte Array）、地址字面量（Address Literal）、有理数和整数字面量（Rational and Integer Literal）、字符串字面量（String Literal）、十六进制字面量（Hexadecimal Literal）、枚举类型（Enum Type）。

（1）布尔类型

布尔类型数据的取值可以是true或false，其类型等同于整数类型的uint8，但被限制只能取0或1的值。这个类型可以使用的运算符如表4-1所示。

表 4-1　布尔类型可以使用的运算符

运　算　符	说　　明
!	逻辑"非"
&&	逻辑"与"运算，即 AND 运算，运算符两端的操作数必须为 true，运算结果才会为 true，否则为 false
||	逻辑"或"运算，即 OR 运算，运算符两端的操作数只要有一个为 true，运算结果即为 true
==	判断两个操作数是否相等
!=	判断两个操作数是否不相等

备注：|| 与 && 运算符与其他高级程序设计语言一样，支持"短路规则"（Short-Circuiting Rule）。举例来说，若有一个表达式为f(x) || g(y)，当 f(x) 为true时，由于表达式的结果必将为true，因此便没有再判断g(y)的必要。这种做法可能会有其他副作用（Side-Effect）。

Solidity语言与JavaScript或C语言不同，它并不会自动将非布尔类型的变量转换成布尔类型的变量，因此在Solidity语言的if 语句中使用数值（例如if (1) { ... } ）是不合法的。

（2）整数类型

Solidity的整数类型分为有符号数与无符号数两种，并且根据能够表示的数值大小来指定不同的数据长度。uint<M>表示无符号整数，其中M为位的长度，范围必须符合0 < M <= 256，同时M % 8的余数必须为0。因此uint<M>可为uint8、uint32、uint64、uint128、uint256。

int<M>则是以2补码表示的有符号整数，长度范围也必须符合0 < M <= 256，同时M % 8的余数必须为0。如果声明时不指定整数类型的长度，uint与int等同于uint256与int256。整数类型可以使用的运算符可参考表4-2。

表 4-2　整数类型可以使用的运算符

运　算　符	说　　明
<=、<、==、!=、>=、>	比较运算符，对比结果为布尔类型
&、|、^（比特级的 XOR 运算）、~（比特级的求反运算）	位（bit，比特）运算符
+、-、unary -、unary +、*、/、%（余数）、**（乘方）、<<（左移）、>>（右移）	算术运算符。 整数进行除法运算时，运算结果会被无条件舍去（Truncate）的，如果操作数都为稍后所要介绍的其他数值类型时，则不会被无条件舍去。另外，和传统程序设计语言一样，进行除零运算时会发生运行时错误。移位运算时，运算符右侧的操作数不能为负值，否则会在运行时抛出异常。 对有符号整数的负数进行右移运算时，等同于除法运算，同时会将结果的小数部分舍去（即进行四舍五入）

若变量能被设置为某值则称为是一个Lvalue变量（注：Lvalue表示一个内存位置），可通过简写方式进行运算。表4-3所示是对变量a的各种简写方式的说明。

表 4-3　简写方式的表达式及其说明

简写方式的表达式	说　　明
a += e	等同于 a = a + e。 -=、*=、/=、%=、|=、&=和^=都具有类似的作用
a++	运算结果等同于 a += 1 或是 a = a + 1。 将 a 的数值作为该表达式的值，再执行加 1 的运算

（续表）

简写方式的表达式	说　明
a--	运算结果等同于 a -= 1 或是 a = a − 1。 将 a 的数值作为该表达式的值，再执行减 1 的运算
++a	运算结果等同于 a += 1 或是 a = a + 1。 先执行加 1 的运算，再将结果作为该表达式的值
--a	运算结果等同于 a -= 1 或是 a = a − 1。 先执行减 1 的操作，再将结果作为该表达式的值

Solidity还提供了delete指令，可用来将数值类型重置，例如delete a指令，则会令a=0。

此外在合理的情况下，编译程序也会协助对操作数进行隐式转换（Implicit Conversion），即在不会遗失数据的情况下针对不同类型的变量自动进行转换工作。简单地说，准备将长度比较小的类型设置给长度较大的类型时，便会启动隐式转换，例如把uint8类型的变量赋值给uint16、int128 与int256类型的变量。

```
function testConvert() public pure {
    uint8 len8 = 10;
    uint128 len128 = len8;
}
```

若考虑正负号的情况，有符号的int8类型则无法赋值给uint256类型，毕竟uint256类型无法处理负数的情况。简而言之，无符号整数可赋值给有符号整数，反之则不行。任何能转换成uint16的类型都可隐式转换成稍后要介绍的address地址类型。如下列的赋值语句，由于无符号类型无法表示有符号类型，因此在编译时会出现 "TypeError: Type int8 is not implicitly convertible to expected type uint128." 的错误消息。

```
function testConvert() public pure {
    int8 len8 = 10;
    uint128 len128 = len8;  //编译时，会显示错误消息
}
```

相对于隐式转换，显式转换（Explicit Conversion）则是程序开发人员在明确的情况下，强制进行类型的转换。此种做法有可能会失去数值的精度，或是发生非预期的执行结果。例如：

```
function testConvert() public pure {
    int8 len8 = -10;
```

```
    uint128 len128 = uint128(len8);
}
```

Solidity语言提供了许多默认、全局可以使用的函数，可用来进行数学与加密运算，如表4-4所示。

表 4-4　Solidity 语言提供的用于数学和加密运算的函数

数学与加密运算相关的函数	返回值的类型	说　　明
addmod(uint x, uint y, uint k)	uint	计算(x + y) % k，k 不能是 0，此加法运算支持任意的精度，且不会在 2**256 时溢出取值范围
mulmod(uint x, uint y, uint k)	uint	计算(x×y) % k，k 不能是 0，此乘法运算支持任意精度，且不会在 2**256 时溢出取值范围
keccak256(...)	bytes32	计算 Ethereum-SHA3 (Keccak256) 哈希算法的哈希值
sha256(...)	bytes32	计算 SHA256 的哈希值
sha3(...)	bytes32	同 keccak256(...)，是它的别名
ripemd160(...)	bytes20	计算 RIPEMD-160 的哈希值
ecrecover(bytes32 hash, uint8 v, bytes32 r, bytes32 s)	address	通过椭圆形曲线数字签名方式,还原和公钥有关的地址信息

keccak256(...) 在同时输入多个参数时会显示 "Warning: This function only accepts a single "bytes" argument." 的警告信息，其原因为填充（Padding）方式不同而产生不符合期望的哈希值，因此在调用keccak256(...) 时，目前建议的做法是搭配调用encodePacked函数（例如keccak256(abi.encodePacked(...))）才能达到符合预期的结果。

（3）定点实数类型

在本书付梓之际，Solidity语言虽然允许程序开发人员声明定点实数类型，但使用却受到限制，只是为了未来的扩充性而存在。

fixed<M>x<N>表示有符号的定点实数，ufixed<M>x<N>表示无符号的定点实数。M表示实数类型的变量所要使用的位数，范围介于8和256之间，但必须能被8整除；N表示小数点的位数，可以是0和80之间。若声明时不指定类型长度，fixed与ufixed等同于fixed128x128、ufixed128x128。定点实数类型可以使用的运算符如表4-5所示。

表 4-5　定点实数类型可以使用的运算符

运　算　符	说　　明
<=、<、==、!=、>=、>	比较运算符，对比结果为布尔类型
+、-、unary -、unary +、*、/、%（余数运算）	算术运算符

（4）地址类型

地址类型的变量以20 个字节表示以太坊（Ethereum）的地址。可通过表4-6所列运算符进行运算。

表 4-6　地址类型可以使用的运算符

运　算　符	说　　明
<=、<、==、!=、>=、>	比较运算符，对比结果为布尔类型

地址类型提供了成员和成员函数与各种服务，参考表4-7。

表 4-7　地址类型的成员和成员函数

address 类型成员	功　能　说　明
<address>.balance	以 wei 为单位，查询指定地址的以太币余额，例如可通过 address(this).balance 获取当前智能合约内的余额。 Solidity 预计从 0.5.0 版后智能合约将不再继承自地址类型（address 类型），但还是可以通过转换获取地址相关的信息

<address>.transfer(uint256 amount)	把 wei 单位的以太币转账到指定地址。例如：
	　address x =0x12345;
	　x.transfer(10);
	如果 x 是 EOA（外部账号），以太币便会转账给终端用户；如果 x 是智能合约的地址，则会将以太币转账给目的合约且声明可支付的（Payable）回退函数（Fallback Function），同时搭配 transfer 函数一起执行；如果因为燃料（Gas）燃尽或其他原因而失败，则转账交易会回退且会抛出异常事件

<address>.send(uint256 amount) returns (bool)	传送 wei 单位的以太币到指定地址，但由于是一个比 transfer 更底层的指令，因此执行失败（例如调用堆栈超过 1024 或烧尽了燃料）时，虽然会返回 false，但智能合约不会因为发生异常而停止。故建议的做法是调用 transfer 函数较佳

（续表）

address 类型成员	功能说明

<address>.call(...) returns (bool)	在没有取得 ABI 但又期望和智能合约的函数互动时可以通过调用 call 函数的方式，这种方式适用于任何类型的数值参数。
	
	传至 call 函数的每一个参数都会被转换成 32 个字节长度的形式并接在一起进行传输，例如调用某合约的 setAge 函数：
	
	`address myContract = 0x16888;`
	`myContract.call("setAge", 28);`
	
	如果 call 函数的第一个参数刚好是 4 个字节的编码内容时，就会认定为已根据 ABI 协议定义，便会依据函数签名而直接调用函数。例如：
	
	`address myContract = 0x16888;`
	`myContract.call(bytes4(keccak256("setAge`
	`                            (uint256)")), 28);`
	
	call 函数会返回代表执行结果的布尔值，正常执行时返回 true，若抛出异常事件则返回 false。由于没有配合 ABI 使用，因此无法明确得知所调用函数返回值的类型与长度

<address>.gas(1000000).call(...) returns (bool)	用法同上，但可以指定燃料（Gas）数量
<address>.call.value(1 ether) ("register", "MyName");	用法同上，但可以附上以太币
<address>.delegatecall(...) returns (bool)	调用其他合约的函数，但所有数值是使用当前合约的数据内容。换句话说，是把其他合约当成函数库来使用
<address>.callcode(...) returns (bool)	以太坊在家园（Homestead）版本所提供的函数，用法同 delegatecall，但对 msg.sender 而言，msg.value 不具访问权限

（5）定长字节数组

bytes<M>表示内容为字节的定长字节数组，其中0 < M <= 32。若不声明类型的长度时，声明byte等同于声明bytes1。定长字节数组可以使用的运算符可参考表4-8。

表4-8 定长字节数组可以使用的运算符

运算符	说明
<=、<、==、!=、>=、>	比较运算符，对比结果为布尔类型
&、|、^（比特级的 XOR 运算）、~（比特级的求反运算）	位（bit，比特）运算符

运　算　符	说　　明
<<（左移）、>>（右移）	移位运算符。 移位运算和整数移位运算类似，运算结果的正负号取决于移位数值原来的属性。同时也不可以进行负移位（备注：运算符右侧数值不可为负值）
[k]	索引存取。 如果 x 变量的类型为 bytesA，那么 A 即为数组大小。因此索引值 k 将被限制在 0 <= k < A 的区间之内，例如 x[k]将取得 x 数组中第 k 个字节的内容，且只能读取

定长字节数组也提供length成员，可获取数组的长度。

（6）变长字节数组

bytes是用来存储变长的字节数组类型，而string则用以存储变长的UTF-8字符串。变长也容易造成空间浪费，若可确定长度，应尽量使用定长的类型，例如byte1到byte32。

（7）地址字面量

能通过地址校验和检验（Address Checksum Test）的十六进制字面量被认为是一个合法地址的信息。反之，若不能通过校验和检验的39到41位长度的十六进制字面量，将被视为只是普通的有理数字面量。在计算机科学中，字面量（Literal）是用于表达源代码中一个固定值的表示法，字面量就是没有用标识符封装起来的量，是"值"的原始状态。

（8）有理数与整数字面量

凡以0~9数字表示的数据内容都是十进制的整数字面量，例如：

```
12345
16888
3344
```

在其他程序设计语言中，若将第一个数字设为0时，则代表该数值是以八进制来表示的，但Solidity语言并不支持这种用法。十进制的小数字面量（Decimal Fraction Literal）则是在数字间多一个小数点符号。同时在小数点符号的任意两边至少要有一个数字，例如1.、.1与1.8等都是有效的表示法。整数字面量与有理数字面量（Rational Number Literals）都属于数值字面量类型。

Solidity语言也支持使用科学记号表示极大的数值，其中基数可以是小数，但指数必须是整数。举例来说：2e10表示2乘上10的10次方、1.0e-4表示1乘上10的-4次方（0.0001），它们都是有效的表示法。

数值字面量的表达式支持任意精度，直到它们被转换成不是字面量的形式为止，这是指数值字面量的运算结果不会发生溢出问题。如下所示，即便在运算的过程中已超过uint8类型所能够表示的数值范围，依然可得到预期的答案2。

```
function test() pure public returns (uint8 v) {
    uint8 x = (2**168 + 2) - 2**168;
    return x;
}
```

以下范例虽然使用非整数的数值，但还是能得到整数为3的执行结果。

```
uint8 a = .5 * 6;
```

若改为下列数值，则在编译时会发生错误。

```
uint8 a = .5 * 7;
```

只要操作数也是整数类型，任何可以用于整数类型的运算符都可以用于数值字面量。然而在位运算与指数运算时不允许使用小数，此外进行除法运算时也不会被无条件舍去，例如：

```
function testPoint() pure public returns (ufixed128x18 v) {
    ufixed128x18 a = 5 / 2;
    return a;
}
```

虽然官方文件宣称新版的Solidity不会将除法运算的结果进行四舍五入，仍可以得到正确数值2.5，但事实上在本书完稿之时，Solidity尚未支持实数类型，因此上述范例程序在编译时会报出"UnimplementedFeatureError: Not yet implemented - FixedPointType."的错误消息。

数值字面量用于表达加密货币时，Solidity语言提供了多个单位后缀词，例如wei、finney、szabo与ether。若没有设置单位后缀词时则默认的单位是wei。下面列出的是以太坊加密货币的单位：

1	以太（Ether）
10^{-3}	芬尼（finney）
10^{-6}	萨博（szabo）
10^{-18}	维（wei）

因此以下表达式的执行结果应为true。

```
function checkItOut() public pure returns (bool){
    return (8 ether == 8000 finney);
}
```

数值字面量若用于表示时间时，Solidity语言同样提供了多个与时间有关的后缀词，例如seconds、minutes、hours、days、weeks与years。如下为典型的使用范例，返回值应为true。

```
function checkItOut() public pure returns (bool){
    return (1 hours == 60 minutes);
}
```

若考虑并非每年都是365天（因为闰秒使得每天并非正好24小时），想获取比较精准的时间信息时，应整合区块链外部系统实现才行。

（9）字符串字面量

字符串字面量是指由单引号或双引号所包围形成的文字内容，例如"allan"。字符串没有length成员，也不能通过索引读取指定位置的文字内容，若要对字符串进行修改则必须先转换成bytes类型再通过指定位置的方式进行修正。如下所示，首先通过bytes(o)将传入的字符串转换成字节数组，再通过bytes(o)[4] 指向数组的第4个地址，最后通过bytes(o)[4] = 'o' 修改byte数组第4个地址的内容，最终返回值将会得到正确的hello字符串。

```
function origFun() public pure returns (string) {
    return modify("hellw");
}

function modify(string o) public pure returns (string) {
    bytes(o)[4] = 'o';
    return string(o);
}
```

要注意的是，ASCII以外的字符转换成字节数组后，原来"一个字"有可能会占据大于1个字节的空间，因此若调整文字内容时只调整单个字节地址的结果，就可能会与预期结果有所出入。

（10）十六进制字面量

十六进制字面量需以关键字hex作为前缀词，并以单引号或者双引号引起来，这样十六进制数值对应的字符串内容将对应到等值的二进制数值。如下的函数将会返回HELLO字符串。

```
function myHex() public pure returns (string) {
    return hex"48454C4C4F";
}
```

十六进制字面量与字符串字面量一样，具有相同的转换限制。

（11）枚举类型

枚举类型允许程序开发人员自行定义类型，可通过显式转换（Explicitly Convert）为所有整数类型，但不允许隐式转换（Implicit Convert）。显式转换在执行时会检查数值的范围，若失败则会抛出异常事件。要注意的是，枚举类型至少要有一名成员。下列为在MyContract智能合约中声明名为Candidate的枚举类型，其中包含星期的代码，通过setDay函数可设置所选择星期内的某一天，而通过getChoice则可取回所选择星期内的某一天。

```
pragma solidity ^0.4.22;

contract MyContract {

    enum Candidate {SUN,MON,TUE,WED,THU,FRI,SAT}
    Candidate choice;

    function setDay(Candidate myChoice) public {
        choice = myChoice;
    }

    function getChoice() public view returns (Candidate) {
        return choice;
    }
}
```

（12）var

var不算是一种类型，而是当程序开发人员在编写程序时，若不明确声明变量的数据类型，编译程序会自动根据第一次赋值的数据类型，赋予变量对应的数据类型。例如：

```
function testConvert() public pure {
    int8 len8 = 10;
    var autoV = len8;
}
```

var虽然极富使用弹性，但却存在潜藏风险，如下所示的范例，变量y在赋值的瞬间，类型将变成赋值来源数据的类型。因此变量y将变成uint8类型。然而，uint8类型最大可以表示的数值是2^8=256，永远也到不了1000。循环的执行将会超出原来的预期而变成无限循环了。

```
pragma solidity ^0.4.24;

contract MyContract {

    function fun() public pure returns (uint) {
        uint8 x = 10;
        var y = x;
        for(y=0; y<1000; y++){
            //do something
        }
    }
}
```

事实上，一般并不建议使用var，编译程序会显示警告消息："Warning: Use of the "var" keyword is deprecated."。

2. 引用类型

数值类型可能会遇到不敷使用的情况，因此Solidity与其他程序设计语言一样，允许程序开发人员自行设计所需的类型。然而，对于分布式数据库来说，由于无法和数值类型一样，总是限定数据的存储长度落在256位以内，因此若需要进行跨节点的数据同步时，自定义类型的成本往往是很高的。为此，程序开发人员自定义类型时，必须同时考虑数据的存储性，例如只是暂存在节点的内存中、抑或准备永久存储在区块链中。

每种复杂的类型，例如数组（Array）与结构（Struct），都多了一个用来标示数据的存储位置（Data Location）的注解（Annotation）。其中，memory表示数据只需被暂存，而storage则会被永久存储。因此若只是要暂存运算的中间结果，则可将数据存储在内存中，反之则应永久存储在区块链中。

在默认的情况下，函数的输入参数与返回值都以memory的方式存储。默认以storage方式存储的有状态变量、结构、数组与映射类型的局部变量，数值类型的局部变量则是存储在堆栈（Stack）之中。虽然对于不同类型或使用场景都有默认的存储位置，但是程序开发人员依然可以通过注解方式指定所需的存储位置。

另外一种称为calldata的存储方式，无法进行修改也不会被永久存储，即只读的，它是外部函数的参数实际被存储的地方，类似于memory的存储方式。以下是几种存储位置的范例。

```solidity
pragma solidity ^0.4.24;

contract MyContract {

  uint[] storageX; //以storage方式存储，即永久存储

  //memoryArray以memory方式存储，即存储在内存中
  function myFun(uint[] memoryArray) public {
  }

  function myFun2(uint[] memoryArray) public {
    //将memory变量内容复制一份给storage变量
    storageX = memoryArray;

    //赋予变量的引用值
    //myVar会以storage方式存储
    var myVar = storageX;

    //myVar与storageX是引用关系
    //改变myVar的长度，也会改变storageX的长度
    myVar.length = 2;

    //清空storageX的内容，也会清空myVar
    delete storageX;

    //下列指令无法执行
    //因此，它会造成在storage中创建一个暂停但未命名的数组
```

```
    //然而，storage是静态分配，故会发生冲突
    // myVar = memoryArray;


    //此指令将会重置指针，也无法被执行
    // delete myVar ;

    //以传引用的方式，调用g函数
    g(storageX);

    //在memory中，创建一个暂时性的复制，调用h函数
    h(storageX);
    }

    function g(uint[] storage storageArray) internal {}
    function h(uint[] memoryArray) public {}
}
```

这几种存储位置可简单整理如下：

（1）合约的状态（全局变量）以storage方式存储。

（2）带入函数的参数与返回值以memory方式存储。

（3）若带入合约的参数来自全局变量，则会复制一份到memory进行修改。

（4）承上，若带入合约的参数来自全局变量，并且在传入时声明为storage，则会以引用调用（Call by Reference）的方式进行参数传递。

（5）函数内的局部变量默认也是以storage方式存储，除非特地声明使用memory方式存储。数组等复杂的类型若声明为memory，在使用push等功能时，则会发生编译错误。

（6）为了节省燃料（Gas），通常会尽量将局部变量声明为memory。

（1）数组类型

关于数组存储空间的大小，可在编译时就决定，也可在执行周期动态决定。对于一个storage数组而言，它的元素类型可以是任意类型，包括其他数组、映射类型（Mapping Type）或结构类型（Structure Type）。但是对于memory数组来说，数组元素就不可以是映射类型。

长度固定的数组，可以声明成<type>[M]，其中<type>是每个元素的类型，[M]则是数组存储空间的大小，如下为典型的声明方式。

```
function test() public pure {
    uint128[] memory x = new uint128[](10);
    x[0] = 168;
}
```

长度不固定的数组可以声明成<type>[]，属于一种动态类型。若<type>[M]中的<type>本身为动态类型时，即使数组声明成固定长度，整个类型还是属于动态类型。

另外，数组也可混合声明成固定与不固定长度，举例来说uint[][5]代表有5个长度不固定的数组，数组维度的声明方式与传统程序设计语言的习惯不同，在设计时应多加注意，请参考如下的声明方式。

```
function test() public pure {
    uint firstD = 6;
    uint secondD = 5;
    uint8[5][6] memory myArr;
    for (uint i = 0; i < secondD; i++)
        for (uint j = 0; j < firstD; j++)
            myArr[i][j] = 0;
}
```

在Solidity语言中，bytes与string类型其实是一种特殊的数组。bytes类型等同于byte[]数组，但被封装在calldata之中，若在两种类型之间进行选择时应以bytes类型优先。string类型虽然等同于bytes类型，但到目前为止，尚无法使用length成员或通过索引取值，不过可参考下列方式先将string转换成bytes类型，再通过length成员获取字符串长度。

```
function chkLength() public pure returns (uint) {
    string memory str = "hello world";
    return bytes(str).length;
}
```

或是通过下列方式将string转换成bytes类型之后，再以索引方式修改内容。需要注意的是，这种方式是通过底层对字节进行修改，而不是以字符方式（Character）进行修改，修改UTF-8字符串时，结果可能不如预期。

```
function changeTxt() public pure returns (string) {
    string memory str = "hello worlw";
    bytes(str)[10] = 'd';
    return str;
}
```

若将数组类型声明成public，则编译程序也会自动生成对应的getter函数，但自动生成的getter函数在被调用时存取数组的索引值必须由输入的参数来指定。

可通过数组类型的length成员获取数组所允许存储的元素数量，此外也可通过length成员动态改变数组的大小。如下所示，myArray是一个数组类型的状态变量，同时默认的存储位置为storage，故可通过length成员将原来设置只能存储2个元素的空间修改为可以存储10个元素。

```
contract MyContract {
   byte[] public myArray = new byte[](2);

   function changeTxt() public returns (uint) {
      myArray.length = 10;
      myArray[9] = 'X';
      return myArray.length;
   }
}
```

智能合约可通过length成员修改数组的大小，但这只适用于storage变量，若变量声明为memory或以参数方式传入函数的数组，一旦在数组创建之后将会固定大小且是不允许改变长度的。下面的范例程序在编译时会显示"TypeError: Expression has to be an lvalue."的错误消息。

```
pragma solidity ^0.4.24;

contract MyContract {

   function changeTxt() public returns (uint) {
      byte[] memory myArray;
      myArray.length = 10;
      myArray[9] = 'X';
      return myArray.length;
   }
}
```

此外，对于长度不固定的数组或bytes类型（不包含string类型）可以通过push成员在数组的末端加入新的元素。下面的范例程序可通过myArray数组的push成员将传入至pushData函数的参数添加在数组的最末端。在getLastData函数中，则是通过指定数组索引来获取最后一个元素的内容。

```
pragma solidity ^0.4.24;

contract MyContract {

    uint[] myArray;

    function pushData(uint data) public {
        myArray.push(data);
    }

    function getLastData() public view returns (uint){
        return myArray[myArray.length - 1];
    }

}
```

需要注意的是，虽然通过push成员函数可为长度不固定的数组增添新元素，但赋值的索引超过数组大小时还是会发生运行时的错误。在下面的范例程序中，长度不固定的数组dynA通过push增加3个元素，该数组索引值范围为0~2，若尝试存取索引值为3的数组空间，则会抛出一个异常事件，如VM error: invalid opcode. invalid opcode。

```
pragma solidity ^0.4.24;

contract MyContract {
    function testArray() public {
        int[] storage dynA;
        dynA.push(1);
        dynA.push(2);
        dynA.push(3);

        dynA[2] = 8;
        dynA[3] = 4;
    }

}
```

数组也可以用字面量来表示，是指通过表达式的方式来表示，并不一定需要赋值给某一个变量。数组字面量属于memory层级，因此它的大小是固定不变的。在如下的程序片段中，[uint(1), 2, 3]是一个数组字面量，通过第一个元素声明为一个内容为uint的数组，并具有3个存储空间。可以将它赋值给变量x，也可以将它传递给f02函数，在该函数中再通过索引存取方式，把索引值为2的元素内容层层上传并显示执行的结果。程序在编译的过程中出现"Warning: Unused local variable."警告消息。这是因为在以太坊的架构中，无论是发送交易或执行智能合约都会消耗燃料，如果合约逻辑越复杂、声明使用的变量越多或变量的类型越复杂，就会消耗更多的燃料。注意，别忘了燃料等同于加密货币，这意味着若存在无谓的程序代码时，合约执行成本将会变高。在本范例中，变量x只有提供数据值但没有任何其他作用，故而被编译程序判别是一个没有作用、应删除的变量，否则将可能会消耗无谓的燃料，因此才会发出警告消息。

```solidity
pragma solidity ^0.4.24;

contract MyContract {

    function f01() public pure returns (uint) {
        uint[3] memory x = [uint(1), 2, 3];
        return f02([uint(1), 2, 3]);
    }

    function f02(uint[3] data) private pure returns (uint){
        return data[2];
    }
}
```

注意，数组字面量目前只能赋值给声明为固定大小的数组变量，如下面的范例程序，若要将数组字面量赋值给可变长度的数组变量时，在编译时即会显示出 "TypeError: Type uint256[3] memory is not implicitly convertible to expected type uint256[] memory." 的错误消息。

```solidity
pragma solidity ^0.4.24;

contract MyContract {

    function f01() public pure returns (uint) {
        uint[] memory x = [uint(1), 2, 3];
        return x[2];
    }
}
```

Solidity的delete指令可用来重置数组类型，例如若是对可变长度的数组执行delete指令，则会令其长度值重置为0；反之，对固定长度的数组执行delete指令，则是将其中的每个元素逐一重置。

（2）结构类型

结构类型赋予程序开发人员可以自定义类型的能力。

结构类型的大小是有限的，因此在结构类型的成员中不可以包含一个与自己本身相同类型的结构。在下面的范例程序中，结构类型声明名称为 Member，用以存储会员数据的结构，其中包含 string 类型的 mbrName 成员和 uint 类型的 mbrAge。

在 createData 函数中通过成员对应的方式，创建一个暂存在 memory 的 Member 结构，并将它的内容复制给置于 storage 且类型为 Member 的变量 mbr 中。外部用户可以通过 queryAge 函数直接调用 mbr 结构的成员名称，并获取其中的数值。

```solidity
pragma solidity ^0.4.24;

contract MyContract {

    struct Member {
        string mbrName;
        uint mbrAge;
    }

    Member mbr;

    function createData(string name, uint age) public {
        mbr = Member({mbrName:name, mbrAge:age});
    }

    function queryAge() public view returns (uint){
        return mbr.mbrAge;
    }

}
```

另外，将结构类型传至函数中的局部变量时，其实只是复制它的引用值，这与传统程序设计语言传引用调用（Call by Reference）是一样的道理。因此，即使只改变函数中局部变量的数据内容，被引用的变量原来的内容也会受到影响。请参考下例，尝试在 modifyIt 函数中修改 mbr 变量的 mbrAge 成员，可发现同时也会影响到 createData 函数中变量 mbr 的值。

```solidity
pragma solidity ^0.4.24;

contract MyContract {

    struct Member {
        string mbrName;
        uint mbrAge;
    }

    function createData() public pure returns (uint){
```

```
        Member memory mbr = Member({mbrName:"allan", mbrAge:20});
        modifyIt(mbr);
        return mbr.mbrAge;

    }

    function modifyIt(Member mbr_old) private pure {
        Member memory mbr_new = mbr_old;
        mbr_new.mbrAge = 18;

    }

}
```

delete 指令用于结构类型时，也会令其所有成员都重置与归零。

（3）映射类型

映射类型与传统程序设计语言的哈希表（Hash Table）类似，都是一种"键-值"对（Key-Value Pair）形式的数据结构。典型声明映射类型的方式如下所示：

```
mapping(KeyType => ValueType)
```

作为键的 KeyType 几乎可以是所有类型，包含映射类型、变长的数组、合约类型、枚举类型与结构类型。至于数据部分的 ValueType 则可以是任何类型，甚至是映射类型。键（Key）代表唯一值，通过使用该唯一值便能够获取映射的数据内容。在映射类型底层的键并没有真正存储在映射类型中，而是先对键进行 keccak256 哈希运算，再用运算后的哈希值寻找映射的数据内容。映射类型只允许作为状态变量或在 internal 函数中使用的 storage 引用类型。

若将映射类型声明为 public，编译程序也会自动生成对应的 getter 函数，但在调用 getter 函数时，KeyType 将会变成必填的输入参数，而返回值便是对应的 ValueType。

映射类型没有 length 成员，也不提供迭代（Iterable），程序开发人员必须通过其他方式才能遍历整个映射类型的数据内容。

如下面的范例程序，在合约中声明自定义的 Member 结构类型，同时声明一个名为 mbrHash 的映射类型，其键为 uint 整数类型，值则为 Member 结构类型，通过这样的设计，即可创建一个小型维护会员数据的结构。

createMbr 函数分别传入会员的 ID、姓名与年龄数据，再通过成员对应方式创建一个暂存在 memory 的 Member 结构，并将它的内容复制到映射类型，以会员 ID 作为键，同时将暂存的 Member 结构作为其值，构成映射类型的"键-值"对。

映射类型设置数据或读取数据的语法类似于通过索引方式存取数组元素，不过实际传入的是键的内容，queryMbr函数将接收会员ID，再通过该ID到映射类型中读取暂存的值内容。

```solidity
pragma solidity ^0.4.24;
contract MyContract {

    struct Member {
        string mbrName;
        uint mbrAge;
    }

    mapping(uint => Member) public mbrHash;

    function createMbr(uint id, string name, uint age) public {
        mbrHash[id] = Member({mbrName:name, mbrAge:age});
    }

    function queryMbr(uint id) private returns (uint){
        Member memory mbr = mbrHash[id];
        return mbr.mbrAge;
    }
}
```

delete指令用于映射类型时并不会起作用，若单独对映射类型的键或值内容执行delete时，则依然会执行重置与归零的操作。

4.3.2　函数声明

函数是智能合约中执行处理逻辑的程序单元。下列的myFun即为典型的函数声明，在成对的大括号之间的内容即为myFun函数的程序代码。与传统程序设计语言一样，Solidity的智能合约也提供了构造函数，程序开发人员可将初始化的工作置于其中。

```solidity
pragma solidity ^0.4.24;
contract MyContract {
    constructor() public {
    }

    function myFun(uint param) public payable{
        //codes place here
    }
}
```

函数其实也是一种类型，可称之为函数类型（Function Type）。函数类型的变量可通过函数参数方式赋值，也可获取执行结果的返回值。

函数调用分为内部（internal）或外部（external）调用。内部调用是被当前合约中的其他函数调用或被继承的合约调用，Solidity也支持通过递归的（Recursive）方式进行内部调用；外部调用则是使用当前合约以外的其他合约的函数，或被当前合约以外的对象调用，外部对象可以是EOA（外部账号）或其他智能合约。外部调用是通过消息调用（Message Call）的方式来调用其他合约的函数。下列即为函数类型的语法。

```
function (<parameter types>) {external|public|internal|private }
[pure|constant|view|payable] [returns (<return types>)]
```

假如函数不必返回执行结果，则在函数声明时可省略returns (<return types>) 这个部分。与传统程序设计语言（如C语言等）不同的是，Solidity函数的返回值可为一个以上的值。如下所示，doMath函数需传入x与y两个参数，而返回值可以同时是x与y的加总o_sum以及x与y的乘积o_product。

```
pragma solidity ^0.4.24;

contract MyContract {
    function doMath(uint x, uint y) public pure
    returns (uint o_sum, uint o_product) {
        o_sum = x + y;
        o_product = x * y;
    }
}
```

此外，也有不为返回值命名但搭配return保留字的使用方式。如下面的例子，函数返回值为输入参数的加总。

```
pragma solidity ^0.4.24;

contract MyContract {
    function doAdd(uint x, uint y) public pure
    returns (uint) {
        return x + y;
    }
}
```

return保留字可用于多返回值的情况。下面例子中的doMath函数具有多个返回值，其中getRtn函数中通过括号声明多个变量，以对应的方式获取doMath函数的多个返回值。这种编写方式虽富有弹性但可能会降低程序的可读性，故应斟酌使用。

```solidity
pragma solidity ^0.4.24;

contract MyContract {
    function doMath(uint x, uint y) public pure returns (uint, uint) {
        return ((x + y), (x * y));
    }

    function getRtn(uint x, uint y) public pure {
        (uint rtnX, uint rtnY) = doMath(x, y);
    }
}
```

Solidity有很多特性是从JavaScript继承而来，例如变量的作用域（Scope）在整个函数之内。如下面的范例程序，虽然Solidity是一种静态程序设计语言，变量都必须进行类型声明才能使用，然而该范例程序中的变量x却可以先赋值再进行声明。

```solidity
pragma solidity ^0.4.24;

contract MyContract {
    function fun() public pure returns (uint) {
        x = 5;
        uint x;

        return x;
    }
}
```

由于变量的作用域遍及整个函数，因此在下面的范例程序中对于变量y的声明，即使想通过{}括号进行区分，但在编译时仍会显示重复声明"DeclarationError: Identifier already declared"的错误消息。

```solidity
pragma solidity ^0.4.24;

contract MyContract {
    function fun() public pure returns (uint) {
        uint x = 0;
        if (true) {
            unit y = x + 2;
            x = y;
```

```
        } else {
            unit y = x * 2;
            x = y;
        }
        return x;
    }
}
```

不过Solidity官方已公告在版本0.5.0推出后，将参考C99标准的实现（ANSI于2000年3月采用官方标准编号为ISO 9899:1999）。简单地说，新一代Solidity语言的变量存取范围将不再遍及整个函数，而是在变量声明以后才成立，并且限定于{}为其作用域。虽失去了一些弹性，但如此一来程序的可读性将大大提高。与传统C语言一样，有outer与inner变量的小细节应要注意。以下面的范例程序来说，两次声明的变量x为不同变量，其中x++是对第一次声明的变量x产生影响，而最后所返回的是第一次声明的变量x，因第二次声明的变量x的作用域仅在{}之间。

```
pragma solidity ^0.5.0;

contract MyContract {
    function fun() public pure returns (uint) {
        uint x = 0; //第一次声明变量x
        {
            x++;
            uint x = 2; //第二次声明变量x
        }
        return x;
    }
}
```

为能够对函数进行适当的存取限制，可利用可见度（Visibility）的设置。共有4种可见度（也称为存取控制或访问控制），分别是external、public、internal与private。这些可见度适用于稍后所要介绍的状态变量。

状态变量的可见度声明必须置于类型声明后，默认的可见度为internal 且不可设置为external。可见度若用在函数声明时，必须置于函数的传入参数与返回参数之间，默认的可见度是public。以下是各种可见度的说明：

1. external

声明成external的函数可被其他智能合约或通过交易方式调用，若在同一个合约中的其他函数尝试调用声明成external的函数时，在合约编译时会显示错误消息，若加上this关键字时，内部函数还是可调用external函数。如下所示，加上this后，在编译时便不会显示错误了。

```
function set(uint val) external {
    myState= val;
}

function set2() public {
    this.set(2);
}
```

2. public

声明成public的函数可经由内部或通过交易方式调用，若是状态变量声明成public，则编译程序会自动为该状态变量创建getter函数。举例来说，若在B合约程序中有一个声明为public的mydata状态变量，即便没有特地为它编写getter函数，编译程序还是会自动创建名为mydata() 的getter函数。

```
pragma solidity ^0.4.22;

contract B {
    uint public mydata;
    function fun() public {
        mydata = 3;              //internal access
        uint val = this.mydata(); //external access
    }
}
```

如上所示，在没有使用this语句时，mydata代表通过内部调用方式存取状态变量；若加上this关键字，则是通过外部调用自动生成的mydata()函数。

在下面的范例程序中，在C合约中调用B合约自动创建对应于mydata状态变量的getter函数。

```
pragma solidity ^0.4.22;

contract B {
    uint public mydata = 168;
}
```

```
contract C {
    B b = new B();
    function fun() public {
        uint val = b.mydata();
    }
}
```

3. internal

声明成internal的函数或状态变量只能被合约内部或继承自此智能合约的合约所调用。由于internal是默认的可见度，因此编写程序代码时可以将它省略。

Solidity语言提供了两种存取当前智能合约函数的方式：一种是直接调用函数名称，此法会把存取方式当成内部函数来调用；另一种是在调用的函数前面加上this关键字，此时便会当成外部函数来调用。以外部调用方式调用函数时，合约地址与函数的标识符会一起被编码成24字节长度的数据，以用于识别。

4. private

声明成private的函数或状态变量只能被合约内部调用，即便是继承自此智能合约的合约也无法调用。

需要注意的是，与一般程序设计语言最大的不同之处在于，Solidity即使声明为private，所有以太坊区块链的用户依然可看到它的内容。private声明只是一种保护措施，用以防止其他智能合约存取或修改private的资源。

至于pure、constant、view与payable则用于声明函数的行为。

5. constant与view

当声明某函数为view时，表示此函数绝对不会变更状态。如下的范例程序是函数声明为view的典型范例。备注：now是指区块时间戳（Block Timestamp），即以秒来显示的UNIX时间（Unix Epoch）。

```
pragma solidity ^0.4.22;

contract A {
    function addup(uint a, uint b) public view returns (uint) {
        return a + b + now;
    }
}
```

下列几种情况会被视为变更状态的场景：

（1）将数据写至状态变量。

（2）触发事件。

（3）创建其他智能合约。

（4）使用selfdestruct函数销毁合约。

（5）传输以太币。

（6）调用其他非view或是pure的函数。

（7）使用底层调用（Low-Level Call）。

（8）使用包含操作码（Opcode）的内联汇编（Inline Assembly）语句。

Solidity在0.5.0之前的版本可使用constant保留字来达到和view一样的效果，然而在0.5.0之后便不再允许函数使用constant保留字。另外稍早介绍的 getter函数本身就是一种声明为view的函数。

6. pure

若函数被声明为pure，则表示该函数绝对不会变更状态，也不会读取状态内容。下列各种情况被视为读取状态内容：

（1）读取状态变量。

（2）存取this.balance或<address>.balance查询账户余额。

（3）存取任何block、tx、msg开头的属性，例如block.number、tx.gasprice、msg.data等。

（4）调用任何没有声明pure的函数。

（5）使用包含操作码（Opcode）的内联汇编（Inline Assembly）语句。

如下为一个声明为pure函数的典型范例：

```
pragma solidity ^0.4.22;

contract A {
    function addup(uint a, uint b) public pure returns (uint) {
        return a + b;
    }
}
```

通过view或pure的使用，可以在程序的编译期间知道合约的状态是否可能在无意间被修改或违反原来的实现设计，如此便可减少程序出错的风险。

7. payable

每份智能合约允许拥有一个没有函数名称的函数，称为回退函数（Fallback Function）。该函数除了不具有名称外，也不可以有任何的输入或输出参数，它的调用与执行时机是在没有任何匹配的函数标识符时。

声明为payable的函数则代表可通过此函数将加密货币转账（传输）给智能合约。在实现时，回退通常都会搭配payable使用，如此在转账加密货币时，即可不用特别去记忆转账的接收方到底是一个EOA账户还是智能合约了。

回退函数由于最高只允许花费2300个燃料（Gas），因此实现功能应尽量编写得越精简越好。下列几项功能都会造成超过2300个燃料的限制，故不可以置于回退函数中。

（1）变更storage。

（2）创建新合约。

（3）调用外部可能消耗大量燃料的合约。

（4）传输以太币。

4.3.3 函数修饰符

使用函数修饰符可在执行函数逻辑之前预先设置判断条件以改变函数的行为。例如，当某条件成立之后才允许执行函数等。此外，函数修饰符可被继承，也可被覆写。

如下面的范例程序，在合约A的构造函数中，我们通过msg.sender获取合约部署人的EOA（外部账号），并将它存储在owner状态变量中；在onlyOwner修饰符的声明内容中，设置满足条件必须是函数调用者的EOA，等同于合约部署人的EOA，简单地说，就是合约部署人才可以符合条件。

声明使用此修饰符的函数，其原来的程序逻辑将全部被置于特殊符号"_;"之中。以下的范例程序为当有人调用合约B的close函数，准备通过selfdestruct函数将智能合约作废时，确保这个EOA必须是合约的部署人。

```
pragma solidity ^0.4.24;

contract A {
```

```
    address owner;
    constructor() public {
    owner = msg.sender;
  }


    modifier onlyOwner {
        require(
            msg.sender == owner,
            "who create contract can call this function."
        );
        _;
    }
}


contract B is A {
    function close() public onlyOwner {
        selfdestruct(owner);
    }
}
```

执行selfdestruct后，会将智能合约本身所拥有的以太币余额转账给指定的地址，若有人继续把以太币转账到已被作废的智能合约时，以太币不会被退回且会就此消失不见。想象一下，何以要提供这么危险的selfdestruct功能呢？答案很简单，是因为若发现智能合约若存在着重大问题，则当然不希望再被别人使用了。

当函数需要声明使用多个修饰符时，每个修饰符之间必须以空格符隔开，并将按序判断与执行。

函数修饰符搭配枚举类型时，可以实现在特定合约状态下才能执行某函数的特殊程序设计目的。下面的范例程序为使用enum定义星期天到星期六的枚举类型，同时设计一个名为inCloseDay的函数修饰符，当合约中的choiceDay变量和设置的日期不同时，便会执行"_;"的替代程序指令，否则会执行revert()函数恢复所有的执行结果。

在 storeOpen() inCloseDay(Candidate.SUN) 语 句 中 ， 设 置 合 约 日 期 变 量 若 为Candidate.SUN，则符合函数修饰符所设置的条件，便会执行revert() 函数。反之，若当前日期不为Candidate.SUN，则执行storeOpen函数功能，返回"store is open"的字符串。

```
pragma solidity ^0.4.22;

contract MyContract {
```

```
enum Candidate {SUN,MON,TUE,WED,THU,FRI,SAT}
Candidate public choiceDay;

modifier inCloseDay(Candidate _choiceDay) {
    if (choiceDay == _choiceDay) revert();
    _;
}

function setDay(Candidate _choiceDay) public {
    choiceDay = _choiceDay;
}

function storeOpen() inCloseDay(Candidate.SUN) public view returns(string) {
    return "store is open";
}
}
```

4.3.4 特殊变量与函数

Solidity提供了多种特殊的变量与函数，可供全局获取区块链的信息或公用函数。下面按照分类分别进行说明。

1. 合约相关（见表4-9）

表 4-9 智能合约相关的属性或函数

属性/函数	返 回 类 型	说　　明
this	当前合约的类型	当前合约类型，转换为地址 address
selfdestruct(address)		销毁当前合约，并将合约余额转账给指定的地址 address

2. 区块与交易有关的属性（见表4-10）

表 4-10 区块与交易有关的属性

属　　性	返 回 类 型	说　　明
block.blockhash(uint blockNumber)	bytes32 哈希值	输入最近 256 个以内的区块编号，并查得该区块的哈希值 Solidity 官方建议 0.4.22 之后不再支持，应改用 blockhash(uint blockNumber)
block.coinbase	address	挖出当前区块的矿工所在的地址
block.difficulty	uint	当前区块的困难度
block.gaslimit	uint	当前区块的燃料上限
block.number	uint	当前区块编号

（续表）

属　　性	返 回 类 型	说　　明
block.timestamp	uint	当前区块时间戳，UNIX Epoch 以来的时间，即从 1970/1/1 00:00:00 UTC 开始所经过的秒数 有些实现（如与博弈有关的合约）可能会通过 block.timestamp、now 或 blockhash 实现随机数机制，然而这几种属性容易受到矿工影响。因此，使用这些属性时可能存在相当的风险
gasleft()	uint256	剩余之燃料
msg.data	bytes	完成 calldata 存储方式（只读方式）
msg.sender	address	当前消息发送者的地址
msg.sig	bytes4	calldata 的最前面 4 个字节，例如函数的标识符
msg.value	uint	当前消息所传输的加密货币数量，以 Wei 为单位
now	uint	当前区块时间戳，UNIX Epoch 以来的时间，同 block.timestamp
tx.gasprice	uint	当前交易的燃料价格
tx.origin	address	交易发送者的地址

3. 错误处理相关（见表4-11）

表 4-11　错误处理相关的属性或函数

属性/函数	返 回 类 型	说　　明
assert(bool condition)		用于抛出内部错误的场景。条件判断表达式为 true 时便执行这个函数
require(bool condition)		条件不满足时，还原到原来的状态
require(bool condition, string message)		条件不满足时，还原到原来的状态，并提供错误有关的消息
revert()		放弃执行，并还原状态
revert(string reason)		放弃执行，还原状态，并提供错误的原因

　　早期编写Solidity程序时，当发生异常时，使用throw指令来终止程序的运行；目前建议使用assert、revert或require，其最大差异之处在于assert会把燃料用完，而revert或require则会归还没有用尽的燃料。故建议实现程序时，尽量使用revert或require，唯有在十分重要的internal错误时才使用assert。

4.3.5　事件

　　事件（Event）是一种在以太坊中进行日志记录（Logging）的机制，由于在交易明细中并不会包含执行的结果，但我们可将执行结果通过Event方式永久写入区块链，同时记录在交易明细上。若需要一个存储成本相对较低的空间来记录用户交易当下的证明，则可考虑通过Event将信息写进日志中的方式。下面的范例程序是将MyEvent（一个典型的Event声明）内容写到日志中。

```solidity
pragma solidity 0.4.24;

contract EventSample {

    event MyEvent(address indexed _from, uint myInt);

    function testEvent(uint myInt) public {
        emit MyEvent(msg.sender, myInt);
    }

}
```

当调用Event时，新版的编译程序会要求在前面加上emit的声明，否则会发出"Warning: Invoking events without "emit" prefix is deprecated"的警告信息。

若将交易信息存储在storage状态时，每32个字节需花费20000个燃料（Gas），然而若以Event将数据存储在日志中时，每个字节仅花费8个燃料，因此使用Event实现永久存储信息的方式是十分经济实惠的。可惜的是，智能合约目前尚不支持读取日志中的记录，仅能通过区块链外的系统以存取JSON-RPC的方式查询。

4.3.6 注释

单行注释可使用//符号，多行注释则可使用 /*...*/ 符号。另外，还有一种称为主档注释（Natspec Comment）的方式，可用 /**...*/ 注释函数或语句，此注释方式可协助智能合约用户更快速有效地了解合约函数的使用方式。下列即为稍早的StoreMyState.sol的函数注释版本。

```solidity
pragma solidity ^0.4.22;
/** @title Store My State  */
contract A {

    uint myState;

    /** @dev To store a state value
     * @param var value to store in contract.
     */
    function set(uint val) public {
```

```
        myState= val;
    }

    /** @dev To query state value.
     * @return v The state value in contract.
     */
    function get() public view returns (uint v) {
        return myState;
    }
}
```

4.3.7　浅谈 Solidity 0.5.0

作为一个持续成长的程序设计语言，Solidity 于 2018 年 11 月推出了 0.5.0 版。使用 Solidity 0.5.0 编译的智能合约仍可与使用旧版编译的智能合约或函数库互通，而不需重新编译或部署旧版程序。详细内容可以参考官方文件 "Solidity v0.5.0 Breaking Changes" 的说明，网址为 https://solidity.readthedocs.io/en/v0.5.0/050-breaking-changes.html。

以下仅列出几个比较重要的改变，可协助旧版程序升级为新版的程序语句。

- 包括 call()、delegatecall()、staticcall()、keccak256()、sha256() 与 ripemd160() 等函数，调整只支持单字节参数。为能更明确地表达参数的联系情况，call 系列的函数都调整成 call("")；call(signature,a,b,c) 调整为 call(abi.encodeWithSignature(signature,a,b,c))，并建议开发人员将 call(bytes4(keccak256("f(uint256)"),a,b)) 转换使用 call(abi.encodeWithSignature("f(uint256)",a,b))。
- 函数 call()、delegatecall() 与 staticcall() 的返回值调整为 return(bool, bytes memory)，用以存取返回的数据。例如，bool success = otherContract.call("f") 调整为 (bool success, bytes memory data) = otherContract.call("f")。
- 实现 C99-style 的局部变量生命周期规范。简单地说，变量必须在声明之后才能使用，且生命周期只限于程序的层级结构中。
- 在执行某智能合约的功能前必须转换成 address 类型方可执行。例如，把加密货币转账给某合约时，旧版语句为 contract.transfer(…)，而 0.5.0 之后必须调整成 address(contract).transfer(…)。
- 所有的回退（Fallback）或接口（Interface）函数都必须声明为 external，其余函数则需声明成 public。
- 所有变量都必须明确声明数据的存储位置（Data Location），例如将变量声明为 storage 或 memory 等。

其余的部分就留给读者自行钻研了。

4.4 | ICO 首次币发行融资

ICO（Initial Coin Offering，首次币发行）融资是一种基于区块链技术而来的新兴融资方式，也称为"加密货币首次公开发行"，这个概念参考自股票市场的 IPO（Initial Public Offering）。

早期区块链新创业者在融资时，往往会自己开发新的通信协议与节点程序，并期望搭建节点程序的参与者越多越好，故使用允许自行发行加密货币（挖矿）的共识机制（如 PoW）来鼓励所有参与者共同维护区块链账本，进而得到加密货币作为奖励。以太坊当初便是采取这种方式募得投资人手上的比特币。如图 4-2 的下半部分，支持节点程序底层运行的即为加密货币。

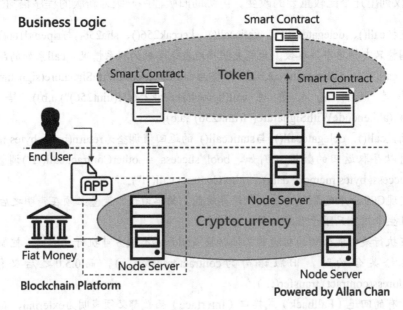

图 4-2

然而重新打造区块链底层再进行融资的方式相当旷日持久，除了必须克服技术上的挑战及参与方数量可能不如预期外，新创业者的本业可能根本与区块链无关，单纯只是想要募得所需资金而已。

时至今日，在以太坊问世后，ICO通过智能合约（Smart Contract）实现代币（Token）机制来加以实现，也就是图4-2的上半部分，在商业逻辑层的智能合约中以代币发行的方式融资。

根据智能合约程序编写方式的不同，智能合约所谓的代币可能只是在映射数据类型（Mapping）中的某一笔记录，例如记录某某人手上持有的代币数量等。因为智能合约具有区块链的不可否认特性，因此所记录的代币持有数量也是可被信任的。

那么在ICO架构下，法定货币（Fiat Money）、加密货币（Cryptocurrency）与代币（Token）之间的关系是怎样的呢？可以简单地分为下列几个步骤：

- 终端用户通过交易所或代买所用法定货币购买加密货币。
- 终端用户将加密货币转账到募资或融资发起人指定的智能合约。
- 智能合约基于各自的商业逻辑将传入的加密货币换算成对应的代币。
- 智能合约记录终端用户的代币持有数量。
- 终端用户可通过DApp对代币进行操作，例如持有权的转移、代币使用等。

如果将DApp（备注：前端图形用户界面与智能合约）想象成QQ通信软件，代币的概念就会更清楚了。简单地说，Q币就是一种代币，目前仍只能在腾讯的网站和一系列游戏中使用，并无法和其他公司的虚拟币互换，至少法律上不允许。

进一步来说，在区块链的世界中，加密货币不受场景的限制，可以用来转账或投资ICO等，但代币就不是这样了，它必须搭配特定的商业逻辑、应用场景与DApp，因此往往只有单一的用途，例如若有人发行机场代币，持有人可优先使用机场贵宾室，但不能用于另一间公司发起的下午茶币，悠闲地享用下午茶。

ICO虽然是参考IPO而来，但两者之间还是存在较大的不同。IPO所购得的股票是公司的所有权，随公司运营状况与市值的增减会相对造成股价的上涨或下跌，股票持有人可进而赚得价差盈利或亏损；而ICO发行的代币数量往往是固定的，且投资人所购买的只是代币的使用权。简而言之，持有特定代币的投资人才能使用ICO项目所提供的服务，若未来所提供的服务价值大增，基于物以稀为贵的特性，持有人有可能停止使用ICO服务并会进行代币价格的炒作。整体来说，IPO股价上涨在本质上应随企业运营状况而定，但ICO代币上涨可能只是因单纯的炒作。

随着区块链热潮的涌来，许多企业、机构甚至大专院校也尝试通过私有链或联盟链架构，发行集团或内部使用的加密货币，其中有几个议题是必须要先考虑的：

- 平台发展策略

  加密货币发行策略第一要考虑的应是，该自行发展区块链平台还是使用现有的区块链技术。自行发展区块链平台将耗费可观的人力和物力资源，对于想要尽速尝试各种新商业模式测试的发起人而言将变得"远水解不了近渴"。

  另外，区块链技术的特性之一在于越多参与者加入节点的搭建，其可信度也会相对越高。如果自行开发的区块链平台不受市场接受，参与方和节点搭建的数量都不如预期，那么所投入的研发成本将有可能无法回收。

- 平台选择策略

  如果平台发展策略决定使用现有的区块链技术，那么该选择何种平台呢？

  ICO架构下的代币机制最终目的依然是为了募得足够的加密货币作为运营资金，倘若企业、机构或大专院校尝试发行的代币不是为了资金目的，单纯是为了商业模式的创新测试，那么应该选择底层没有加密货币的区块链技术，或应该称之为分布式账本技术（Distributed Ledger Technology，DLT），例如Linux基金会的Hyperledger Fabric等。

  然而，Hyperledger Fabric的架设相对以太坊复杂许多，即使它已提供支持 Docker的安装包，但对于区块链初学者的学习曲线而言依然较高。反之，若采用以太坊构建私有链或联盟链发行代币，那么以太坊底层的加密货币技术反而会变成一种干扰，毕竟还要考虑由谁进行PoW挖矿，或是燃料费该由谁支付等问题。

  因此，发行内部使用的代币也许可考虑使用以太坊的兄弟版区块链技术——Parity。如本书第2章所述，Parity采用PoA共识算法，虽然还必须支付燃料费，但基本上不聚焦在挖矿一事上，可避免不少困难。或者可考虑使用J.P. Morgan的Quorum（一种改良的以太坊技术），连燃料费都可以不用考虑。

  以太坊未来是否能够调整成较为符合私有链或联盟链的商业应用，仍是目前EEA组织成员共同努力的目标。

- 节点数量策略

  如稍早提到的，区块链的节点数越多代表数据越不容易被篡改，信任度越能提升。然而，在企业、机构或大专院校内部使用，是否允许任何员工、老师与学生都可搭建节点并和内部区块链进行连接呢？如果允许，那么网络区段该如何管理呢？P2P又该如何连接呢？这些都必须通盘考虑。或者组织内部应该架设具有前端图形用户界面的应用程序，搭配智能合约，形成DApp来供全体员工或师生使用，采取混合的区块链存取模式。

- DApp开发策略

  DApp简单的定义是前端用户操作界面系统，搭配特定的通信技术，存取区块链上智能合约的应用总和。因此，选择一个符合组织运营策略及能够连接区块链的技术变得非常重要。

  以目前创业圈而言，搭配以太坊所采用的技术通常是Node.js加上Web3j的组合。然而对于大型企业来说可能较不适合了，毕竟Node.js相对是一种比较新的JavaScript技术，许多大型企业还没有将它列为组织内的技术标准。本书将在第5章介绍的Web3j技术仍然是基于Java语言发展而来的，适用于开发J2EE或Android上的应用。

  此外，Java语言早已是各大型企业所独爱的信息科技，因此采用Java开发DApp应较能符合大型组织所需。

- 商业模式策略

  最终需要考虑的是组织内部发行代币的商业模式与应用场景是什么。

  举例来说，国外某大学为了能够采集学生的健康信息来进行匿名的大数据分析，因此对自愿提供与健康有关的信息（例如每日行走的步数、心跳与血压等）的学生支付校园区块链上的代币，学生可再凭借校园币支付餐费、停车费等，形成完整的生态系统。

  另外，校方可将资产予以数字化并置于区块链上作为使用权的凭证。例如，选课资格、停车位抽签资格、宿舍抽签结果等原本不具信任的信息，通过区块链不可篡改的特性封装在智能合约之中，任何能够连上校园区块链的师生都能进行数据存取。当然供公众查询的信息必须要经过适当的去个人化，以防止发生个人信息外泄的事情。

在下一节，将介绍如何通过ERC 20智能合约协议标准来实现ERC 20代币，并进而实现ICO。

4.5 | ERC 20 智能合约协议标准

智能合约就是程序设计，因此可根据不同的商业模式、适用场景及设计者等而有成千上万种变化，然而太过于自由的结果却可能造成系统整合上的困难。

为此便有人尝试替智能合约制定通用的编写标准，期望能够促使信息交流顺畅，加快合约开发与整合的效率。若系统之间难以整合，则容易因为局限性而让商业拓展面临窘境，如同传统程序设计语言，必须有适合的设计标准让人们遵循。

为了让以太坊生态圈能够更加蓬勃发展，以太坊的开发者公开征求来自各方的需求与建议，希望定义统一的接口，建立可以遵循的标准，这些需求或建议就是所谓的 ERC（Ethereum Request for Comment，以太坊的意见征求稿）。ERC 20是编号20的需求，提出让人实现代币合约（Token Contract）的参考标准。

许多ICO项目都是按ERC 20标准设计自己的代币交易系统。以2018年7月26日在Etherscan网站所公布的数据为例，以太坊公有链共有103 621个ERC 20兼容的智能合约正运行着。这些合约所发行的代币可能是为了公开融资，几个较为知名的ICO项目（例如OmiseGo（OMG）、TRON（TRX）、VeChain（VEN）、EOS、Filecoin、Bancor、Qash、Bankex等）所融得的资金全都超过7000万美元以上。公有链上的代币合约也有可能只为一般的私募使用，但无论如何都可看到ERC 20的重要性。

不同的ERC规范有着不同的运作方式，了解与熟悉ERC规范是极为重要的议题。若从ICO投资人的角度来说，不知道所投资的ICO是基于哪一种ERC合约，便无法知道所投资的代币将来如何进行交易，转账等的运作方式。如此一来，在盲目投资的情况下，势必会增加投资的风险。

ERC 20最早是在2015年11月19日，由Fabian Vogelsteller（网络代码：frozeman）所提出来的。ERC 20兼容的智能合约可通过共同的规则使不同的系统遵循这些规则，例如转账加密货币的单位、函数名称、事件名称等。读者可在GitHub上找到相关的信息：https://github.com/ethereum/EIPs/issues/20。

遵循ERC 20的代币称为"同质化代币"（Fungible Token）。举例来说，某甲和某乙各有一个ERC 20代币，他们两人可以相互交换代币，而在交换之后看不出有任何差别。

4.5.1　ERC 20 智能合约

下面将介绍如何编写符合ERC 20规范的智能合约。表4-12所整理的是ERC 20兼容的智能合约所应具备的函数。

表 4-12 ERC 20 兼容的智能合约所应具备的函数

函 数 名	功 能 说 明
function name() constant returns (string name)	获取代币的全名
function symbol() constant returns (string symbol)	获取代币的缩写代码
function decimals() constant returns (uint8 decimals)	代币的最小单位。返回的数值表示代币最多可细分到小数点后几位数。以返回值 5 为例，代币可切分到 0.00001。以太币本身为 18
function totalSupply() constant returns (uint256 totalSupply)	代币的发行总量
function balanceOf(address _owner) constant returns (uint256 balance)	指定账户的代币余额。代币余额都为正数
function transfer(address _to, uint256 _value) returns (bool success)	把代币转账到指定的转入账户。返回 true 表示转账成功；反之，则表示转账失败。以下为实现时要注意的要点： • 若代币成功转账，则会触发 Transfer 事件；若转出账户的余额不足，则会抛出异常事件，并回退到之前的状态 • 若发行新代币而调用此函数时，则触发 Transfer 事件的_from 字段需设为 0x0 • 若代币转账数量为 0，仍会视为正常操作，同样会触发 Transfer 事件
event Transfer(address indexed _from, address indexed _to, uint256 _value)	触发代币转账事件
function transferFrom(address _from, address _to, uint256 _value) returns (bool success)	指定转出与转入账户之间的代币转账。返回 true 表示转账成功；反之，则表示转账失败。以下为实现时要注意的要点： • 若代币成功转账，则会触发 Transfer 事件；若没有经过转出账户的授权，或是转出账户的余额不足，则会抛出异常事件，并回退到之前的状态 • 若代币转账数量为 0，则会视为正常操作，同样会触发 Transfer 事件

（续表）

函 数 名	功 能 说 明
function approve(address _spender, uint256 _value) returns (bool success)	指定从转出账户转账代币数量的授权。 搭配 transferFrom 函数使用，授权转出账户最多可以转账的代币数量。以下为实现时要注意的要点： • 授权数量可设置超过账户余额 • 授权后并不是表示代币将被锁住直到代币转账为止，而是表示在提领时可能会发生余额不足的情况 • 若成功授权，则会触发 Approval 事件 • 为了避免 Front Running 导致 Double Spend 攻击，必须先送出数量为 0 的授权再进行正常的授权
event Approval(address indexed _owner, address indexed _spender, uint256 _value)	触发代币授权事件
function allowance(address _owner, address _spender) constant returns (uint256 remaining)	查询指定转出与转入账户的代币授权额度

下面的范例程序为一个符合ERC 20的典型智能合约，姑且称之为松山代币（Songshan Token）的ICO合约。

```
pragma solidity ^0.4.24;

contract SongshanICOContract {

    string public constant name = "Songshan Token";
    string public constant symbol = "STC";
    uint8 public totalSupply = 5; //代币总量

    event Transfer(address indexed _from, address indexed _to, uint _value);
    event Approval(address indexed _owner, address indexed _spender, uint _value);

    //合约创建者的地址
    address public owner;

    //存储代币余额
    mapping(address => uint8) balances;

    //授权表
    mapping(address => mapping (address => uint256)) allowed;
```

```
//修饰符指示只有合约创建者才可调用的函数
modifier onlyOwner() {
    if (msg.sender != owner) {
        revert();
    }
    _;
}

//构造函数
constructor() public {
    owner = msg.sender;
}

//购买ICO币
function () public payable {
    //条件1. 是否还有可以交易的代币
    //条件2. 购买金额是否为1个以太币（ETH）
    //条件3. 是否未曾购买
    if (totalSupply > 0 && 1000000000000000000 == msg.value &&
        balances[msg.sender] == 0) {

        //总量减1
        totalSupply -= 1;

        //记录买一个代币
        balances[msg.sender] = 1;

    } else {
        //不符合任一条件
        revert();
    }
}

//指定账户的代币余额
function balanceOf(address _owner) public view returns (uint256 balance) {
    return balances[_owner];
}

//代币转账到指定的转入账户
function transfer(address _to, uint8 _amount) public returns (bool success {
    if (balances[msg.sender] >= _amount
        && _amount > 0 && balances[_to] +
        _amount > balances[_to]) {
        balances[msg.sender] -= _amount;
        balances[_to] += _amount;
        emit Transfer(msg.sender, _to, _amount);
```

```
            return true;
        } else {
            return false;
        }
    }
    //指定代币转账的转出与转入账户
    function transferFrom(
        address _from,
        address _to,
        uint8 _amount
    ) public returns (bool success) {
        if (balances[_from] >= _amount
            && allowed[_from][msg.sender] >= _amount
            && _amount > 0
            && balances[_to] + _amount > balances[_to]) {
            balances[_from] -= _amount;
            allowed[_from][msg.sender] -= _amount;
            balances[_to] += _amount;
            emit Transfer(_from, _to, _amount);
            return true;
        } else {
            return false;
        }
    }

    //从指定转出账户转账代币数量的授权
    function approve(address _spender, uint8 _amount) public returns (bool success) {
        allowed[msg.sender][_spender] = _amount;
        emit Approval(msg.sender, _spender, _amount);
        return true;
    }

    //查询授权额度
    function allowance(address _owner, address _spender) public view returns
(uint256 remaining) {
        return allowed[_owner][_spender];
    }

    //查询智能合约的以太币余额
    function contractETH() public view returns (uint256 bnumber) {
        return address(this).balance;
    }
```

```
    function icoEnding() public onlyOwner {
        owner.transfer(address(this).balance);
    }
}
```

接下来逐一解析松山币ICO合约的运行流程。首先，状态变量name说明代币全名为
"Songshan Token"（松山币），而symbol变量说明代币的缩写为STC，后续将本范例所
发行的代币称为"STC币"。totalSupply变量说明总共只会发行5个代币。

```
string public constant name = "Songshan Token";
string public constant symbol = "STC";
uint8 public totalSupply = 5; //代币总量
```

变量owner的类型为address（地址），用以存储合约创建者的地址。

```
//合约创建者的地址
address public owner;
```

变量balances是一个映射类型，键（Key）的内容记录账户地址，值（Value）的内容
则是当前所拥有的代币数量。

```
//存储代币余额
mapping(address => uint8) balances;
```

变量allowed是一个映射类型，键（Key）的内容记录转出账户的地址，值（Value）
的内容是一个映射类型，记录授权转入账户的地址。它的值的内容类型为uint256，记录
允许转账的代币数量。

```
//授权表
mapping(address => mapping (address => uint256)) allowed;
```

函数修饰符onlyOwner指示只有合约创建者才可以调用函数，稍后会再看到。

```
//修饰符指示只有合约创建者才可调用的函数
modifier onlyOwner() {
    if (msg.sender != owner) {
        revert();
    }
    _;
}
```

在构造函数中记录合约创建者的地址。

```
//构造函数
constructor() public {
    owner = msg.sender;
}
```

在下面的程序代码中，只有function ()声明而没有函数名称的函数就是范例ICO合约的回退函数，搭配payable的使用可实现传输以太币智能合约的功能。在回退函数中设置了3个允许购买的条件：首先，必须还有剩余的代币可被购买；其次，购买人必须以1个以太币（以wei为单位）购买STC币；最后，购买人必须不曾拥有任何的STC币。

上述3个条件都满足时，合约程序便会将totalSupply代币总量减一，同时在balances映射类型中按购买人的地址记录已购买一个STC币。

不符合上述任一条件时则会执行revert函数，回退所有的操作。

```
//购买ICO币
function () public payable {
    //条件1. 是否还有可以交易的代币
    //条件2. 购买金额是否为1个以太币
    //条件3. 是否未曾购买
    if (totalSupply > 0 &&
        1000000000000000000 == msg.value &&
        balances[msg.sender] == 0) {

        //总量减1
        totalSupply -= 1;

        //记录买一个代币
        balances[msg.sender] = 1;
    } else {
        //不符合任一条件
        revert();
    }
}
```

下面的程序片段为借助传入的地址作为映射结构的键（Key）来查询账户的代币余额。

```
//指定账户的代币余额
function balanceOf(address _owner) public view returns (uint256 balance) {
    return balances[_owner];
}
```

　　下面的程序代码则是通过简单的加减法实现代币转账的操作。首先通过 balances[msg.sender] 查询转出账户的余额是否大于等于准备转账的_amount代币数量,当然_amount转账数量必须大于0。通过上述条件后,先将指定账户的余额减去欲转账的代币数量,再将转账的代币数量加至转出账户的余额中,最后调用Transfer函数发出代币转账的事件。

```
//代币转账到指定的转入账户
function transfer(address _to, uint8 _amount) public returns (bool success) {
    if (balances[msg.sender] >= _amount
        && _amount > 0
        && balances[_to] + _amount > balances[_to]) {
        balances[msg.sender] -= _amount;
        balances[_to] += _amount;
        emit Transfer(msg.sender, _to, _amount);
        return true;
    } else {
        return false;
    }
}
```

　　前面所介绍的程序代码已可实现"调用合约的账户自行将代币转账到指定的账户"的功能。

　　接下来的程序片段是通过approve函数实现转出账户授权转账代币的数量给指定的转入账户,再通过transferFrom函数将授权后的代币进行转账。

　　Approve函数具有两个输入参数,第一个参数_spender设置授权转出的账户,第二个参数_amount则设置授权可转账的最大代币数量。在函数实现中是通过合约的地址msg.sender来获取值的内容(另外一个映射数据类型),再通过 [_spender]获取子映射结构的值的内容,并将该值的内容设置为_amount,便完成指定转出账户授权的操作。

```
//从指定转出账户转账代币数量的授权
function approve(address _spender, uint8 _amount) public returns (bool success) {
    allowed[msg.sender][_spender] = _amount;
    emit Approval(msg.sender, _spender, _amount);
    return true;
}
```

　　完成指定账户授权后便可实现代币转账的程序代码,transferFrom函数具有3个输入参数：第一个_from设置转出账户的地址；第二个参数_to设置转入账户的地址；最后一个参数_amount则是转账的代币数量。

```
//指定代币转账的转出与转入账户
function transferFrom(
      address _from,
      address _to,
      uint8 _amount
   ) public returns (bool success) {
      if (balances[_from] >= _amount
          && allowed[_from][msg.sender] >= _amount
          && _amount > 0
          && balances[_to] + _amount > balances[_to]) {
          balances[_from] -= _amount;
          allowed[_from][msg.sender] -= _amount;
          balances[_to] += _amount;
          emit Transfer(_from, _to, _amount);

          return true;
      } else {
          return false;
      }
}
```

实现上述两个函数后即可进行授权转账。下面的allowance则是一个辅助查询授权额度的函数。

```
//查询授权额度
function allowance(address _owner, address _spender) public constant returns
(uint256 remaining) {
    return allowed[_owner][_spender];
}
```

由于ICO合约实现了payable的回退函数,因此能知道此合约可以接受以太币(ETH)。那么该如何知道合约本身所拥有的以太币呢? 很简单,只需通过address(this).balance指令便能够查询当前合约所拥有的以太币。

```
//查询智能合约的以太币余额
function contractETH() public view returns (uint256 bnumber) {
    return address(this).balance;
}
```

　　至此，我们已实现了最基本的ICO智能合约，并对ICO合约有了基本的了解。实现完成后，尝试将它上链至第2章所建立的私有链。在下一小节，将直接使用钱包软件来仿真ICO投资的过程。

4.5.2 我的第一次 ICO

　　假设前一小节所编写的ICO智能合约上链至私有链的地址是0xb5a8c4a658b609331e45db287e39e8135b555047。

　　参考第3章所介绍的内容，接下来通过以太坊钱包软件调用ICO合约。在启动钱包软件后，单击上方的"CONTRACTS"按钮，如图4-3所示。

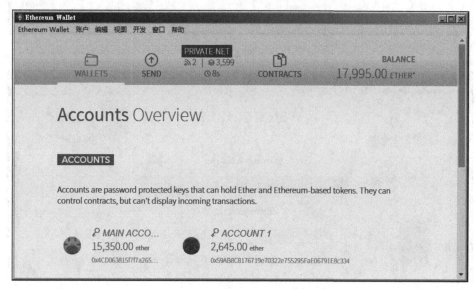

图 4-3

　　切换至"CONTRACTS"页面后，单击下方"CUSTOM CONTRACTS"区段中的"WATCH CONTRACT"按钮，如图4-4所示。

　　在弹出的对话框中分别输入适当的参数：在CONTRACT ADDRESS字段填入智能合约的地址；在CONTRACT NAME字段填入合约的标识名称，例如STCICOContract；在JSON INTERFACE字段中填入ABI的内容，全部填好后单击"OK"按钮，如图4-5所示。

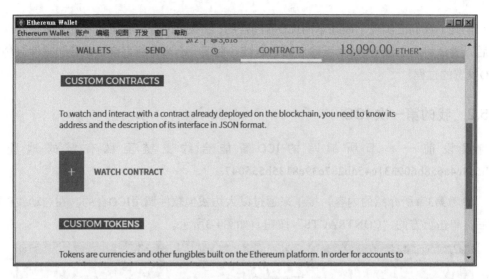

图 4-4

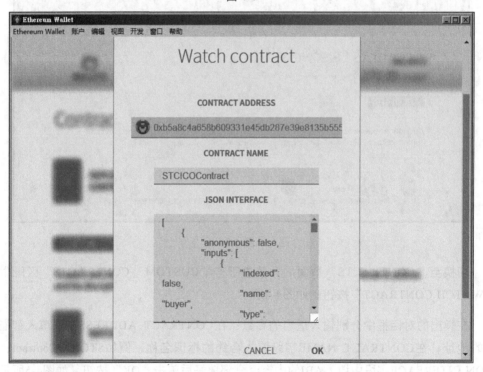

图 4-5

经过刚才一系列的操作，已在钱包软件中设置了能和智能合约对应的选项。单击如图4-6所示的合约名称以准备使用合约。

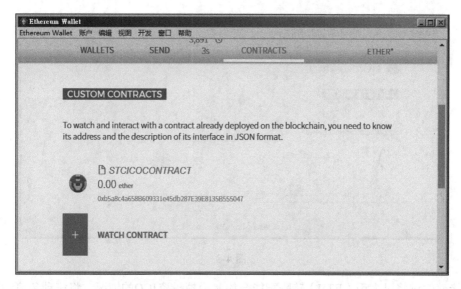

图 4-6

进入合约细节界面后,使用滚动条滚动至"READ FROM CONTRACT"区段,即可看到如图4-7所示的智能合约的相关信息。

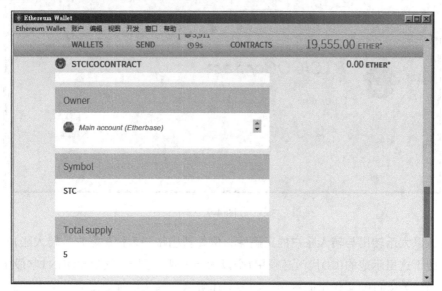

图 4-7

由于将通过事件观察智能合约的行为,因此使用滚动条滚动至界面最下方,并选中"Watch contract events"复选框,如图4-8所示。

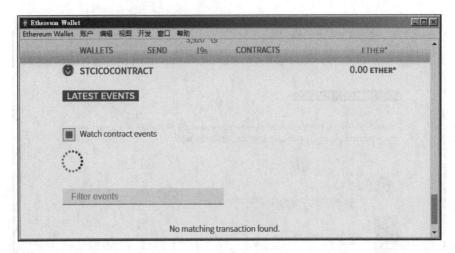

图 4-8

接着尝试将以太币（ETH）转账智能合约，模拟投资ICO的情况。将滚动条滚动至界面最上方，并单击界面右侧的"Transfer Ether&Tokens"选项，如图4-9所示。

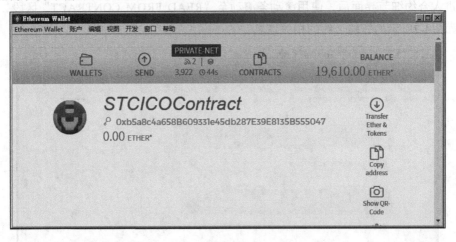

图 4-9

确认以太币转出与转入账户的正确性，例如转出账户为挖矿账户、转入账户为智能合约。由于这里示范的ICO代币必须用1个以太币购买，因此要在AMOUNT字段中填入1个以太币作为支付购买代币的费用，如图4-10所示。确认所有信息后，单击界面最下方的"SEND"按钮，准备进行购买ICO代币。

同样，钱包软件会要求输入转出账户的密码，如图4-11所示。

等待并经过多次区块确认，如图4-12所示。

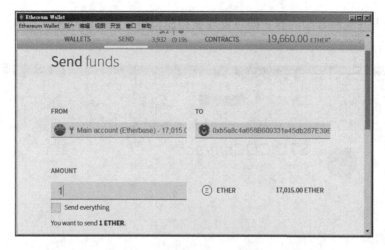

图 4-10

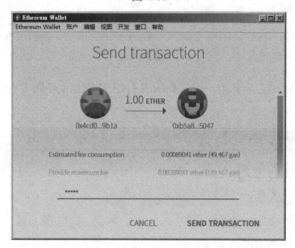

图 4-11

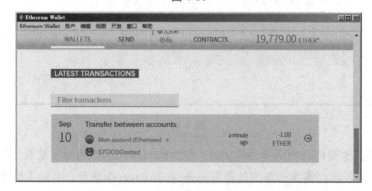

图 4-12

再次进入并观察合约内容，即可发现该智能合约果然收到刚才所募得的1个以太币，如图4-13所示。

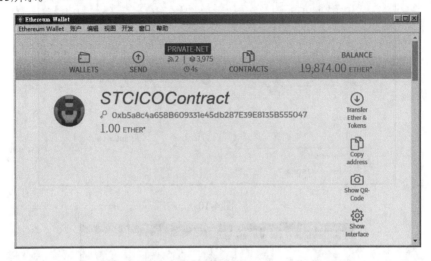

图 4-13

将钱包软件的界面往下滚动，可看到所发行的STC代币存量（Total supply）已剩下4个，如图4-14所示。

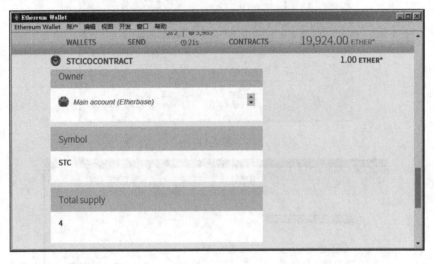

图 4-14

接着尝试其他智能合约所提供的功能，例如balanceOf函数可用来观看指定账户的代币余额。如图4-15所示，将滚动条滚动至智能合约的balanceOf函数，并输入刚才购买代币的账户地址，从返回的Balance变量可知当前所指定的账户拥有1个STC代币。

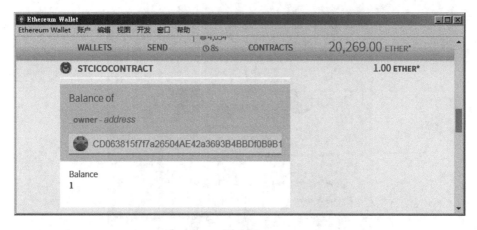

图 4-15

若想将所拥有的代币转账给其他账户，则可从下拉菜单中选择智能合约所提供的
Transfer函数，并在to字段中输入转入账户的地址，同时在amount字段中输入要转出的代
币数量，如图4-16所示。

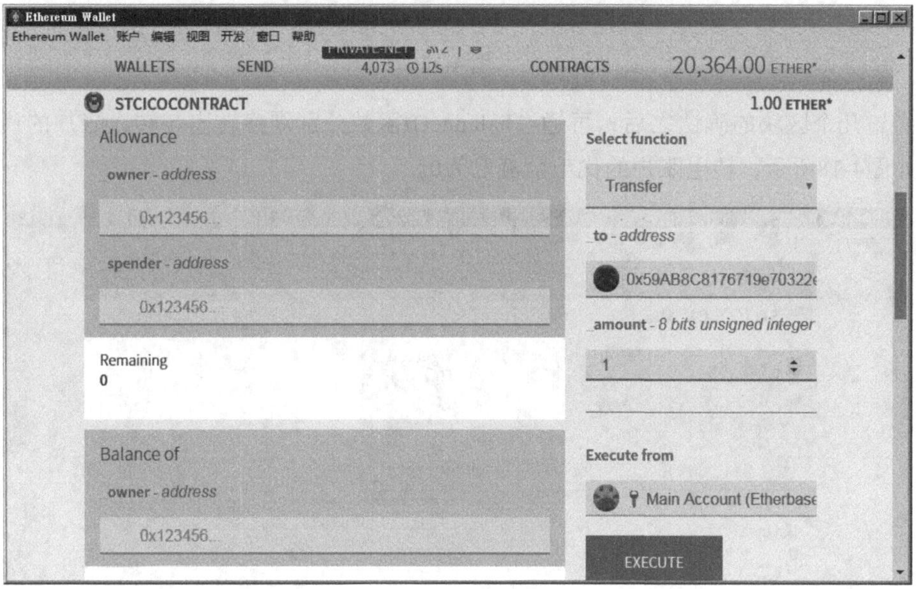

图 4-16

单击"EXECUTE"按钮，即会出现转账操作的明细信息，并要求输入转出账户的
密码，如图4-17所示。

图 4-17

经过几个区块的确认之后，再通过balanceOf函数分别观察转出与转入账户的代币余额。如图4-18所示，转出账户的代币余额已为0。

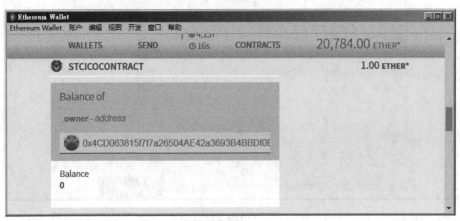

图 4-18

转入账户的代币余额则为1，如图4-19所示。

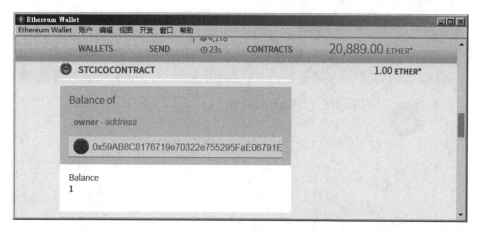

图 4-19

其他合约功能都大同小异，留给读者自行尝试。是不是忘了还有一个名为icoEnding的函数呢？其中的owner.transfer(address(this).balance) 指令又有什么功能呢？尤其是它还使用onlyOwner修饰符设置只有合约创建者才可以执行此函数。其实这个指令就是把当前合约的以太币余额（address(this).balance）转账给owner（此合约的创建者）。

以下尝试执行一下icoEnding函数。注意，此时智能合约所拥有的以太币存量还是维持在1的情况，如图4-20所示。

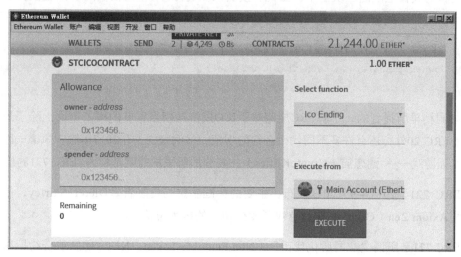

图 4-20

经过几个区块确认后，即可发现智能合约的以太币余额已变成了 0，如图4-21所示。

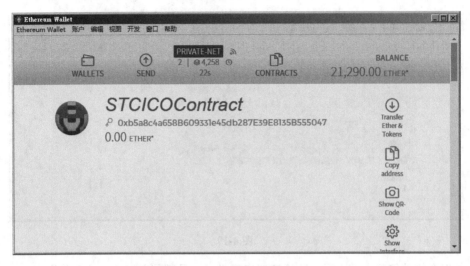

图 4-21

这有什么含义呢？它代表合约的创建者可随时执行此函数，并将合约所拥有的以太币转账回自己的手上。倘若此功能是为正常应用场景所用（如ICO项目结案），融资发起人要取用所融得的资金，那么大可放心。但是，如果ICO项目从一开始就只是想要诈骗投资人的加密货币（如以太币），就可能在合约创建者所等待的时机成熟时执行此函数后卷款潜逃，消失在茫茫的区块链中。因此，投资人在进行每项ICO投资时，都应该要了解智能合约的功能，或至少经由专门的合约验证机构确认再进行相关的投资。

```
function icoEnding() public onlyOwner {
    owner.transfer(address(this).balance);
}
```

如同稍早所提到的，了解ERC规范对于ICO投资是相当重要的事。市面上除了最广为使用的ERC 20外，还有许多不同代币合约的规范。举例来说，在2017年底曾风靡一时的区块链养猫游戏—— 谜恋猫（CryptoKitties），其背后所采用的就是称为 ERC 721的规范。

ERC 721于2017年9月20日发布，主要的标准制定与贡献者是Dieter Shirley，他是新创公司Axiom Zen（CryptoKitties游戏开发公司）的技术总监。

ERC 721是所谓"非同质化代币"（Non Fungible Token，NFT）的智能合约标准。以CryptoKitties游戏为例，游戏中的每只猫咪都是一个ERC 721代币，由于每个ERC 721代币是独一无二的，因此若某甲与某乙各自拥有一只猫咪，则当两人进行宠物交换后仍可看出差别且是可进行追踪的，即代表每个ERC 721代币的价值是不同的。

由于ERC 721代币具有唯一性，同时每个代币具有不同的价值，因此它非常适合实现"真实资产"在虚拟世界的"产权代表"。例如，拥有某个ERC 721代币的人，代表在真实世界中是拥有房子的主人。

4.6 | 习题

1. 什么是静态类型（Static Typing）的程序设计语言？

2. 什么是数值类型（Value Type）？什么是引用类型（Reference Type）？简述并举例说明。

3. Solidity函数声明为pure、constant、view与payable的作用是什么？分别简述之。

4. 简述ICO与IPO的异同之处。

5. 简述ERC 20，并阐述创建合约标准的用意是什么。

6. 仿照本章的范例实现一个没有发行上限的ICO代币，并尝试与小组同学演练代币的兑买。

第 5 章

与 DApp 共舞的 Java Web3j

在前两章，我们介绍了智能合约。区块链世界虽然类似乌托邦似的存在，但在商业化环境中难免需要与链下世界的外部系统进行整合。本书第3章的最后曾以一个典型范例介绍Java程序如何通过JSON-RPC调用智能合约所提供的函数，本章将延续这个议题，更深入地探讨区块链有关智能合约与外部系统整合的各项议题。

本章结构如下：

- ❖ 智能合约交易类型：Call 与 Transaction
- ❖ 复杂类型的函数调用——以 KYC 身份证明为例
- ❖ Java Web3j：区块链智能合约的 Java 方案
- ❖ Web3j 的活用
- ❖ Web3j 与区块链 Oracle 网关机制

5.1 ｜ 智能合约交易类型：Call 与 Transaction

在了解智能合约的细节后，本节所要探讨的主题即是链下系统如何与链上的智能合约协同工作，也就是通过智能合约来进行交易。基本上，以太坊智能合约的交易类型有两大类：Call 与 Transaction。首先来复习一下第 3 章介绍的 JSON-RPC，下面是一个提供了加法功能的智能合约。

```solidity
pragma solidity 0.4.24;

contract Adder {
    function doAdd(uint in01, uint in02) public pure returns (uint) {
        return in01 + in02;
    }
}
```

用户可以通过 Adder 合约的 doAdd 函数将两个输入数值相加。由于 doAdd 函数声明为 pure，因此保证此函数不会变更状态，也不会读取任何状态的内容。

注意！在启动节点程序时，启动参数 rpcapi 必须设置启用 eth 相关的 JSON-RPC：

```
geth --identity "Node1" --networkid 168 --maxpeers 5 --rpc --rpcapi "eth,web3"
```

接下来准备将编译好的智能合约部署到区块链上。启动一个"命令提示符"窗口，执行如下的 geth attach 指令准备进入 Geth 控制台。

```
geth attach ipc:\\.\pipe\geth.ipc
```

顺利进入 Geth 控制台后，输入下列指令将智能合约部署到私有链。

```
loadScript("adder.js");
```

本次智能合约上链后的地址为 0xa29dd279719017783c8fa4b03e7995f15fabc7cb。

接着开始准备调用 Adder 智能合约中 doAdd 函数的 JSON 内容。由于 doAdd 函数是一个 pure 函数，因此可通过 JSON-RPC 的 eth_call 方式调用，在 JSON-RPC 的 method 字段指定使用eth_call RPC，表示将采用Call的交易方式，from字段设置为要调用合约的EOA账户，to字段设置为智能合约的地址。

JSON内容最重要的字段莫过于data字段，必须填入要调用的合约函数签名及其参数值。data字段的前4个字节为合约函数签名的Keccak(SHA3)编码，需包含括号与所有参数类型。参数类型之间需以逗点隔开，且不加空格与变量名称。可直接在Geth控制台输入下列指令得到编码结果，例如范例的编码为"0xdcc721d2"。

```
>web3.sha3("doAdd(uint256,uint256)").substring(0,10)
"0xdcc721d2"
```

Keccak编码则是要传给RPC的参数值，例如"000000000000000000000000000000000000000000000000000000000000006"为传入到doAdd函数的第一个参数。由于uint256代表长度为256个比特（Bit）的无符号整数，因此可用64个字符表示长度为32个字节的数据。上述字符串设置第一个参数值为6，同理"0000000000000000000000000000000000000000000000000000000000000007"则为将第二个参数值设置为7。

JSON-RPC的params区段所带入的第二个数据是用来指定区块编号或字符串标签的。例如，latest表示查询最新的区块，pending表示查询处理中的区块，earliest表示查询最早的区块。

```
{
    "jsonrpc":"2.0",
    "id":67,
    "method":"eth_call",
    "params": [{
        "from": "0x4CD063815f7f7a26504AE42a3693B4BBDf0B9B1A",
        "to": "0xa29dd279719017783c8fa4b03e7995f15fabc7cb",
        "data":
        "0xdcc721d2000000000000000000000000000000000000000000000000000000000
          000060000000000000000000000000000000000000000000000000000000000000007"},
    "latest"]
}
```

组成JSON-RPC所需的格式后，可通过常用的HTTP工具（例如postman、curl等）将上述JSON内容传送给RPC服务的接口（例如http://127.0.0.1:8080），或参考下列Java程序进行HTTP存取。

```java
import java.io.IOException;
import org.apache.http.HttpEntity;
import org.apache.http.client.methods.CloseableHttpResponse;
import org.apache.http.client.methods.HttpPost;
import org.apache.http.entity.StringEntity;
import org.apache.http.impl.client.CloseableHttpClient;
import org.apache.http.impl.client.HttpClients;
import org.apache.http.util.EntityUtils;

public class AddContract {

    public static void main(String[] args) {
        // 创建HTTP客户端
        CloseableHttpClient httpClient = HttpClients.createDefault();

        // 使用POST
        HttpPost httpPost = new HttpPost("http://127.0.0.1:8080");

        // 执行并获取结果
        CloseableHttpResponse response = null;
        try {
            // RPC内容
            String method = "eth_call";
            String from = "0x4CD063815f7f7a26504AE42a3693B4BBDf0B9B1A";
            String to = "0xa29dd279719017783c8fa4b03e7995f15fabc7cb";
            String data = "0xdcc721d2000000000000000000000000000000000000000000000
                          0000000000000000000000006000000000000000000000000000000000
                          0000000000000000000000000000000007";
            String json = "{\"jsonrpc\": \"2.0\",\"id\": 67," + " \"method\":
                          \""+ method + "\",\"params\": [{\"from\":\""
                          + from + "\",\"to\": \"" + to + "\"," + "\"data\":
                          \"" + data + "\"},\"latest\"]}";
            StringEntity entity = new StringEntity(json);
            httpPost.setEntity(entity);
            httpPost.setHeader("Accept", "application/json");
            httpPost.setHeader("Content-type", "application/json");

            response = httpClient.execute(httpPost);
        } catch (IOException e) {
            e.printStackTrace();
        }
```

```
    // 获取结果
    HttpEntity entity = response.getEntity();
    try {
        System.out.println(EntityUtils.toString(entity));
        EntityUtils.consume(entity);
    } catch (IOException e) {
        e.printStackTrace();
    }
}
```

顺利调用JSON-RPC后，便可得到如下的执行结果。

```
{
    "jsonrpc": "2.0",
    "id": 67,
    "result": "0x000000000000000000000000000000000000000000000000000000000
             000d"
}
```

"0x000000000000000000000000000000000000000000000000000000000000000d"即
为十进制的13，于是验证了该智能合约正确地完成了数字加总的工作。

doAdd函数是一个不会变更合约状态的函数。万一智能合约所提供的功能会改变合约
状态时，该如何处理呢？参见如下调整后的智能合约，appendAdd函数会将传入的数值
累加至合约的状态变量—— myInt，并返回更新后状态变量的内容值。

```
pragma solidity 0.4.24;

contract stateAdder {

    uint myInt = 0;

    function appendAdd(uint in01) public returns (uint) {
        myInt += in01;
        return myInt;
    }
}
```

编译这个智能合约并部署至区块链，本次获取的合约地址为
0x2750bdcde01a685821ff6bc4b26e0f8a0d2f9099。

接着在 Geth 控制台中执行下列指令来获取函数签名的编码：

```
> web3.sha3("appendAdd(uint256)").substring(0,10)
"0x0b6eb9ce"
```

如此即可组出所需的 JSON 内容了。需要注意的是，method 已改为 "eth_send Transaction"，表示将采用 Transaction 的交易方式；另外，在 params 区段不用带入第二个参数（指定要查询的区块编号）。

```
{
    "jsonrpc":"2.0",
    "id":67,
    "method":"eth_sendTransaction",
    "params": [{
    "from": "0x4CD063815f7f7a26504AE42a3693B4BBDf0B9B1A",
    "to": "0x2750bdcde01a685821ff6bc4b26e0f8a0d2f9099",
    "data":
    "0x0b6eb9ce00000000000000000000000000000000000000000000000000000000000000001"}]
}
```

同样，我们可以通过常用的 HTTP 工具或自行编写程序来调用与使用 JSON-RPC 服务。但此次的执行结果为什么与之前的范例不同呢？

```
{
    "jsonrpc": "2.0",
    "id": 67,
    "result": "0xcac2913ddc439367b44d2d6c73874fdb249a84bcc097175efdb52f392daa
            db0d"
}
```

返回的 result 内容怎么不是累加后的数值，而是一个似乎没有任何意义的乱码呢？原来这个看似无意义的字符串其实是 Transaction 执行后的交易序号。

大家还记得吗？Transaction 在执行后必须经过多次区块确认才能保证交易被永久记录在区块链中。交易序号的用意就是让用户可在经过一定的时间后，通过交易序号查询当时的执行结果。简单地说，JSON-RPC 的 Call 调用适用于不会更改合约状态的情况，而 Transaction 交易则是一种异步运算方式，外部系统或账户必须通过所获取的交易序号（Transaction Hash）间接查询执行结果，适用于会更改合约状态的情况，如图 5-1 所示。

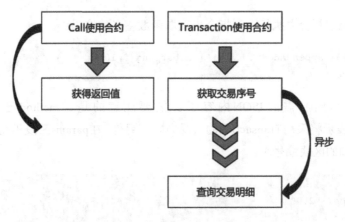

图 5-1

我们该如何查询执行结果呢？很简单，可通过eth_getTransactionReceipt获取交易明细。

```
{
    "jsonrpc":"2.0",
    "id":67,
    "method":"eth_getTransactionReceipt",
    "params": ["0xcac2913ddc439367b44d2d6c73874fdb249a84bcc097175efdb52f392da
               adb0d"]
}
```

eth_getTransactionReceipt的查询结果若为null，则表示交易尚在确认之中；交易执行完毕并被写入区块链后，交易明细才会存在，且会显示如下的执行结果。

```
{
    "jsonrpc": "2.0",
    "id": 67,
    "result": {
        "blockHash":"0x05f2b6a6ded3ef97c9f3e88d3dc5628e64db12c082231f38bffc184
                   eb6dc7c68",
        "blockNumber": "0x12eb",
        "contractAddress": null,
        "cumulativeGasUsed": "0xa4b0",
        "from": "0x4cd063815f7f7a26504ae42a3693b4bbdf0b9b1a",
        "gasUsed": "0xa4b0",
        "logs": [],
        "logsBloom":"0x0000000000000000000000000000000000000000000000000000000
                   00000000000000000000000000000000000000000000000000000000000
```

```
        0000000000000000000000000000000000000000000000000000000000
        0000000000000000000000000000000000000000000000000000000000
        0000000000000000000000000000000000000000000000000000000000
        0000000000000000000000000000000000000000000000000000000000
        0000000000000000000000000000000000000000000000000000000000
        0000000000000000000000000000000000000000000000000000000000
        00000000000000000000000000000000000000000000000000000000",
    "root": "0xc98d7a9e2eaefb13784459f4aa8151e451894f9b564eefeb0476fa4003
            5d0de0",
    "to": "0x2750bdcde01a685821ff6bc4b26e0f8a0d2f9099",
    "transactionHash":"0xcac2913ddc439367b44d2d6c73874fdb249a84bcc097175ef
                    db52f392daadb0d",
    "transactionIndex": "0x0"
    }
}
```

在返回的交易明细中，transactionHash是交易序号；transactionIndex是交易在区块中的位置；blockHash是交易所在区块的哈希值；blockNumber为交易所在区块的编号；cumulativeGasUsed是封装交易区块的总花费（消耗燃料的数量）；gasUsed为执行交易所花费燃料（Gas）的数量。怎么没有函数的执行结果呢？

交易明细基本上并不会包含执行结果，但可通过一些程序技巧（例如Event 的使用）来实现所需。Event具有将数据永久写入区块链且同时会被记录在交易明细的特性。若所开发的DApp需要一个存储成本相对较低的空间来记录用户交易当下的证明，与其用一个数组的合约状态来存储，还不如在交易时借助Event将信息写进日志中。可惜的是，智能合约到目前为止并无法读取日志中的记录。

针对Event的实现，对刚才的智能合约做一些小小的调整：

```solidity
pragma solidity 0.4.24;

contract stateAdder2 {

    uint public myInt = 0;

    event Rtnvalue(address indexed _from, uint myInt);

    function appendAdd(uint in01) public {
        myInt += in01;
        emit Rtnvalue(msg.sender, myInt);
    }
}
```

调整后智能合约的appendAdd函数不再返回执行结果，而是调用Rtnvalue事件将执行结果写到日志中。编译此智能合约并部署到私有链，本次新合约地址为0xa8b4e7111ff734b33d14a263b4920e54362f4fda。基本上，由于函数签名并没有改变，因此调用新合约JSON-RPC的内容应该只有to字段，即新合约地址不同而已。

```
{
    "jsonrpc":"2.0",
    "id":67,
    "method":"eth_sendTransaction",
    "params": [{
        "from": "0x4CD063815f7f7a26504AE42a3693B4BBDf0B9B1A",
        "to": "0xa8b4e7111ff734b33d14a263b4920e54362f4fda",
        "data":"0x0b6eb9ce00000000000000000000000000000000000000000000000
                000000000000060000000000000000000000000000000000000000000000
                00000000000007"}]
}
```

顺利执行后即可获取交易序号：

```
{
    "jsonrpc": "2.0",
    "id": 67,
    "result":"0x8f76607594defc7c70b2320145f73437476c9ae3fdad75eb9f2208e65ea77709"
}
```

接着使用该交易序号来查询交易明细。

```
{
    "jsonrpc":"2.0",
    "id":67,
    "method":"eth_getTransactionReceipt",
    "params":["0x8f76607594defc7c70b2320145f73437476c9ae3fdad75eb9f2208e65ea
              77709"]
}
```

通过交易明细可得到如下查询内容，在logs日志区段中似乎已经记录所得到的执行结果。

```
{
    "jsonrpc": "2.0",
    "id": 67,
```

```
    "result": {
        "blockHash":"0xb54d7764aba73cf298c738acdfda284e9e89d8fd1dea86ec0d8b1
                    c51422c0a76",
        "blockNumber": "0xae",
        "contractAddress": null,
        "cumulativeGasUsed": "0x703a",
        "from": "0x4cd063815f7f7a26504ae42a3693b4bbdf0b9b1a",
        "gasUsed": "0x703a",
        "logs": [{
            "address": "0xa8b4e7111ff734b33d14a263b4920e54362f4fda",
            "topics": ["0xd00b1aba82025d64555bd19e01ee7b4d7e20e6aa2610dc4774cd
                       604e0fe79d5d","0x00000000000000000000000004cd063815f7f7a
                       26504ae42a3693b4bbdf0b9b1a"],
            "data":"0x00000000000000000000000000000000000000000000000000000000
                    000000c",
            "blockNumber": "0xae",
            "transactionHash":"0x8f76607594defc7c70b2320145f73437476c9ae3fdad75
                             eb9f2208e65ea77709",
            "transactionIndex": "0x0",
            "blockHash":"0xb54d7764aba73cf298c738acdfda284e9e89d8fd1dea86ec0d8
                        b1c51422c0a76",
            "logIndex": "0x0",
            "removed": false
        }],
        "logsBloom":"0x00000000000000000000000000000002000000000001000000000000
                     0000000000000000000200000020000000000000000000000000000
                     0000000000000000000000000050000000020000000000000000000
                     0000000000000000000000000000000000000000000000000000000
                     0000100000000000000000000000000000000000000000000000000
                     0000000000000000000000000000000000000000000000000000000
                     0000000000000000000000000000000000000000000000000000000
                     0000000000000000000000000000000000000000000000000000000
                     000000000000000000000004000000000000000000000000000000000",
        "root":"0xb2d9dd5e0c90d223b96a78dc77f975eb153f227c08d39e29886c4fb39946
                c0b0",
        "to": "0xa8b4e7111ff734b33d14a263b4920e54362f4fda",
        "transactionHash": "0x8f76607594defc7c70b2320145f73437476c9ae3fdad75eb
                          9f2208e65ea77709",
        "transactionIndex": "0x0"
    }
}
```

将logs日志区段独立取出：

```
"logs": [{
    "address": "0xa8b4e7111ff734b33d14a263b4920e54362f4fda",
    "topics": [
        "0xd00b1aba82025d64555bd19e01ee7b4d7e20e6aa2610dc4774cd604e0fe79d5d",
        "0x00000000000000000000000004cd063815f7f7a26504ae42a3693b4bbdf0b9b1a"
    ],
    "data": "0x000000000000000000000000000000000000000000000000000000000000000c",
    "blockNumber": "0xae",
    "transactionHash":"0x8f76607594defc7c70b2320145f73437476c9ae3fdad75eb9f22
                        08e65ea77709",
    "transactionIndex": "0x0",
    "blockHash": "0xb54d7764aba73cf298c738acdfda284e9e89d8fd1dea86ec0d8b1c5142
                 2c0a76",
    "logIndex": "0x0",
    "removed": false
}]
```

data字段“0x0000000000000000000000000000000000000000000000000000000000000000c”正是函数执行累加后的运算结果。

一笔交易可触发多个事件（Event），而对应事件的日志都会被写到logs日志区段并以数组方式呈现。一笔日志最重要的两个字段分别是topics（主题）与data（数据），若写入日志的参数声明为indexed，则会被提升到topics区段。

一笔日志最多只能有4个topic，第一个topic默认会是事件的标识号（Identifier），代表indexed的topic最多只能有3个。为什么需有topic的存在呢？因为与区块链连接的外部系统可通过实现监听器的方式来与智能合约互动，而监听器可通过指定topic搭配刚才的事件来声明，实现更有效率的事件过滤逻辑。

```
event Rtnvalue(address indexed _from, uint myInt);
```

关于Rtnvalue事件所记录的日志，由于第一个参数_from声明为indexed，因此该参数会被写到topics区段中；第二个参数myInt没有声明为indexed，因而会被写到data区段，而写到data区段的数据值会以32字节为一个单位连接在一起。

在本节中，我们学到Call与Transaction的不同。JSON-RPC 的Call 调用适用于不会更改合约状态的情况，换言之，Call的交易方式并不会真的在区块链建立交易，因此也不会消耗燃料。Transaction的交易方式则适用于会更改合约状态的应用场景，必须通过异步方式、通过交易序号间接查询执行结果。也就是说，这种交易方式将在区块链上建立一笔新的交易，在所有节点达成共识后，每一个节点的合约副本就会存储完全相同的状态变量的内容值。因此，常常听到的"在分布式账本环境下维护同一份账本"其实就是在维护状态变量，使之能够正确无误地存储在所有节点中。

本节所示范的智能合约的输入参数都是比较简单的类型，在下一节，将继续探讨比较复杂的情况。

5.2 | 复杂类型的函数调用——以 KYC 身份证明为例

经由前一节的介绍，读者应该已经了解在组合JSON-RPC的内容时data字段必须包含合约函数签名的编码以及要传入函数的参数值，但参数若是较为复杂的数据类型时，则必须进行一些额外的处理。接下来让我们逐一探究相关的议题。

目前世界上因天灾、战争等缘故而无法获得身份证明的人口约有11亿多。由于没有官方提出的身份证明文件，因而无法获得教育、医疗、金融等各项服务，甚至很难获得工作。仅在2014—2015年期间，因为叙利亚内战问题而无法提供身份证明且非法进入欧洲的人数就高达七十几万。

在逃难期间携带实体护照或身份证明是一件危险的事情，因为所携带的任何实体文件都可能成为别人觊觎的对象，甚至会引来杀身之祸，并被罪犯盗用其身份。即便历经千辛万苦来到欧洲，还必须经过至少长达6个月烦琐的申请程序后才能拿到"难民身份"而得以获得补助。

"身份难题"的根本原因在于当前各国的身份证明机制都属于中心化的，例如学历由学校提供证明；病历由医院提供证明；工作由公司提供证明；当然护照与身份证明必须由国家级机构才能够提供……如果这些机构突然之间"消失"了，就意味着"身份消失"了。

破除中心化最好的方式之一就是通过去中心化的区块链来降低"认识你的客户（Know Your Customer，KYC）"过程的困难度，芬兰的MONI、微软、Accenture等公司都已有类似的计划。

虽然以区块链实现身份证明机制的过程中，绑定身份的依据是"私钥"的有无，因而衍生出"私钥"管理与携带的难题。倘若有一天"私钥管理"能够结合个人的生物特征等独特性信息，那么去中心化的身份证明机制就有可能真正实现了。本节先以简单的KYC智能合约作为探讨复杂数据类型的示范引子，给出一个简化的KYC智能合约。

```solidity
pragma solidity 0.4.25;

contract KYC {

    //自定义的结构类型
    struct customer {
        string name; //姓名
        uint8  age;  //年龄
    }

    //映射EOA与数据
    mapping(uint => customer) private customers;

    //将信息记录在日志中
    event InsertEvn(address indexed _from, uint id, string name);

    //添加客户
    function doInsert(uint id, string name, uint8 age) public {
        customers[id].name = name;

        customers[id].age = age;
        emit InsertEvn(msg.sender, id, name);
    }

    function queryName(uint id) public view returns (string) {
        return customers[id].name;
    }

    function queryAge(uint id) public view returns (uint8) {
        return customers[id].age;
    }
}
```

在KYC合约中，自定义一个名为customer的结构类型，以存储一笔客户数据。

```solidity
//自定义的结构类型
struct customer {
    string name; //姓名
    uint8 age;   //年龄
}
```

同时声明数据类型为映射（mapping）的customers变量，键（Key）的数据类型为uint的客户id，值（Value）的数据类型为customer结构的客户数据。

```
//映射EOA与数据
mapping(uint => customer) private customers;
```

InsertEvn事件中记录着交易发送者的EOA及客户ID与客户姓名，以便在日志中记录数据设置的证明。

```
//将信息记录在日志中
event InsertEvn(address indexed _from, uint id, string name);
```

合约的doInsert函数可用来添加一笔客户资料，其参数包括客户ID、客户姓名、客户年龄，添加资料后便会触发InsertEvn事件以记录数据的添加证明。

```
//添加客户
function doInsert(uint id, string name, uint8 age) public {
    customers[id].name = name;
    customers[id].age = age;
    emit InsertEvn(msg.sender, id, name);
}
```

queryName函数根据ID查询客户姓名，若传入的ID查不到客户姓名，则返回空值。

```
function queryName(uint id) public view returns (string) {
    return customers[id].name;
}
```

queryAge函数为使用ID查询客户年龄，若查无数据，则返回0。

```
function queryAge(uint id) public view returns (uint8) {
    return customers[id].age;
}
```

编译此智能合约并部署到区块链，本次获取的合约地址为0x9ffbf1c090d4ad5c2ff0e0d72d551cba8d96547b，接着对函数签名进行Keccak (SHA3)编码，例如：

```
> web3.sha3("doInsert(uint256,string,uint8)").substring(0,10)
"0x961f5fc6"
```

如此一来即可开始组合出JSON内容。假设ID设置为168，客户姓名设置为Allan，age设置为28，则完成后的JSON内容如下所示：

```
{
    "jsonrpc":"2.0",
    "id":67,
    "method":"eth_sendTransaction",
    "params": [{
        "from": "0x4CD063815f7f7a26504AE42a3693B4BBDf0B9B1A",
        "to": "0x9ffbf1c090d4ad5c2ff0e0d72d551cba8d96547b",
        "data":"0x961f5fc6000000000000000000000000000000000000000000000000000
                00000000a8000000000000000000000000000000000000000000000000000000
                000000006000000000000000000000000000000000000000000000000000000000
                0000000001c00000000000000000000000000000000000000000000000000000000
                00000000005416c6c616e60000000000000000000000000000000000000000000000
                00000000000"}]
}
```

JSON的data字段需填入函数签名的Keccak（SHA3）编码以及每32个字节（64个数字和字母，其中字母仅限a到f）为一个单位连接在一起的函数输入值。以本例的doInsert函数为例，总共有id、name、age三个参数，但为什么data字段的参数长度远远超过64×3 = 192个数字和字母呢？让我们来解读这个问题。

首先，以每64个数字和字母为一个单位，将数据内容排列整齐。

```
0行: 0x961f5fc6
1行(  0byte): 00000000000000000000000000000000000000000000000000000000000000a8
2行( 32bytes): 0000000000000000000000000000000000000000000000000000000000000060
3行( 64bytes): 000000000000000000000000000000000000000000000000000000000000001c
4行( 96bytes): 0000000000000000000000000000000000000000000000000000000000000005
5行(128bytes): 416c6c616e6000000000000000000000000000000000000000000000000000000
```

data字段的内容总共可被拆解成6行：

- 第0行的0x961f5fc6是函数签名的Keccak（SHA3）编码。
- 第1行 "…00a8" 是第一个uint256类型参数的十六进制表示（十进制的168）。
- 第2行 "…0060" 表示第二个字符串类型的参数，即在数据字段中的地址而非参数的数据内容，由于十六进制的60即为十进制的96，因此真正存储第二个字符串参数数据值的地方是从数据字段的第96个字节开始，也就是从第4行开始，稍后再回过头来探讨第二个参数。
- 第3行是函数的第三个参数，为uint8数值类型，因此第64个字节开始的 "…001c" 即为十进制的28。

- 第4行即为第二个参数真正存储的地方，但第96个字节到第128个字节之间的
  "…0005" 只是字符串数据的长度，表示字符串的长度为5。
- 第5行是字符串数据的真正内容值，并以UTF-8编码表示，因此416c6c616e即为字
  符串 "Allan"。

了解数据内容后，请参考前一节的介绍，试着发送JSON并获取交易序号，再使用交
易序号取回如下的交易明细。

```
{
  "jsonrpc": "2.0",
  "id": 67,

  "result": {
    "blockHash":"0x209af8aeae8a2a940bfa0e8dead075731e6227d08d7b867d431fff1d91b
              8a906",
    "blockNumber": "0x190",
    "contractAddress": null,
    "cumulativeGasUsed": "0xa26c",
    "from": "0x4cd063815f7f7a26504ae42a3693b4bbdf0b9b1a",
    "gasUsed": "0xa26c",
    "logs": [{
      "address": "0x9ffbf1c090d4ad5c2ff0e0d72d551cba8d96547b",
      "topics":["0x81228b07685b00d65cad75047e1cc8d54dbc19bc5a210fa33814e795ae
              38a768","0x0000000000000000000000004cd063815f7f7a26504ae42a36
              93b4bbdf0b9b1a"],
      "data":
        "0x00000000000000000000000000000000000000000000000000000000000000a8
          0000000000000000000000000000000000000000000000000000000000000040
          0000000000000000000000000000000000000000000000000000000000000005
          416c6c616e000000000000000000000000000000000000000000000000000000",
      "blockNumber": "0x190",
      "transactionHash":"0x5f4c0c733fcd299caacf26164eb7f0c9770a35529ebdb70901
                      693248351704c5",
      "transactionIndex": "0x0",
      "blockHash":"0x209af8aeae8a2a940bfa0e8dead075731e6227d08d7b867d431fff1d
91b8a906",
      "logIndex": "0x0",
      "removed": false
    }],
    "logsBloom":"0x0000000000000000000000000000000000000000000000000000000000
                0000000000000000000000000000000600000000000000000000000000000
```

```
              0000000000000000000040000000200000000000000000000000000000
              0000000000000000000000000000000000000000000000000000000000
              0000000000000000000000000000000080000000000000000000008000
              0000000400000000000000000000000000000000000000000000000000
              0001000000000000000000000000000000000000000000000000000000
              0000000000000000000000000000000080000000000000000000000000
              0000000000000000000",
       "root":"0xf5f69c3081824666796224d75d54c6a9d1b730a9e25f3c176f1962d1cd
              663a88",
       "to": "0x9ffbf1c090d4ad5c2ff0e0d72d551cba8d96547b",
       "transactionHash":"0x5f4c0c733fcd299caacf26164eb7f0c9770a35529ebdb709016
                          93248351704c5",
       "transactionIndex": "0x0"
    }
}
```

由于在智能合约的InsertEvn事件同时写入了ID与客户姓名，因此交易明细logs区段的data字段也会包含ID与客户姓名，如下所示。

```
"data": "0x
1行( 0byte): 00000000000000000000000000000000000000000000000000000000000000a8
2行(32byte): 0000000000000000000000000000000000000000000000000000000000000040
3行(64byte): 0000000000000000000000000000000000000000000000000000000000000005
4行(96byte): 416c6c616e0000000000000000000000000000000000000000000000000000000"
```

- 第1行为数值类型的ID的数据内容，十六进制数的a8即为十进制数的168。
- 第二个参数是字符串类型，因此第2行存储字符串的实际存储地址指向十六进制数40，也就是十进制数的第64个字节。
- 第3行说明字符串长度为5。
- 第4行为字符串的实际内容，即为"Allan"。

到目前为止，我们已成功通过JSON-RPC将KYC数据写到区块链中。另外，本智能合约提供了两个函数：queryName与queryAge。接下来尝试存取这两个函数。queryName函数的内容如下：

```
> web3.sha3("queryName(uint256)").substring(0,10)
"0x5f2d8523"
```

由于queryName函数不会变更合约状态，因此可通过eth_call进行如下的RPC调用，函数唯一的输入参数为十六进制数a8，即十进制数的168。

```
{
    "jsonrpc":"2.0",
    "id":67,
    "method":"eth_call",
    "params": [{
        "from": "0x4CD063815f7f7a26504AE42a3693B4BBDf0B9B1A",
        "to": "0x9ffbf1c090d4ad5c2ff0e0d72d551cba8d96547b",
        "data": "0x5f2d85230000000000000000000000000000000000000000000000000000
                0000000000a8"},
    "latest"]
}
```

执行eth_call后的返回结果如下所示。

```
{
 "jsonrpc": "2.0",
 "id": 67,
 "result":
  "0x0000000000000000000000000000000000000000000000000000000000000020
   0000000000000000000000000000000000000000000000000000000000000005
   416c6c616e0000000000000000000000000000000000000000000000000000000000"
}
```

解析数据内容的原理与原则与前面的示范一样：

- 第1行表示字符串数据的存储地址，即十六进制数的20，表示地址是十进制数的第32个字节。
- 第2行说明了字符串返回值的长度。
- 第3行是字符串的内容。

```
0x
1行(  0byte): 0000000000000000000000000000000000000000000000000000000000000020
2行(32byte): 0000000000000000000000000000000000000000000000000000000000000005
3行(64byte): 416c6c616e0000000000000000000000000000000000000000000000000000000000
```

同样，也要为queryAge函数进行编码：

```
> web3.sha3("queryAge(uint256)").substring(0,10)
"0x818aa0ce"
```

再发送eth_call的JSON-RPC来调用与使用queryAge。

```
{
 "jsonrpc":"2.0",
 "id":67,
 "method":"eth_call",
 "params": [{
  "from": "0x4CD063815f7f7a26504AE42a3693B4BBDf0B9B1A",
  "to": "0x86662372572f73d3bc5486c617ce1de2c20198bc",
  "data": "0x818aa0ce
    00000000000000000000000000000000000000000000000000000000000000a8"},
  "latest"]
}
```

可得到如下的执行结果：

```
{
 "jsonrpc": "2.0",
 "id": 67,

 "result": "0x00000000
             0000000000000000000000000000000000000000000000000000001c"
}
```

十六进制数的1c即为十进制数的28，说明JSON-RPC正确取回客户的年龄值了。

经过前文的解说，读者应该了解了如何通过JSON-RPC调用智能合约的函数，接下来再看几个比较典型的使用案例。

假设存在着下列的智能合约函数。

```
function isAdult(uint32 x, bool y) public pure returns (bool r) {
  r = x > 20 || y;
}
```

函数签名经过编码后的内容如下：

```
> web3.sha3("isAdult(uint32,bool)").substring(0,10)
"0x680a1253"
```

若第一个参数设置为28，第二个参数设置为true，则JSON-RPC的内容应如下所示：

```
{
 "jsonrpc":"2.0",
 "id":67,
 "method":"eth_call",
```

```
"params": [{
  "from": "0x4CD063815f7f7a26504AE42a3693B4BBDf0B9B1A",
  "to": "0xc65360fcf0d094115d6abd105fec70557a85a7df",
  "data": "0x680a1253
    00000000000000000000000000000000000000000000000000000000000001c
    0000000000000000000000000000000000000000000000000000000000000001"},
  "latest"]
}
```

将Data字段拆解如下，每个参数同样以32个字节来表示。

```
0x680a1253
1行( 0byte)：000000000000000000000000000000000000000000000000000000000000001c
2行(32byte)：0000000000000000000000000000000000000000000000000000000000000001
```

- 第1行对应函数的第一个参数 "…001c"，即为十进制数的28。
- 第2行对应函数的第二个参数，由于布尔值设置为true，因此直接填入1即可。

执行JSON-RPC后可得到如下的执行结果：

```
{
  "jsonrpc": "2.0",
  "id": 67,
  "result": "0x00000000
      0000000000000000000000000000000000000000000000000000000000000001"
}
```

由于x设置为28，因此x > 20 || y表达式的执行结果为true，故返回值为1，表示合约函数正确执行。

接着，探讨另外一个范例，假设定义了如下的合约函数：

```
function fun(bytes a, bool b, uint[] c)
```

函数签名经Keccak编码后可得下列的结果：

```
> web3.sha3("fun(bytes,bool,uint256[])").substring(0,10)
"0xe3ec7763"
```

另外，要传入的参数内容假设分别是dave、true与[1,2,3]，则JSON-RPC的data字段组成应该如下：

```
0xe3ec7763
1行(  0byte): 0000000000000000000000000000000000000000000000000000000000000060
2行( 32byte): 0000000000000000000000000000000000000000000000000000000000000001
3行( 64byte): 00000000000000000000000000000000000000000000000000000000000000a0
4行( 96byte): 0000000000000000000000000000000000000000000000000000000000000004
5行(128byte): 6461766500000000000000000000000000000000000000000000000000000000
6行(160byte): 0000000000000000000000000000000000000000000000000000000000000003
7行(192byte): 0000000000000000000000000000000000000000000000000000000000000001
8行(224byte): 0000000000000000000000000000000000000000000000000000000000000002
9行(256byte): 0000000000000000000000000000000000000000000000000000000000000003
```

在拆解data字段之前，我们必须知道bytes与uint[]都是动态数据类型，两者都可通过间接指定地址的方式找到数据内容真正的存储位置。

- 合约函数的第一个参数为bytes类型，因此第1行显示的十六进制数60（十进制数的96）表示数据的存储地址从第96个字节开始。
- 第2行对应合约函数的第二个参数，由于是布尔类型，因此若要设置为true，则直接填入 "…0001" 即可。
- 第3行对应合约函数的第三个参数，由于uint[]同样也是动态数据类型，因此十六进制数的 "…000a0" 就是十进制数的160，表示第160个字节（第6行）开始即为第三个参数的存储位置。
- 第4行说明bytes所存储的字符串长度为4。
- 第5行的 "64617665" 是UTF-8编码的dave。
- 第6行的 "…0003" 表示数组长度为3。
- 第7行是数组第0个元素的数值。
- 第8行是数组第1个元素的数值。
- 第9行是数组第2个元素的数值。

JSON-RPC对于动态数据类型的处理，必须以间接方式指定数据真正的存储位置，了解这点之后，接下来的案例就不难理解了。请看下面的合约函数。

```
function fun2(fixed [2] a) public
```

需要注意的是，以太坊的实数类型尚未完全被支持，故不能赋值也不能拿来计算，若尝试在编译时使用，将出现 "UnimplementedFeatureError: Not yet implemented - FixedPointType." 的错误消息。本范例仅作为概念性的介绍，不一定能正确地编译与执行。函数签名经Keccak编码后可得如下结果：

```
> web3.sha3("fun2(fixed128x128[2])").substring(0,10)
"0xd2966c70"
```

假设要传入的参数内容是[2.125,8.5]，则JSON-RPC的data字段组成应如下所示：

```
0xd2966c70
1行( 0byte)：000000000000000000000000000000022000000000000000000000000000000000
2行( 32byte)：000000000000000000000000000008800000000000000000000000000000000000
```

Fixed类型若不指定长度，则等同声明为fixed128 × 128，因此若要表示数字2.125则必须以小数点为分界拆解成两部分，每部分都为128位（比特，即16字节），以32个数字表示。第1行的前半部的32个数字和字母是表示整数2的部分。

代表2：00000000000000000000000000000002

第1行后半部的32个数字表示小数0.125的部分，并以十六进制表示。

代表0.125：20000000000000000000000000000000

在表示数字8.5时，同样要以小数点为界拆解成两部分，第2行前半部的32个数字表示整数8的部分。

代表8：00000000000000000000000000000008

第2行后半部的32个数字表示小数0.5的部分。

代表0.5：80000000000000000000000000000000

本节至此已对复杂类型的合约函数与相对应的JSON-RPC进行了简单的介绍，通过HTTP协议即能创建一个简单的DApp。不管怎么说，组合JSON-RPC都是一件麻烦且复杂的事情，有没有其他更容易实现的方法呢？

5.3 | Web3j：区块链智能合约的 Java 方案

经过前两节的介绍，我们已知道外部系统可通过JSON-RPC与智能合约进行互动。这种具前端操作界面并结合区块链智能合约的应用系统被称为DApp （Decentralized Application，去中心化应用程序）。

然而通过JSON-RPC的方式其实十分烦琐，尤其在前两节的范例中，当合约参数是动态数据类型时，必须考虑数据内容的实际存储位置，这将大幅度影响系统开发的时效性。那么是否有更为简洁的方式呢？答案当然是肯定的。

在区块链社区中，许多有志之士已开发了不少完善的机制或平台（如Node.js等），使程序开发人员能通过这些平台所提供的函数调用来使用智能合约，然而对于许多大型企业而言，尤其是相对保守的大型金融机构，即便是已问世长达9年的Node.js，仍不是其内部的技术标准，根据公司的稽核规范是禁止使用的，因此当这些企业想尝试区块链技术时可能会因而却步。

此外，大型企业在选择解决方案时尚会考虑到技术的生命周期，生物学领域的"林迪效应（Lindy effect）"理论常被用来说明如何衡量事物的未来性，"林迪效应"认为易损（随着自然消亡）的事物每多活一天，都会缩短其寿命；反之不易损（不会随自然消亡）的事物每多活一天，则意味更长的剩余寿命。

举例来说，人类即属于自然消亡的一种"事物"。因此在判断老人与年轻人的余命时，可非常有自信地判断年轻人一定比老年人剩余寿命更长；相反地，非自然消亡的事物，例如具有百年历史老技术的预期寿命可能会是只有10年新技术的好几倍，例如隽永的《罗密欧与朱丽叶》剩余寿命会比电商快销的言情小说还能存活上好几个世纪。

知名科技顾问John D. Cook基于"林迪效应"评估程序设计语言的可能剩余寿命，他认为持续存活的程序设计语言不一定是"好的程序设计语言"，而是有太多东西都是基于它们所设计和开发而成，导入新程序设计语言的替换成本太高，才使得它们得以"继续存活"，因此有如下各种常见程序设计语言的寿命预测，参考表5-1。

表 5-1　常见程序设计语言的寿命预测

程序设计语言	出　　生	年　　龄	消　　亡	余　　命
Go	2009	8	2025	8
C#	2000	17	2034	17
Java	1995	22	2039	22
Python	1991	26	2043	26
Haskell	1990	27	2044	27
C	1972	45	2062	45
Lisp	1959	58	2075	58
Fortran	1957	60	2077	60

备注：以2017年资料为制表基准。

相对于较新颖的程序设计语言，Java语言仍是目前许多大型企业（包括保守的金融机构等）所实行的符合内部规范的技术标准，同时也早已是TIOBE最受欢迎程序设计语言排行榜上的常胜军。更令人振奋的是，对于新颖的区块链技术也有适合的解决方案支持Java语言，即为接下来要介绍的Web3j，这也正是企业所追寻的方案。

Web3j是一个轻量级、高度模块化、具有高互动性、类型安全的Java函数库开发包，除了支持Geth、Parity与Quorum区块链之外，同时也支持Android环境。通过Web3j开发包，Java程序便能够通过以太坊的节点程序与网络进行互动，也可以轻易地整合链上的智能合约。

如图5-2所示，通过Web3j开发包可生成智能合约的封装对象（Wrapper，或封装包），让作为前端的Java程序可以像使用普通对象一般轻松地集结（Marshalling）成JSON来执行RPC，同时也可将JSON-RPC的执行结果解集（Unmarshalling）回Java对象。如此一来就省事多了，程序开发人员从此可聚焦在智能合约与商业逻辑的设计，而不用费心太多底层的琐事（例如前一节介绍的对函数签名编码或计算数据的存储位置等）。

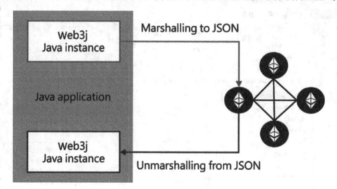

图 5-2

Web3j有下列特色：

- 支持通过HTTP或IPC方式调用以太坊的JSON-RPC。
- 支持以太坊钱包。
- 支持以太坊事件过滤。
- 支持以太坊名字服务（ENS，Ethereum Name Service）。
- 支持Parity与Geth节点程序的Personal API。
- 支持连接Infura区块链节点。
- 支持Android平台。
- 支持JP Morgan的Quorum区块链。

- 可自动生成智能合约的封装对象，并提供创建、部署与交易功能。
- 多种好用的命令行工具，供程序开发所用。

Web3j借用了下列相关开发包的实现功能：

- 以RxJava实现反应式函数（Reactive-Functional）API。
- 以OKHttp实现HTTP连接。
- 以Jackson为核心实现JSON序列化与反序列化。
- 以Bouncy Castle实现加密。
- 以Jnr-unixsocket实现*nix IPC。
- 以JavaPoet生成智能合约封装对象的源代码。

获取 Web3j 开发包的方法如下，首先通过 gradle 自行编译开发包，到网址 https://github.com/Web3j/Web3j下载Web3j-master.zip文件后，请在适当的目录解压缩，即可得到如图5-3所示的路径结构。

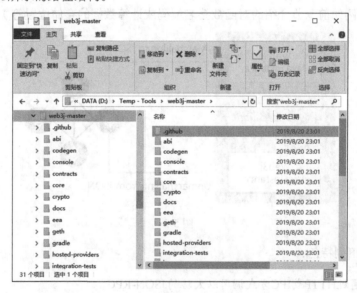

图 5-3

确认所在的环境已安装gradle后，请在"命令提示符"窗口模式中执行gradle distZip 指令，便会开始进行重建（Build）工作。执行后若显示BUILD SUCCESSFUL文字，即表示项目已顺利重建，如图5-4所示。

在目录 \Web3j-master\core\build\libs\ 中可得到重建后的 Web3j 核心开发包，即 core-3.5.0.jar。

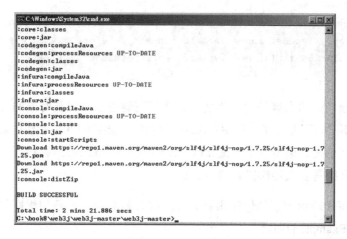

图 5-4

对于不想安装 gradle 的人而言，另一种获取 Web3j 开发包的方法是直接从网站下载，网址为：https://github.com/Web3j/Web3j/releases。

下载并解压缩 Web3j-3.5.0.zip 后可得到\Web3j-3.5.0\文件夹，其子目录\lib\就包含所需的 core-3.5.0.jar 以及其他所有相关的 JAR 文件。

接着便可尝试创建智能合约的封装对象（Wrapper）了。请将工作路径切换至 Web3j-3.5.0 目录，并获取前一节所介绍的智能合约 KYC.sol 及其编译后的 KYC.bin 与 KYC.abi 文件，将这些文件复制到当前的工作路径再执行下列指令：

```
java -cp .;.\lib\* org.Web3j.codegen.SolidityFunctionWrapperGenerator
./KYC.bin ./KYC.abi -o ./java -p com.alc
```

指令中的 org.Web3j.codegen.SolidityFunctionWrapperGenerator 即为用来生成智能合约的封装对象工具程序，它需要的第一个参数是智能合约的 bin 文件；第二个参数为智能合约的 abi 文件；第三个 -o 参数用于指定生成后 Java 源代码文件的存放目录；最后一个 -p 参数则是指定封装对象的 Java 开发包名称。以下为工具程序所自动生成的 KYC.Java 源代码文件的部分片段：

```
...
public static final String FUNC_QUERYNAME = "queryName";

public static final String FUNC_QUERYAGE = "queryAge";

public static final String FUNC_DOINSERT = "doInsert";
```

```
public static final Event INSERTEVN_EVENT = new Event("InsertEvn",
        Arrays.<TypeReference<?>>asList(new TypeReference<Address>(true) {}, new
TypeReference<uint256>() {}, new TypeReference<Utf8String>() {}));
...
```

KYC.java源代码的内容相对较为复杂，我们需要去了解封装对象的每一行程序代码吗？其实大可不必。不要忘了，选用Web3j开发包的主要目的就是希望能够简化与降低存取智能合约的复杂度，读者仅需知道KYC.Java就是智能合约的封装对象，稍后就知道了存取KYC智能合约是多么轻松自如的事情了。

如下的程序片段示范了如何使用智能合约的封装对象，完整的程序代码请参考范例程序KYCInsertExample.java。

```
...
// 连接区块链节点
String blockchainNode = "http://127.0.0.1:8080/";
Web3j web3 = Web3j.build(new HttpService(blockchainNode));

// 指定密钥文件并进行账户密码验证
String coinBaseFile =
"C:\\MyGeth\\node01\\keystore\\UTC--2018-05-12T05-36-09.868221900Z--4cd063815f7f7a
26504ae42a3693b4bbdf0b9b1a";
String myPWD = "16888";
Credentials credentials = WalletUtils.loadCredentials(myPWD, coinBaseFile);

// 获取合约封装对象
String contractAddr = "0xeb1da6170755d8a60b045cde6181ecddc8dd81b0";
KYC contract = KYC.load(contractAddr, web3, credentials, KYC.GAS_PRICE,
KYC.GAS_LIMIT);

// 合约函数的参数设置
BigInteger id = new BigInteger("" + 16888);
String name = "Allan";
BigInteger age = new BigInteger("" + 27);

// 调用合约函数，并获取交易序号
TransactionReceipt recp = contract.doInsert(id, name, age).send();
String txnHash = recp.getTransactionHash();
System.out.println("txnHash:" + txnHash);
...
```

首先，通过下列程序片段获取与区块链节点创建连接的Web3j对象。

```
// 连接区块链节点
String blockchainNode = "http://127.0.0.1:8080/";
Web3j web3 = Web3j.build(new HttpService(blockchainNode));
```

接着通过WalletUtils工具对象的loadCredentials函数传入密钥文件的存储地址及EOA账户的密码，对账户密码正确性进行验证后将凭证结果存储在Credentials对象中。

```
// 指定密钥文件并验证账户和密码
String coinBaseFile =
"C:\\MyGeth\\node01\\keystore\\UTC--2018-05-12T05-36-09.868221900Z--4cd063815f7f7a
26504ae42a3693b4bbdf0b9b1a";
String myPWD = "16888";
Credentials credentials = WalletUtils.loadCredentials(myPWD, coinBaseFile);
```

综合上述，Web3j连接对象和Credentials凭证对象，并指定合约地址后，传递给合约封装对象的load函数，便可获取对应KYC智能合约的对象实例。为避免与前一节的范例混淆，本节重新部署合约并获取不同的合约地址。

```
// 获取合约封装对象
String contractAddr = "0xeb1da6170755d8a60b045cde6181ecddc8dd81b0";
KYC contract = KYC.load(contractAddr, web3, credentials, KYC.GAS_PRICE,
KYC.GAS_LIMIT);
```

如此一来，只要操作KYC对象，便可与区块链上的KYC智能合约进行互动了。如下范例程序代码所示，原来KYC智能合约的doInsert函数也会自动被生成为封装对象的doInsert函数。该函数需传入三个参数，分别是：客户的id、姓名、年龄。

虽然原来合约函数的id与age参数类型分别是uint与uint8，但封装对象自动生成的函数则一律要求使用java.math.BigInteger类型。调用封装对象的doInsert函数并执行send()后，便可获取交易明细TransactionReceipt对象。而通过明细对象的getTransactionHash()函数即可获取交易序号。

```
//合约函数的参数设置
BigInteger id = new BigInteger("" + 16888);
String name = "Allan";
BigInteger age = new BigInteger("" + 27);

// 调用合约函数，并获取交易序号
```

```
TransactionReceipt recp = contract.doInsert(id, name, age).send();
String txnHash = recp.getTransactionHash();
System.out.println("txnHash:" + txnHash);
```

通过TransactionReceipt对象也可获取event InsertEvn指令所记录的事件内容，如下所示。

```
TransactionReceipt recp = contract.doInsert(id, name, age).send();

String txnHash = recp.getTransactionHash();
System.out.println("txnHash:" + txnHash);
System.out.println("blockNum:" + recp.getBlockNumber());

List<Log> list = recp.getLogs();
if (list != null && list.size() > 0) {
    for (Log log:list) {
        System.out.println("log data:" + log.getData());
    }
}
```

请参考如下的执行结果：

```
txnHash:0x21f26cf189654218e4c6575019459b80d7b272e52ed93f8ff889d1632d49797c
blockNum:1989
log data:0x0000000000000000000000000000000000000000000000000000000041f8000
00000000000000000000000000000000000000000000000040000000000000000000000
00000000000000000000000000005416c6c616e0000000000000000000000000000000
00000000000000000000000000
```

KYC智能合约所提供的queryName与queryAge，可被用来查询客户数据，封装对象也贴心地将它们"通透"出来，由于这两个合约函数声明为view，代表不会更改合约状态，同时可通过JSON-RPC的eth_call方式调用，在使用封装对象进行数据查询时便直接返回数据内容，而不需通过TransactionReceipt对象间接调用。

```
// 查询数据
String rtnName = contract.queryName(id).send();
System.out.println("name:" + rtnName);

BigInteger rtnAge = contract.queryAge(id).send();
System.out.println("age:" + rtnAge);
```

有人将区块链视为一种分布式数据库，对照上述范例，是否和通过JDBC连接传统数据库的方式颇为类似呢？再回头看前一节辛苦调用JSON-RPC的方式，现在通过封装对象来调用智能合约函数是否变得轻松许多了呢？

在默认情况下通过Web3j发送交易时，Web3j程序会持续轮询（Polling）各个区块链节点，直到确认交易已被写到区块链并收到TransactionReceipt对象为止。我们可以加入下列时间记录指令来观察交易提交所花费的时间。在笔者具有三个节点的测试环境且没有特别调校的情况下，通常需等上15~30秒的时间。

```
//调用合约函数，并获取交易序号
long startTime = System.currentTimeMillis();
TransactionReceipt recp = contract.doInsert(id, name, age).send();

long endTime = System.currentTimeMillis();
System.out.println("运行时间:" + (endTime - startTime) + " ms");
```

多人同时轮询交易明细时将会大幅增加系统的负荷，拖慢系统执行的性能，也让用户体验（User Experience）打了折扣。为了减少频繁的轮询操作所引起的负面效果，Web3j提供了几种不同的交易明细处理程序（Transaction Receipt Processor）来解决这类问题，包括：

- PollingTransactionReceiptProcessor：它是Web3j默认的处理程序，可指定用轮询方式查询待处理交易的频率。
- QueuingTransactionReceiptProcessor：通过内部队列管理和控制待处理的交易，周期性地判断交易明细是否就绪，倘若已就绪，则会通过回调（Call Back）方式通知相关程序进行后续的处理。
- NoOpProcessor：提供EmptyTransactionReceipt对象给客户端程序，只内含交易序号。客户端程序可自行控制交易明细的获取，而不用通过Web3j处理程序的协助。

完整的程序代码，请参考KYCInsertExample2.java。

如下程序代码所示，在本范例程序中，必须先获取处理程序的对象实例，通过面向对象的多态性（Polymorphism）获取Queuing类型处理程序的对象实例。第一个参数是节点连接对象；第二个参数为获取交易明细后提供回调函数的对象，稍后会另加介绍；第三个参数是尝试轮询的次数，若在指定的次数内依然查不到所需的交易明细时，便会触发异常事件；最后一个参数则是轮询的时间周期。

```
int attemptsPerTxHash = 30;
long frequency = 1000;

TransactionReceiptProcessor myProcessor = new
QueuingTransactionReceiptProcessor(web3, new MyCallback(), attemptsPerTxHash,
frequency);
```

接着再创建处理程序管理组件。由于本范例是通过指定密钥文件的方式进行签名，因此可选用**RawTransactionManager**管理组件。第一个参数是连接对象；第二个参数为封装账户和密码凭证的对象；第三个参数是区块链的**ID**，由此可知所要连接的区块链是哪一个，例如**ChainId.MAINNET**、**ChainId.KOVAN**、**ChainId.RINKEBY**等，本范例连接至自建的区块链，故传入**ChainId.NONE**即可；第四个参数则是刚才所创建的处理程序对象。

```
TransactionManager transactionManager = new RawTransactionManager( web3,
credentials, ChainId.NONE, myProcessor);
```

如此即可创建合约封装对象，与先前方式不同的是，这次在创建合约封装对象时需同时传入处理程序管理组件作为参数。

```
// 获取合约封装对象
String contractAddr = "0xeb1da6170755d8a60b045cde6181ecddc8dd81b0";
KYC contract = KYC.load(contractAddr, web3, transactionManager, KYC.GAS_PRICE,
KYC.GAS_LIMIT);
```

最后便可以像之前范例一样，通过封装对象调用智能合约的功能了。

```
// 合约函数的参数设置
BigInteger id = new BigInteger("" + 16888);
String name = "Allan";
BigInteger age = new BigInteger("" + 27);


// 调用合约函数
contract.doInsert(id, name, age).sendAsync();
```

下列程序片段说明了提供交易明细处理程序所需的回调函数对象必须实现**Callback**接口，同时也必须实现**accept**与**exception**两个函数。当交易被节点程序接受并写到区块链后，底层机制便会调用**accept**函数，传入**TransactionReceipt**交易明细对象。此时可和之前一样获取交易明细所提供的各项信息。另一个**exception**函数则是在进行查询交易明细的过程中，若触发异常事件时所要调用和执行的函数，例如在指定查询2次的情况，若查不到明细时，则会显示出 "err:org.Web3j.protocol.exceptions.TransactionException: No transaction receipt for txHash: XXX received after 2 attempts" 的错误信息。

```java
class MyCallback implements Callback {
    //交易被接受的回调函数
    public void accept(TransactionReceipt recp) {
        String txnHash = recp.getTransactionHash();
        List<Log> list = recp.getLogs();
        if (list != null && list.size() > 0) {
            for (Log log : list) {
                System.out.println("log data:" + log.getData());
            }
        }
    }

    public void exception(Exception exception) {
        System.out.println("交易失败, err:" + exception);
    }
}
```

5.4 ｜ 活用 Web3j

本节将通过几个小型的测试与实验，探索Web3j如何能简化区块链上的相关工作量。

5.4.1　查询节点版本

在某些应用场景中，我们可能想要知道所连接的节点程序的版本，此时可通过下列方式来实现。如之前所有范例一样，请先创建所需的连接对象。

```java
// 连接区块链节点
String blockchainNode = "http://127.0.0.1:8080/";
Web3j web3 = Web3j.build(new HttpService(blockchainNode));
```

接着通过异步或同步方式查询节点程序的版本。

```java
// 异步方式查询
long startTime = System.currentTimeMillis();
```

```
Web3ClientVersion nodeVer = web3.web3ClientVersion().sendAsync().get();
long endTime = System.currentTimeMillis();
System.out.println("版本查询(异步)，花费: " + (endTime - startTime) + " ms. ver:" +
nodeVer.getWeb3ClientVersion());
```

以下为采用同步方式进行查询：

```
// 同步方式查询
startTime = System.currentTimeMillis();
nodeVer = web3.web3ClientVersion().send();
endTime = System.currentTimeMillis();
System.out.println("版本查询(同步)，花费: " + (endTime - startTime) + " ms. ver:" +
nodeVer.getWeb3ClientVersion());
```

在笔者的测试环境中，得到以下的执行结果。

- 版本查询（异步），花费：429 ms. ver:Geth/Node1/v1.8.15-stable-89451f7c/windows-amd64/go1.10.3。
- 版本查询（同步），花费：5 ms. ver:Geth/Node1/v1.8.15-stable-89451f7c/windows-amd64/go1.10.3。

通过异步方式查询所花费时间为429ms（毫秒），而采用同步方式查询所花费的时间为5 ms，由此可见同步方式竟然优于异步方式。这项测试的结果是合理的，毕竟实现异步查询，底层需通过轮询的方式，从而使得执行操作之间无形中多了间隔时间，进而加长了整个执行的周期。

5.4.2 在线交易签名

从广义来说，以太坊具有三种不同的交易类型，包括：

- 传输以太币（ETH）
- 创建智能合约
- 通过交易方式与智能合约互动

交易的发送方式可根据交易签名方式的不同而分为通过以太坊节点的"在线签名"与"离线签名"两种。在"在线签名"方式中，以太坊节点必须能够认得EOA账户，即EOA的密钥文件必须置于节点程序的特定目录，例如Geth的keystore数据目录。

以传送以太币为例，采用"在线签名"方式时，同样需先创建连接对象，此时必须通过Admin类创建连接对象。

```
// 连接区块链节点
String blockchainNode = "http://127.0.0.1:8080/";
Admin web3 = Admin.build(new HttpService(blockchainNode));
```

接着，创建变量来存储转出账户的地址与密码。

```
// 设置转出账户的地址与密码
String fromEoA = "0x4CD063815f7f7a26504AE42a3693B4BBDf0B9B1A";
String eoaPwd = "16888";
```

将账户和密码数据传给Admin对象的personalUnlockAccount进行账户和密码的确认。若账户和密码正确无误，PersonalUnlockAccount对象的accountUnlocked() 函数便会返回true，并已可进行以太币的转账操作。

```
// 对账户解锁
PersonalUnlockAccount personalUnlockAccount =
web3.personalUnlockAccount(fromEoA, eoaPwd).sendAsync().get();
    if (personalUnlockAccount.accountUnlocked() {
    ...
    }
```

然而需要注意的是，在geth启动指令中，必须声明启用personal API，否则无法正确地对EOA解锁：

```
geth --rpc --rpcapi "eth,web3,personal"
```

在转出账户并顺利解锁后，即可设置转入账户及所要转出的以太币数量，而通过Convert对象的toWei函数可将指定的以太币转换成以wei为单位。

```
// 设置转入账户的地址
String toEOA = "0x2C95ad4f733f133897BF07B48edD60D08Be5Aa93";
```

```
// 设置以太币的数量
BigInteger ethValue = Convert.toWei("100.0", Convert.Unit.ETHER).toBigInteger();
```

接着获取下一个可以用的nonce。

```
// 设置nonce随机数
EthGetTransactionCount ethGetTransactionCount =
```

```
web3.ethGetTransactionCount(fromEoA,
DefaultBlockParameterName.LATEST).sendAsync().get();
    BigInteger nonce = ethGetTransactionCount.getTransactionCount();
```

再将所有数据存储至Transaction对象内，包括转出账户EOA、nonce、燃料（Gas）价格、燃料上限、转入账户EOA及所要转账的以太币数量。

```
// 设置燃料Gas
BigInteger gasPrice = new BigInteger("" + 1);
BigInteger gasLimit = new BigInteger("" + 30000);
    Transaction transaction = Transaction.createEtherTransaction(fromEoA, nonce,
gasPrice, gasLimit, toEOA, ethValue);
```

最后通过Admin对象的ethSendTransaction函数即可执行以太币的转账操作，也可通过getTransactionHash() 函数获取交易序号。

```
// 发送交易
EthSendTransaction response =
web3.ethSendTransaction(transaction).sendAsync().get();

// 获取交易序号
String transactionHash = response.getTransactionHash();
System.out.println("交易序号:" + transactionHash);
```

本范例的执行过程如图5-5所示，要转入账户原先的以太币余额为0。

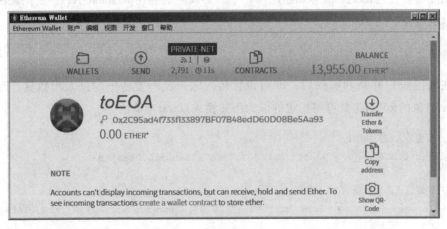

图 5-5

成功转账以太币后，该账户的余额就增加了，如图5-6所示。

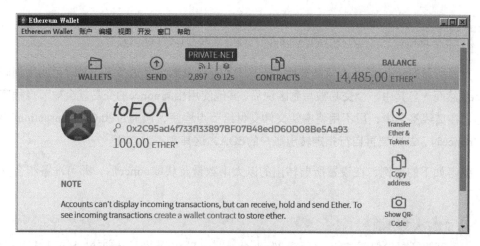

图 5-6

5.4.3　离线签名的以太币转账

在前一个在线签名范例中，密钥文件必须放在节点程序的特定目录，同时在交易时，必须提交EOA的密码让节点程序进行签名，这样的工作方式其实存在风险。

我们可通过离线签名方式，在不将密钥文件置于节点目录的情况下，通过Web3j所提供的功能，对交易进行签名后再传送给节点程序，如此可大幅降低密钥凭证遗失的风险。若有其他需求，读者也可自行覆写Web3j的ECKeyPair，以提供自己的签名实现方式，例如将密钥置于HSM等。

首先，创建连接对象：

```
// 连接区块链节点
String blockchainNode = "http://127.0.0.1:8080/";
Web3j web3 = Web3j.build(new HttpService(blockchainNode));
```

再创建以太币（ETH）转出账户的凭证对象，pwd存储转出账户的密码，keyFile是EOA的密钥文件所在的位置。

```
// 设置转出账户的账户和密码
String pwd = "16888";
String keyFile = "C:\\ MyKeyFile";
Credentials credentials = WalletUtils.loadCredentials(pwd, keyFile);
```

接着设置转入账户的地址。

```
// 设置转入账户的地址
String toEOA = "0xDC2801a98e4086b34E6BBaA6BC791D22DeA0e593";
```

交易所需的nonce是一个只能被使用一次的数字，虽然在发送多笔交易时可使用相同的nonce，然而一旦其中一个交易被写到区块后，其他使用相同nonce的交易就会被节点程序所拒绝。在离线签名中，虽不用将密钥文件交付给节点程序，但通过ethGetTransactionCount获取nonce时，却需要再自行指定转出账户的EOA，这其实不太方便。

参考如下的范例，在设置所要转出的以太币数量及获取nonce后，即可准备组合交易内容了。

```
// 设置以太币的数量
BigInteger ethValue = Convert.toWei("200.0", Convert.Unit.ETHER).toBigInteger();

// 设置nonce随机数
String fromEoA = "0x4cd063815f7f7a26504ae42a3693b4bbdf0b9b1a";
EthGetTransactionCount ethGetTransactionCount = web3.
        ethGetTransactionCount(fromEoA, DefaultBlockParameterName.LATEST).
sendAsync().get();
BigInteger nonce = ethGetTransactionCount.getTransactionCount();
```

采用离线签名进行加密货币的转账必须通过RawTransaction对象来进行。RawTransaction和在线签名所使用的Transaction对象类似，但使用RawTransaction对象时，不用设置转出账户的EOA，这是因为通过Credentials对象即可知道转出账户是哪一个。

```
// 设置燃料Gas
BigInteger gasPrice = new BigInteger("" + 1);
BigInteger gasLimit = new BigInteger("" + 30000);


//创建RawTransaction对象
RawTransaction rawTransaction = RawTransaction.createEtherTransaction(nonce,
gasPrice, gasLimit, toEOA, ethValue);
```

接下来即可对交易进行签名和加密。

```
// 对交易进行签名与加密
byte[] signedMessage = TransactionEncoder.signMessage(rawTransaction,
credentials);
String hexValue = Numeric.toHexString(signedMessage);
```

最后再通过Web3j对象的ethSendRawTransaction函数即可实现以太币转账。

```
// 发送交易
EthSendTransaction ethSendTransaction =
web3.ethSendRawTransaction(hexValue).sendAsync().get();
String transactionHash = ethSendTransaction.getTransactionHash();
System.out.println("交易序号:" + transactionHash);
```

以下为执行过程。转入账户在一开始时，它的余额为0，即并没有任何加密货币，如图5-7所示。

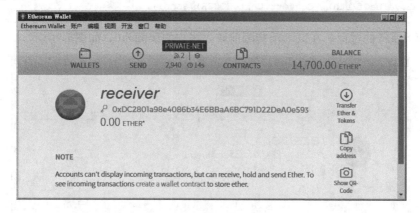

图 5-7

顺利执行后，转入账户就获得200个以太币，如图5-8所示。

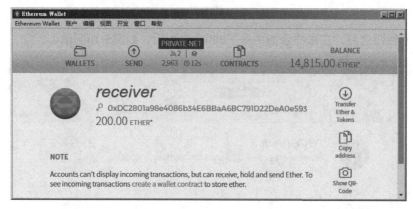

图 5-8

虽然离线签名的方式降低了密钥被窃取的风险，然而程序代码的行数却增加了许多，为此，Web3j提供了更简洁的实现方式。

如下程序代码所示，只需通过Transfer对象的sendFunds函数即可将以太币转账到EOA账户，而不需费心中间过程的Gas Price、Gas Limit、nonce等烦琐的设置。本范例设置转账300个以太币给转入账户。

```
// 设置转入账户的地址
String toEOA = " 0x8F6EFEE826a64350dC18BFB87B935886AC5C4ABC ";

// 转账以太币
double eth = 168.0;
TransactionReceipt recp = Transfer.sendFunds(web3, credentials, toEOA,
BigDecimal.valueOf(eth), Convert.Unit.ETHER).send();
```

下面为执行的过程。在以太币转账前转入账户的余额为0，如图5-9所示。

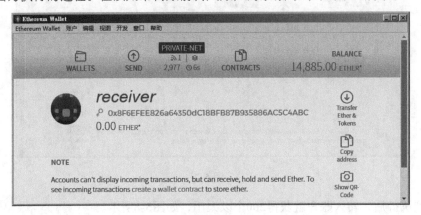

图 5-9

在顺利转账之后，在账户余额中多了300个以太币，如图5-10所示。

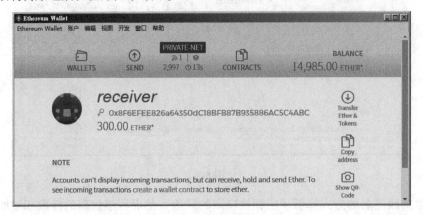

图 5-10

从上述两个实验可知，系统开发人员可通过Transaction对象实现在线签名，以及通过RawTransaction对象实现离线签名。两者最大的不同处在于：在线签名方式的密钥文件必须置于节点中，同时在提交交易时，还必须设置交易来源的 EOA账户；反之，以离线签名时，交易提交者则可自行保管密钥文件。无论是哪种实现方式，Web3j都能妥善支持，因此读者可自行斟酌选择适合自己的实现方式。

5.4.4　部署智能合约

前面几节的智能合约部署方式都是先编译合约，得到合约的JS文件后，再通过Geth控制台的loadScript指令将合约部署到区块链中。然而，在某些情况下，我们可能希望在程序执行时，才以动态方式进行合约的部署，例如为特定的保险投保人创建一份专属的智能合约。即使这不是一种好的系统架构，然而需求可能还是存在的。

此时就可通过5.2节所介绍的封装对象来达到目的。请参考先前已写好的KYC智能合约和通过Web3j生成的KYC封装对象。如下程序代码所示，在动态部署智能合约之前，请先创建区块链连接和EOA验证对象。

```
// 连接区块链节点
String blockchainNode = "http://127.0.0.1:8080/";
Web3j web3 = Web3j.build(new HttpService(blockchainNode));

// 指定密钥文件并验证账户和密码
String coinBaseFile = "C:\\MyKeyFile";
String myPWD = "16888";
Credentials credentials = WalletUtils.loadCredentials(myPWD, coinBaseFile);
```

接着，直接调用合约封装对象的deploy函数，并传入连接与验证对象，如此底层Web3j开发包便会自动进行合约部署，成功部署后便可通过getContractAddress函数获取合约部署后的地址。

```
//通过合约封装对象进行部署
DeployHelloWorld contract = DeployHelloWorld
.deploy(web3, credentials, DeployHelloWorld.GAS_PRICE,
eployHelloWorld.GAS_LIMIT).send();

// 获取合约地址
String addr = contract.getContractAddress();
```

5.4.5 创建 EOA

在系统实现时往往需要在前端Web系统创建会员账户，以及同时在后端区块链创建EOA，并建立两者之间的关联。会员账户的创建只是一般数据库系统的数据添加，至于动态创建EOA则可参考下面的范例。

通过钱包软件，可发现目前有 0x4CD063815f7f7a26504AE42a3693B4BBDf0B9B1A 与0x59AB8C8176719e70322e755295FaE06791E8c334两个EOA账户，如图5-11所示。

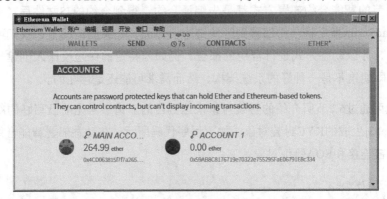

图 5-11

请试着执行下面的程序，通过personal的JSON-RPC创建新的EOA。Admin管理组件的personalNewAccount函数只需输入一个参数，即新EOA的密码。

```
// 连接区块链节点
String blockchainNode = "http://127.0.0.1:8080/";
Admin web3 = Admin.build(new HttpService(blockchainNode));

//设置新EOA的密码
NewAccountIdentifier newEOA = web3.personalNewAccount("888").send();

//获取新EOA的地址
System.out.println("新账户地址: " + newEOA.getAccountId());
```

执行结果如下所示：

```
新账户地址: 0x5f4c493db2f0e4ae21acd7eacb6d2645ecd35c29
```

再从钱包软件中观察，果然已在节点程序中创建了新的EOA，其地址则与程序的执行结果一致，如图5-12所示。

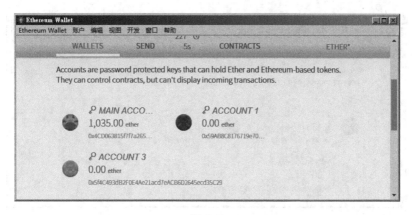

图 5-12

在节点程序的密钥存储目录上，也可发现密钥文件已被正确放置好，如图5-13所示。

图 5-13

5.4.6　创建 EOA 与密钥文件

前一个范例是通过节点程序所提供的personal JSON-RPC，直接在节点程序创建新的EOA，其实Web3j开发包也提供了工具组件，可用来创建密钥文件。

WalletUtils工具对象的generateNewWalletFile便是用来创建密钥文件的函数，其中第一个参数为新EOA的密码；第二个参数是密钥生成后的存放目录；第三个参数则是加密。

```
WalletUtils.generateNewWalletFile("888",new File("c:\\temp\\"), true);
```

本范例的执行结果如图5-14所示，在指定目录中成功创建了一个密钥文件，从文件名即可知此密钥所对应的EOA为 0x6e48908e8ba02019bc71dfd3e34ad0ef4ed4088a。

图 5-14

从钱包软件观察，可以发现此新创建的密钥文件尚未被Geth节点程序所识别，如图5-15所示。

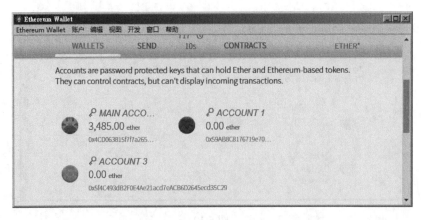

图 5-15

此时尝试把一些以太币转账到新密钥文件所对应的EOA账户会成功吗（参考图5-16）？

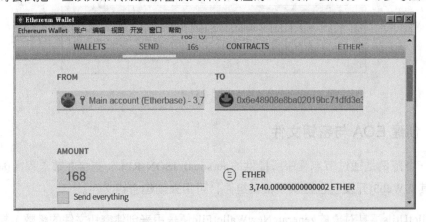

图 5-16

以太币似乎真的已转账，同时也经过了多次的交易确认（参考图5-17）。

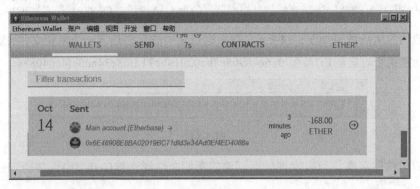

图 5-17

　　交易真的成真了吗？尝试把刚刚创建的密钥文件搬到节点程序的密钥存储目录中（参考图5-18）。

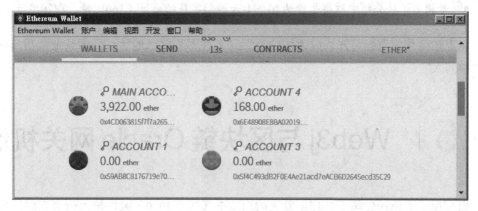

图 5-18

　　经过这个简单的实验可知，即便刚才新创建的密钥文件尚不存在于区块链上，但是加密货币的转账记录依然被如实地记录在区块链中。

　　这就引发了几个有趣的议题，假如在进行加密货币转账的过程中不小心错误设置了转入账户的EOA，由于以太坊不具有检验EOA是否存在的机制，因此可能误将加密货币转账给区块链上的另一个人，甚至是一个根本不存在的EOA账户。

　　此外，是否有可能通过计算方式生成一个刚好具有加密货币余额的密钥文件，以此去盗取别人的加密货币呢？理论上是可行的，因此一些国外黑客集团已尝试这一类盗取的行为，只不过成功概率以目前计算机的计算能力而言几乎是微乎其微的，不用太过担心才是。

　　值得一提的是，密钥文件若用在公有链上，则其中的EOA会变成公有链的账户。反之，若密钥文件放到私链上，账户就会变成私链上的EOA。虽然看起来EOA账户都一样，但在不同链上的货币余额与交易都是独立存在的，相互没有影响。

　　同理，智能合约在区块链上的地址也是独一无二的，即使是功能内容与地址都完全相同的智能合约，在不同的链上也是独立存在的。

　　虽然对于应用层的DApp而言，程序开发人员并不需要知道底层是如何生成EOA与密钥文件的，但在此还是要简单介绍一下。若略去相关算法（例如ECDSA、Keccak-256哈希等），则整个私钥到EOA生成的过程可简单分为下列3个步骤：

- 步骤一：随机取得长度为64个十六进制字符的私钥（256比特，即32字节）。
- 步骤二：从私钥中取得长度为128个十六进制字符的公钥（512比特，即64字节）。
- 步骤三：从公钥中取得长度为40个十六进制字符的地址（160比特，即20字节）。

由上述简化的流程可知，以太坊的公钥其实并不是EOA地址，公钥只是私钥与账户的"中间人"。

5.5 | Web3j 与区块链 Oracle 网关机制

根据挪威的Evry公司于2015年发表的白皮书《银行2020：区块链为价值互联网提供动力》（Bank-2020：Blockchain Powering the Internet of Value），把区块链的应用方向分为表5-2列出的4种。

表 5-2　区块链的应用方向

应用类型	说　明
Crypto Currencies	各种各样的加密货币，例如比特币
Value Registry	价值登记，就是作为各种各样所有权文件（Ownership Document）的存证（Proof of Existence）保存，例如分布式账本（Distributed Ledger）即为典型的应用
Value Ecosystem	价值生态系统，例如通过智能合约达到在区块链上的经济生态系统
Value Web	价值网站，将充当在各种各样资产转换（Asset Conversion）平台，扮演虚拟与真实世界之间的网关（Gateway）

本节所要介绍的Oracle机制并非国际知名的关系数据库，而是指在以太坊区块链中扮演串接两个"世界"的网关技术。

将网关技术取名为Oracle是原创者的幽默。Oracle原意是神谕，一种经由神明的启示后，通过祭司解释或扶鸾、降乩等方式传达神明的意旨、回答信众的问题、对未来做出预言等的过程。虚拟世界与真实世界之间原本是独立存在的，无法进行数据与信息的交流与交换，然而通过Oracle网关（Gateway）技术就能够串接两个世界的数据，就好比是神谕的过程，也因此使得区块链的应用层面变得更加宽广。

如图5-19所示，区块链的EVM（Ethereum Virtual Machine，以太坊虚拟机）环境原本是一个封闭的"乌托邦"世界，用户与智能合约能够互动或进行加密货币的转账，在小小的天地内自成一个世界。由于EVM中的智能合约无法读取外部资源，使得应用范围受到了相当大的限制。

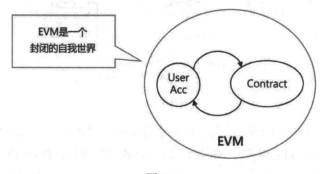

图 5-19

　　如图5-20所示的Oracle网关能够监听智能合约的事件，并进行适当的逻辑处理后再将信息回写至智能合约。如此一来，虚拟世界与真实世界之间搭建起沟通的桥梁，能够扩大区块链的应用范围。有经验的读者应该可以联想到，Oracle网关与WWW鼎鼎有名的CGI（Common Gateway Interface，通用网关接口）扮演的是同样的角色，如此一来就不难理解它的工作原理了。

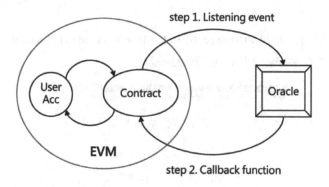

图 5-20

5.5.1　手动式 Oracle 网关

　　严格来说，Oracle网关不能算是一种技术，反而是一种系统架构的设计，因此即便是使用手动方式也能够模拟Oracle机制。接下来的实验重点放在Oracle机制如何进行事件的监听上。首先通过MIST钱包软件（以太坊钱包）的使用，以手动的方式调用智能合约的函数，并在触发事件后通过MIST钱包软件的事件截取功能来获取该事件的内容，步骤可参考图5-21。

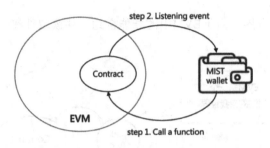

图 5-21

如下为本实验所使用的智能合约，可先进行编译与部署。合约中的MyEvent便是要监听的事件主角。由于_id被设置为indexed，因此会被提升到日志数据中的topic字段。

```solidity
pragma solidity 0.4.25;

contract MySimpleOracle {

    event MyEvent(uint256 indexed _id, string _myMsg);

    function myfunc(uint256 id, string myMsg) public {
        emit MyEvent(id, myMsg);
    }
}
```

假设部署后的合约地址为0xeb1da6170755d8a60b045cde6181ecddc8dd81b0，在MIST钱包软件中设置查看该智能合约，如图5-22所示。

图 5-22

在MIST软件中单击该智能合约，并尝试调用智能合约中的Myfunc函数。对于其中的参数id，输入"16888"；对于参数myMsg，输入"My First Oracle"，如图5-23所示。

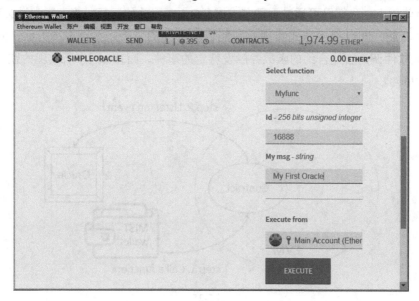

图 5-23

单击MIST软件的"Watch contract events"选项便可进行事件的监听，所获取的事件内容将被显示在下方的消息框中，如图5-24所示。我们以手动方式模拟Oracle的运行已顺利执行，调用合约函数所触发的事件果然被正确监听到，事件内容便是刚才所输入的参数值（id为16888、myMsg为"My First Oracle"）。

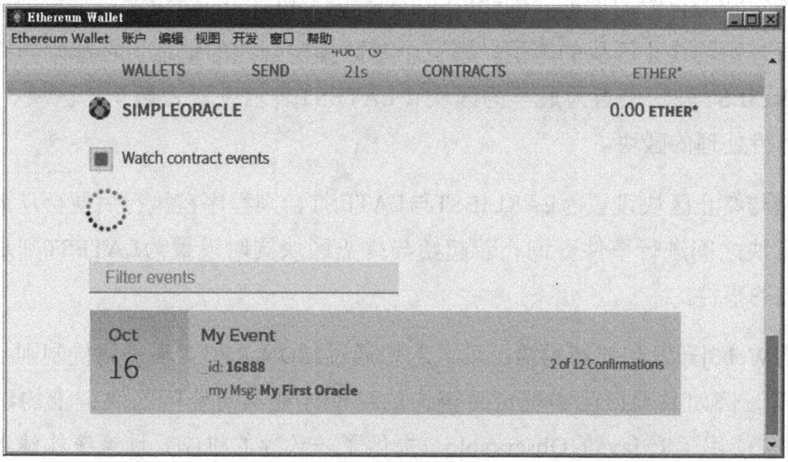

图 5-24

5.5.2 Oracle 监听程序

到目前为止，我们已可通过手动方式模拟Oracle网关的运行，接下来尝试实现Oracle的另一半功能，即以程序方式实现对智能合约事件的监听。如图5-25所示，依然通过MIST钱包软件调用智能合约的函数并触发特定的事件，而Java程序所实现的监听功能则会监听该事件。

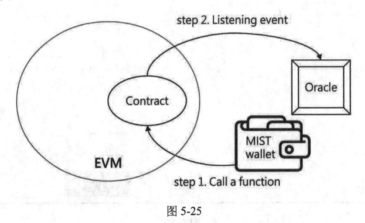

图 5-25

同样，程序在一开始依然必须先创建区块链连接对象。

```
// 连接区块链节点
String blockchainNode = "http://127.0.0.1:8080/";
Admin web3 = Admin.build(new HttpService(blockchainNode));
```

接着指定智能合约的地址并创建EthFilter对象。EthFilter对象构造函数的前两个参数可用来设置起始与终止区块的范围，第三个参数指定合约的地址。在起始与终止区块参数中，EARLIEST表示设置为最早的区块，LATEST表示设置为最新的区块，PENDING表示设置为待处理的区块。

若起始与终止区块设置为EARLIEST与LATEST，则程序在执行后便会从最早的区块到最近的区块之间进行事件查询；若起始与终止区块同时设置为LATEST则永远只会抓取最新触发的事件。

在没有Web3j开发包支持的情况下，若想通过JSON-RPC实现过滤机制则是一件相当烦琐的事情，例如必须自己实现定时查询的功能才能实时监听区块链上的事件。所幸Web3j开发包使用了RxJava的Observable，提供了一致性的机制，让系统构建者可以轻松实现过滤机制。如此一来，对于底层这些麻烦事就不用再费心了。

```
// 指定合约地址
String contractAddr = "0xeb1da6170755d8a60b045cde6181ecddc8dd81b0";

// 设置过滤条件
EthFilter filter = new EthFilter(DefaultBlockParameterName.LATEST,
DefaultBlockParameterName.LATEST, contractAddr);
```

最后将EthFilter赋值给Admin对象的ethLogObservable作为过滤条件设置的依据，同时通过subscribe函数指定call(Log) 回调函数的Action1对象。当监听事件时，call函数便会被执行，而从底层传入的Log对象则会包含所有需要的消息，例如经由Log对象的getTopics() 函数可获取logs区段中topics字段的内容值，而Log对象的getData() 函数则可获取日志的完整内容。

```
// 抓取事件
Subscription subscription = web3.ethLogObservable(filter).subscribe(new
Action1<Log>() {
    public void call(Log log) {
        List<String> list = log.getTopics();
        for (String topic : list) {
            System.out.println("topic:" + topic);
        }
        System.out.println("data:" + log.getData());
    }
});
```

接着，可通过MIST钱包软件调用智能合约的函数并触发事件，如图5-26所示。

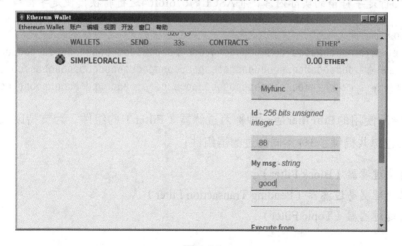

图 5-26

一笔交易可触发多个事件（Event），而对应事件的日志都会被写到logs区段，并以数组方式呈现，日志最重要的两个字段分别是topics与data，若写入日志的参数声明为indexed，则会被提升到topic区段，例如本例中的_id参数便被声明为indexed。

需要注意的是，一笔日志最多只能有4个topic，第一个topic默认为事件的标识号（Identifier），也就意味着可以声明为indexed的topic最多只能有3个。监听的事件内容如下所示。

```
topic:0x1274f55e9fcce41929ca5d53fe948f2d3ef947ede0e66f26d67e76fc2fec5f31
topic:0x0000000000000000000000000000000000000000000000000000000000000058
data:0x0000000000000000000000000000000000000000000000000000000000000002
0000000000000000000000000000000000000000000000000000000000000004
676f6f6400000000000000000000000000000000000000000000000000000000
```

将执行结果整理为如下topic的内容，第一个topic为事件的标识号，第二个topic便是刚才为参数id设置的内容值88，以十六进制数表示就是"0x...58"。

```
topic:0x1274f55e9fcce41929ca5d53fe948f2d3ef947ede0e66f26d67e76fc2fec5f31
topic:0x0000000000000000000000000000000000000000000000000000000000000058
```

进一步将data字段适当分割如下：

- 第1行表示字符串数据的存储地址，即十六进制数的20，代表地址是十进制数的第32个字节。
- 第2行表示字符串的长度为4。
- 第3行是字符串的实际内容，将ASCII的676f6f64进行转换，便是字符串"good"。

```
data:0x
1行( 0byte): 0000000000000000000000000000000000000000000000000000000000000020
2行(32byte): 0000000000000000000000000000000000000000000000000000000000000004
3行(64byte): 676f6f6400000000000000000000000000000000000000000000000000000000
```

本实验所使用的EthFilter是一种称为过滤器（Filter）的组件，为支持以太坊平台，Web3j开发包总共提供了3种不同的过滤器组件：

- 区块过滤器（Block Filter）。
- 待处理交易过滤器（Pending Transaction Filter）。
- 主题过滤器（Topic Filter）。

区块过滤器用来监听和区块产生有关的事件；待处理交易过滤器用以监听交易创建有关的事件；主题过滤器提供弹性的方式，让程序开发人员可自行设置。

下面的程序代码用于监听创建新区块而触发的事件：

```
Subscription subscription = Web3j.blockObservable(false).subscribe(block -> {
    ......
});
```

下面的程序代码用于监听待处理尚未被写入区块的新交易触发的事件：

```
Subscription subscription = Web3j.pendingTransactionObservable().subscribe(tx -> {
    ......
});
```

下面的程序代码用于监听新交易被加到区块而触发的事件：

```
Subscription subscription = Web3j.transactionObservable().subscribe(tx -> {
    ......
});
```

无论使用哪一种过滤组件，一旦不再需要监听区块链事件，就应该执行下列指令来取消监听的功能：

```
subscription.unsubscribe();
```

某些应用场景（例如稽核历史事务的历史记录等）需要核查一定期间内的所有交易，此时可以使用下列指令将指定期间内的区块全部查询出来：

```
Subscription subscription = Web3j.replayBlocksObservable( <起始区块编号>, <终止区
块编号>, <fullTxObjects>).subscribe(block -> {
    ......
});
```

若只想查询一定期间内区块中的单个交易，则可执行下列指令：

```
Subscription subscription = Web3j.replayTransactionsObservable(<起始区块编号>, <
终止区块编号>).subscribe(tx -> {
    ......
});
```

为了简化核查工作，也可根据所查出的交易进行事件过滤，如下所示。

```
Subscription subscription = Web3j.catchUpToLatestBlockObservable(<起始区块编号>,
<fullTxObjects>, <Observable过滤器>).subscribe(block -> {
    ......
});
```

上述方式都是用来监听底层与区块链交易有关的事件，然而绝大部分的时间，尤其是在实现DApp时，我们通常只关心与智能合约执行有关的事件。此时可通过EthFilter过滤器来实现。例如，下面的程序代码（在刚才实验已接触过的EthFilter），需传入区块的起始、终止编码以及智能合约的地址。

```
EthFilter filter = new EthFilter(DefaultBlockParameterName.EARLIEST,
DefaultBlockParameterName.LATEST, contractAddr);
```

调用addSingleTopic或addOptionalTopics函数，则可过滤监听的事件，即符合过滤条件且被声明为indexed的topic的相关事件。需要注意的是，indexed事件参数采用的是Keccak-256哈希编码，因此若indexed事件参数是变长的数据类型（例如字符串等），则在指定topic时无法直接以原来的数据内容作为过滤的对比数据内容，而必须先进行编码才行。

```
//指定单个topic过滤条件
filter.addSingleTopic("indexed事件参数");

//指定多个topic过滤条件
filter.addOptionalTopics("indexed事件参数", "indexed事件参数");
```

根据实测结果，addSingleTopic与addOptionalTopics（在本书付梓之际）尚存在无法正确过滤的问题。因此，在下一个实验中，我们将通过程序的技巧来迂回达到过滤的目的。

5.5.3　Oracle 完整网关程序

到目前为止，我们介绍了Oracle机制的重要组成元素，接下来将通过一个简单的应用场景来模拟真实世界的Oracle应用场景。

下面这个范例程序为简化版的"数字资产系统"，该平台为用户提供了通过加密货币购买数字资产的功能，整个流程可大致分为下列几个步骤（参考图5-27）：

- 用户把定额的加密货币转账到指定的智能合约。
- Oracle网关持续监听"购买事件"。
- 若监听到"购买事件"，则将有效的数字资产凭证回写至智能合约。

如此一来便能够完成一次购买交易。借助区块链不可否认与篡改的特性，即可对照智能合约中的记录证明数字资产的拥有者为何人。

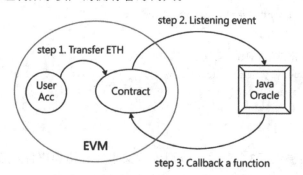

图 5-27

下面即为本节所使用的智能合约。

```solidity
pragma solidity ^0.4.25;

contract DigitalAssetContract {

    //购买事件
    event BuyEvent(string indexed eventType, address buyer, uint256 money);

    //错误事件
    event ErrEvent(string indexed eventType, address buyer, uint256 money);

    //设置事件
    event SetEvent(string indexed eventType, address buyer, string license);

    //记录数字资产
    mapping(address => string) assetDatas;

    //购买数字资产
    function () public payable {
        //以1个以太币购买
        if (1000000000000000000 == msg.value) {
            //触发购买事件
            emit BuyEvent("buy", msg.sender, msg.value);
        } else {
            emit ErrEvent("err", msg.sender, msg.value);
```

```
        }
    }

    //设置数字资产拥有者的数字证书
    function setOwner(address owner, string license) public {
        assetDatas[owner] = license;

        emit SetEvent("set", owner, license);
    }

    //查询数字资产拥有者的数字证书
    function queryByOwner(address owner) public view returns (string license) {
        return assetDatas[owner];
    }
}
```

　　智能合约总共提供了3个事件，分别为购买事件、错误事件与设置事件。首先，
"购买事件"是Oracle网关最核心的事件，当发生购买交易时，Oracle网关便根据此事件
的监听来作为触发将数字资产回写至智能合约的参考时点。"购买事件"包含购买者的
EOA及转账的金额。第二个是"错误事件"，由于本智能合约限制购买金额为1个以太币
（ETH），为了在转账了错误金额时能够协助问题的查找，因此提供了"错误事件"来协
助系统构建者进行调试和排错。"错误事件"同样包含购买者的EOA账户及转账的金额。
最后一个"设置事件"是在Oracle网关确认购买交易后将数字资产回写至智能合约时所
会触发的事件，此事件同样是用来帮助问题查找的，同时也可作为日后稽核和查询的证
明。"设置事件"包含了购买者的EOA账户及数字资产编号。事件中的自定义参数
eventType被设置为indexed，故将被提升到合约日志的topic字段，稍后在实现Oracle网关
时便会根据eventType来判断触发事件的种类。

```
    //购买事件
    event BuyEvent(string indexed eventType, address buyer, uint256 money);

    //错误事件
    event ErrEvent(string indexed eventType, address buyer, uint256 money);

    //设置事件
    event SetEvent(string indexed eventType, address buyer, string license);
```

　　智能合约提供了简单的数据结构，保存了购买者与数字证书之间的对应关系。数据
结构中的键（Key）为购买者的EOA账户，值（Value）是数字资产编号。

```
//记录数字资产拥有人
mapping(address => string) assetDatas;
```

智能合约为接收加密货币的转账，故必须提供实现**payable**的回退函数。下面的范例代码在回退函数中判断购买金额是否为1个以太币：如果转账金额正确，则触发"购买事件"，并传入购买者EOA账户与购买金额；反之则触发"错误事件"，也传入购买者EOA账户与购买金额，用于系统核查。

需要注意的是，触发事件时会带入事件的名称，例如"buy"与"err"，它们在稍后实现Oracle网关程序时会作为事件判断依据的topic（主题）。

```
//购买数字资产
function () public payable {
    //以1个以太币购买
    if (1000000000000000000 == msg.value) {
        //触发购买事件
        emit BuyEvent("buy", msg.sender, msg.value);
    } else {
        emit ErrEvent("err", msg.sender, msg.value);
    }
}
```

以下两个智能合约函数用来让Oracle网关设置与查询所购买的数字资产。在设置数字资产时触发"设置事件"，同样为了作为Oracle网关判断事件的依据，故将事件种类设置为"set"。

```
//设置数字资产拥有者的数字证书
function setOwner(address owner, string license) public {
    assetDatas[owner] = license;

    emit SetEvent("set", owner, license);
}

//查询数字资产拥有者的数字证书
function queryByOwner(address owner) public view returns (string license) {
    return assetDatas[owner];
}
```

编译本智能合约并部署到私有链，接着即可开始实现Oracle网关程序（注：完整的Oracle网关程序请参考范例程序DigitalAssetOracle.java）。

与使用合约封装对象一样，Oracle网关程序也要先创建连接对象，同时根据合约地址创建EthFilter过滤对象。

```
// 连接区块链节点
Admin web3 = Admin.build(new HttpService(blockchainNode));

// 设置过滤条件
EthFilter filter = new EthFilter(DefaultBlockParameterName.EARLIEST,
DefaultBlockParameterName.LATEST, contractAddr);
```

之前曾经提到Web3j的 EthFilter过滤对象的addSingleTopic与addOptionalTopics尚存在些问题，无法正确以指定topic的方式进行过滤条件的设置，因此在实现Oracle网关时，程序开发人员必须以手动方式进行topic的过滤处理。

如下程序片段所示，由于在JSON-RPC中设置为indexed的Event参数，在日志中会以SHA3编码，因此为了能正确进行topic对比的操作，配合刚才智能合约中的Event参数值，必须先为事件名称的字符串进行SHA3编码。

```
//"购买事件"的名称 - buy
String buy_topicHash = Hash.sha3String("buy");

//"错误事件"的名称 - err
String err_topicHash = Hash.sha3String("err");

//"设置事件"的名称 - set
String set_topicHash = Hash.sha3String("set");
```

编码后3个对比用的字符串内容如表5-3所示。

表5-3 3 个事件名称用 SHA3 编码后的结果

原字符串	SHA3 编码结果
buy	0x6ed88e868af0a1983e3886d5f3e95a2fafbd6c3450bc229e27342283dc429ccc
err	0xcb99ad4e768a50aa355acec00dfedbf03b752ba865bb2dd9fc45b6e7362a7baa
set	0xd2f67e6aeaad1ab7487a680eb9d3363a597afa7a3de33fa9bf3ae6edcb88435d

此外，在监听合约事件时所获取的日志内容会像本章一开始时所提及的以字节的方式呈现，为能正确剖析日志内容，可使用Function类，并按照Event事件的参数类型设置剖析条件。

智能合约"购买事件"的非indexed参数类型分别是address与uint256，因此，Function

对象进行日志内容剖析时，第一个参数预期为uint类型，第二个参数也预期为uint类型（注意Solidity的address类型对应Java程序的uint类型）。

```
// "购买事件" 的日志内容，第一个是address，第二个是uint256
Function buyLog = new Function("", Collections.<Type>emptyList(),
Arrays.asList(new TypeReference<uint>() {},    //对应事件的第一个参数
  new TypeReference<uint>() {})); //对应事件的第二个参数
```

同样，智能合约 "错误事件" 的非indexed参数类型也分别是address与 uint256。

```
// "错误事件" 的日志内容，第一个是address，第二个是uint256
Function errLog = new Function("", Collections.<Type>emptyList(),
Arrays.asList(new TypeReference<uint>() {},    //对应事件的第一个参数
  new TypeReference<uint>() {})); //对应事件的第二个参数
```

智能合约 "设置事件" 的非indexed参数类型分别是address与string。故Function对象进行日志内容剖析时，第一个参数预期为uint类型，第二个参数则为Utf8String类型。

```
// "设置事件" 的日志内容，第一个是address，第二个是uint256
Function setLog = new Function("", Collections.<Type>emptyList(),
Arrays.asList(new TypeReference<uint>() {},
  new TypeReference<Utf8String>() { }));
```

接下来，即可让Oracle网关程序进入事件监听的循环中。如下程序代码所示，当Oracle网关程序监听到合约事件时，将先调用getTopics函数获取该事件日志的所有topic，并通过对比事件种类名称的SHA3判断触发的事件种类，再将事件的日志与剖析对象传递给适当的处理函数进行后续的处理。例如，"购买事件" 相关的日志交给handleBuyEvent函数处理；"错误事件" 相关的日志交给handleErrEvent函数处理；"设置事件" 相关的日志交给handleSetEvent函数处理。

```
// 持续监听事件
Subscription subscription = web3.ethLogObservable(filter).subscribe(new
Action1<Log>() {
    public void call(Log log) {
    List<String> list = log.getTopics();

    // 轮询事件中的Topic
    for (String topic : list) {
       if (topic.equals(buy_topicHash)) {
          System.out.println("处理Buy事件");
```

```
        handleBuyEvent(log, buyLog);
    }

    if (topic.equals(err_topicHash)) {
        System.out.println("处理Error事件");
        handleErrEvent(log, errLog);
    }

    if (topic.equals(set_topicHash)) {
        System.out.println("设置事件");
        handleSetEvent(log, setLog);
    }
  }
}
```

接下来逐一介绍handleBuyEvent、handlcErrEvent与handleSetEvent的功能。在处理"购买事件"日志的handleBuyEvent函数中,Function对象会根据所设置的参数类型对日志数据进行剖析,剖析的结果可通过简单的循环迭代获得。例如,在for (Type type : nonIndexedValues)循环中获取的第一个事件参数即为购买者EOA账户(例如43853052172 3577309310730257509867203015459183386),可再通过Numeric的toHexStringWithPrefix函数转换成十六进制字符串,例如0x4cd063815f7f7a26504ae42a3693b4bbdf0b9b1a。

第二个"购买事件"参数即为购买金额。由于在智能合约中是uint256,对应Java的类型即为BigInteger。"购买事件"被触发时需同时调用callbackContract 函数,将购买者EOA账户与数字资产同时回写到智能合约。为简化范例程序的复杂度,本例将所有的数字资产一律固定为"PO_ABC16888"。

```java
// 处理Buy事件
private void handleBuyEvent(Log log, Function buyLog) {
  try {
    List<Type> nonIndexedValues = FunctionReturnDecoder.decode(log.getData(),
                                  buyLog.getOutputParameters());

    int inx = 0;
    String address = ""; // 购买账户EOA
    BigInteger money = BigInteger.ZERO; // 购买金额

    for (Type type : nonIndexedValues) {
      if (inx == 0) {
      // 第一个参数是address
```

```
    try {
      // 将地址转换成十六进制的字符串
      address = Numeric.toHexStringWithPrefix((BigInteger) type.getValue());
    } catch (Exception e) {

    }
  } else {
    // 第二个参数是传入的金额
    money = (BigInteger) type.getValue();
  }
  inx++;
}


// 写入所购买的数字资产
callbackContract(address, "PO_ABC16888");

} catch (Exception e) {
  System.out.println("Error:" + e);
}
}
```

处理"错误事件"日志的handleErrEvent函数与handleBuyEvent函数完全相同，除了错误事件发生时，不需调用callbackContract函数将数字资产回写到智能合约，其他部分就省略不加以说明了。

```
// 处理Err事件
private void handleErrEvent(Log log, Function errLog) {
  try {
    List<Type> nonIndexedValues = FunctionReturnDecoder.decode(log.getData(),
                                errLog.getOutputParameters());

    int inx = 0;
    String address = ""; // 购买账户EOA
    BigInteger money = BigInteger.ZERO; // 购买金额

    for (Type type : nonIndexedValues) {
      if (inx == 0) {
        // 第一个参数是address
        try {
          // 将地址转换成十六进制的字符串
          address = Numeric.toHexStringWithPrefix((BigInteger) type.getValue());
        } catch (Exception e) {
```

```
      System.out.println("convert error:" + e);
    }
  } else {
    // 第二个参数是传入的金额
    money = (BigInteger) type.getValue();
  }
  inx++;
  }
} catch (Exception e) {
  System.out.println("Error:" + e);
 }
}
```

处理"设置事件"日志的handleSetEvent函数，其工作原理也是大同小异，只不过它的第二个参数为智能合约的string类型，需对应到Java程序中Function对象的Utf8String类型。

```
// 处理Set事件
private void handleSetEvent(Log log, Function setLog) {
  try {
    List<Type> nonIndexedValues = FunctionReturnDecoder.decode(log.getData(),
                            setLog.getOutputParameters());

    int inx = 0;
    String address = ""; // 购买账户EOA
    String license = ""; // 数字资产

    for (Type type : nonIndexedValues) {
      if (inx == 0) {
        // 第一个参数是address
        try {
          // 将地址转换成十六进制的字符串
          address = Numeric.toHexStringWithPrefix((BigInteger) type.getValue());
        } catch (Exception e) {
          System.out.println("convert error:" + e);
        }
      } else {
        // 第二个参数是数字资产
        license = (String) type.getValue();
      }
      inx++;
```

```
      }

    } catch (Exception e) {
      System.out.println("Error:" + e);
    }
  }
```

Oracle 网关程序的最后一部分是将数字资产回写到智能合约，此部分只需通过合约封装对象的函数便可轻松完成。在如下的程序代码中，**callbackContract** 函数的第一个参数是购买者 EOA 账户，要用十六进制的字符串表示，第二个参数是数字资产凭证。最后合约封装对象的 **setOwner** 函数对应到智能合约的 **setOwner** 函数，调用之后便可以回写智能合约。

```
private void callbackContract(String owner, String license) {
  try {
    // 连接区块链节点
    Web3j web3 = Web3j.build(new HttpService(blockchainNode));

    // 指定密钥文件并验证账户和密码
    String coinBaseFile = "C:\\MyKeyFile";
    String myPWD = "16888";

    //身份验证对象
    Credentials credentials = WalletUtils.loadCredentials(myPWD, coinBaseFile);

    // 获取合约封装对象
    DigitalAssetContract contract = DigitalAssetContract.load(contractAddr, web3,
credentials, DigitalAssetContract.GAS_PRICE, DigitalAssetContract.GAS_LIMIT);

    // 设置数字资产拥有者与数字资产
    contract.setOwner(owner, license). send();
  } catch (Exception e) {
    System.out.println("交易错误:" + e);
  }
}
```

编译 Oracle 网关程序并启动，接着即可通过 MIST 钱包软件进行数字资产的购买。图 5-28 所示即为准备将 1 个以太币转账给智能合约。

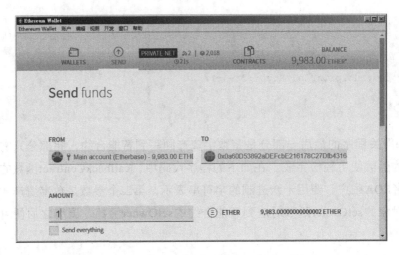

图 5-28

进行加密货币转账后可观察Oracle网关程序的运行情况，若顺利执行则通过MIST钱包软件进行查询，证实购买者的购买记录已被记录在智能合约之中，如图5-29所示。

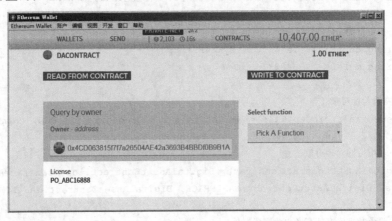

图 5-29

本简化版的"数字资产系统"尚有许多地方不贴近真实应用场景而需要修改，例如数字资产的序号是固定值等，不过作为"抛砖引玉"的范例应足矣。

到目前为止，相信各位读者应该已有能力开发DApp程序，然而无论是前端通过Web方式或手机App连接到区块链的方式，依然无法达到真正的去中心化的目标。即便前端的Web服务器实现了负载均衡（Load Balance）机制，一旦服务器宕机，那么整个DApp服务还是可能会中断。

为了达到完全去中心化的目标，唯一的办法就是让前端的操作接口也能够去中心化，例如有人尝试将 HTML、JavaScript 等前端文件或程序置于 IPFS（Interplanetary File System，星际文件系统）中，以达到前端分散的目的。虽然目前在性能上仍有疑虑，但是相信聪明的科学家与工程师有朝一日还是能够解决所有这方面的问题和挑战。

离线签名与 Oracle 机制是本章介绍最重要的两个概念，因为通过离线签名方式才可以将密钥放在由硬件保护的设备中，如 HSM 加密器、区块链手机等，而不用将密钥委托给中心化机构，除了强化信息安全防护之外，去中心化的大同世界才有实现的机会。另外，通过 Oracle 机制得以连接链上与链下两个世界，使得更多实际的商业应用才可以实现。因此对于本章所介绍的内容，建议读者勤加练习。

5.6 ｜ 习题

1. 说明在以太坊区块链中 Call 与 Transaction 的异同之处。

2. 采用 Transaction 交易方式对于在线实时系统来说会有什么冲击？

3. 若想保存用户交易当下的行为，是将信息存储在智能合约中的变量更好，还是以事件方式写到日志中更好？

4. 简单说明 Keccak (SHA3) 编码方式的特性与用途。

5. 简单介绍 JSON-RPC 相对于传统 XML 有哪些优缺点。

6. 区块链交易都采用明文的方式在网络上传送，对于企业用途而言，将会有泄漏商业机密的可能，是否有建议的防治方法？

7. Web3j 开发包和通过 JSON-RPC 的实现方式是否简化了系统构建的难度？

8. 简单介绍 "交易明细处理程序" 的用途。

9. 参考 5.3 节范例来设计图书馆预约智能合约，并通过封装对象的使用来实现登记预约的原型功能。

10. 简单介绍在线与离线签名方式的不同及其适用的场景。

11. 承上题，在线与离线签名方式在信息安全方面有没有需要考虑的地方？

12. 举例说明在何种应用场景下需要以程序方式动态创建新的EOA账户。

13. Oracle网关机制为区块链的虚拟世界与真实世界串起一座桥梁，试论述是否有信息安全的疑虑。

14. 通过EthFilter实现Oracle网关时，若起始参数设置为LATEST，终止参数设置为EARLIEST，执行结果将会如何呢？

15. 通过EthFilter实现Oracle网关时，若起始参数设置为EARLIEST，终止参数设置为EARLIEST，其执行结果将为何呢？

16. 参考本章范例，实现一个简单的资金转账的Oracle网关服务，当有人把加密货币转账到智能合约时，管理人员可收到不同金额上限的警告通知。

17. 承上题，实现模拟反洗钱（AML）的过程，当列入警告的特定EOA账户进行加密货币转账时，政府监管人员将收到相关的警告消息。

第 6 章

Java DApp 个案设计

区块链发展至今，除了加密货币外，尚未见真正"杀手级"应用的出现，不过不少企业依然积极思考各种可能的应用场景，在习得区块链的各项基本技术后，本章将以几个可能转向商业的应用个案为例，介绍如何用Java语言来实现DApp系统，带领读者进入活用区块链的殿堂。

本章结构如下：

- ❖ 区块链个案的架构
- ❖ 区块链公共政策平台
- ❖ 区块链竞标拍卖系统
- ❖ 区块链真实新闻系统
- ❖ 区块链供应链金融
- ❖ 区块链自动医疗理赔
- ❖ 区块链与共享经济
- ❖ 区块链与点数经济

6.1 | 区块链个案的架构

国外知名顾问机构Gartner公司提出，"2019年企业必须了解的十大策略科技趋势"，根据该公司的定义，企业应该将有所突破或崛起的科技视为策略性科技，应该及早应对，因为这类科技在未来可能会被广泛应用且带来革命性的影响。这些策略性科技有可能在五年内会发生，区块链就是其中之一。

面对未来严峻的挑战，CIO与IT部门的员工将会是企业转型的轴心，除了传统的强化技术能力与降低运维成本的思维外，更应提升在企业内的职能与地位，成为CEO倚重的策略伙伴。

美国哈佛大学终生荣誉教授John P. Kotter曾提到：企业最忌不思改变、只求稳定，应尽速推动变革。企业高层应诉诸领导力，建立急迫感的氛围，让同仁看到重大机会，还要齐心协力有所作为。身为企业内的职业经理人，面对策略性科技的态度或许无须急着立即导入，但也应即早了解筹划。因此，本章将以区块链在各个领域的7个应用案例作为引子，希望能抛砖引玉，鼓励读者完成更多的梦想。

首先，以图6-1来说明本章DApp个案的系统架构。DApp主要包含两大部分：区块链上的智能合约以及与用户互动的前端界面。钱包软件就是一种DApp。

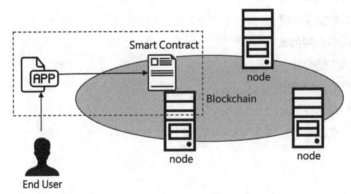

图 6-1

有些读者或许觉得前端界面不是必要条件，认为只要通过指令的方式还是可以存取与使用区块链上的智能合约，这并非全然没有道理，不过，这样的话却会让DApp的推广变得更不容易，就好比构建好传统的关系数据库后，用户还必须执行SQL指令，或者在提供RESETful API服务后却要求用户自行通过HTTP POST调用Web 服务是一样的道理。此外，前端界面能以多种方式存在，例如基于网页的、移动设备App等。若以基于网页的方式存在，可能会回到过去中心化的老路，同时还要负责保管用户的密钥，而目前的加密货币交易所多半是采用这种系统架构设计的。若以App方式呈现，也面临必须到中心化的App商店下载与获取的风险，但密钥文件却可直接存放在用户的移动设备中，形成冷钱包的设计架构。有知名的移动设备厂商推出区块链手机就是实证。

无论是基于网页的架构或是App架构，都存在中心化的疑虑，因此开始有人尝试直接将DApp的前端放置在区块链或分布式存储机制中，以实现真正分布式的世界。不过这些应用方式并不在本书探讨的范围，有兴趣的话可以到网上社区去讨论。

6.2 ｜ 区块链公共政策平台

为了广纳民意，期望通过开放政府信息来引入民间参与及监督的力量，进而促进政府为民服务的效能，一些国家和地区的政府也尝试建立网络平台，提供让民众提案与附议的渠道，使得政府的发展能够持续向上提升，与时俱进。

一个完善的公共治理应涵盖的层面包括透明开放（Transparency）、公众参与（Participation）以及部门问责（Accountability）。不过，目前看到的网络投票平台都是基于中心化的系统设计，因此无法避免中心化的投票平台单点失效（Single Point of Failure，SPOF）的风险。

区块链是为了解决信任问题所发展出来的技术，因此本节将探讨是否可通过这种特性开发出一个去中心化同时又可让民众信任的区块链投票平台。本节将通过简化后的案例进行说明，并引导读者在实现时做深层的思考。

为了降低理解本系统的复杂度，范例系统并不会实现KYC机制，即不会对提案人、投票人进行身份验证的功能，任何人在区块链上的EOA（外部拥有账户）都可进行提案与投票。此外，也不会实现复杂的提案核查机制以及定义不同角色之间的角色与责任（Role and Responsibility），只是单纯实现提案与附议两个操作。

任何一个"提案投票系统"应具备设置"附议期限"的功能，为此，本节探讨的重点放在与以太坊区块链有关的时间议题上。

以Solidity语言编写的智能合约可通过block.timestamp指令获取当前的区块时间（Current Block Time），这个指令所获取的是UNIX时间（或称POSIX时间），它是一种UNIX系统常使用的时间表示方式，代表在不考虑闰秒的情况下，从世界统一时间（1970年1月1日0时0分0秒）起到目前为止的总秒数。

在如下的TimeContract智能合约中，getBlockTime() 会将区块时间返回给调用函数的用户。由于读取区块时间被视为一种读取区块链状态的行为，因此getBlockTime函数必须声明为view，而不可以只声明为pure。

```solidity
pragma solidity 0.4.25;

contract TimeContract {

  //获取区块链时间
  function getBlockTime() public view returns (uint t) {
    t = block.timestamp;
  }
}
```

自行编译TimeContract智能合约得到所需的JavaScript文件，接着启动"命令提示符"窗口，输入geth attach指令后进入Geth控制台。

```
geth attach ipc:\\.\pipe\geth.ipc
```

进入Geth控制台后，再输入下列指令将智能合约部署到私有链。本次获取的合约地址是0x5c4eb42dcce95f883155b0edca702c9ceb7563e0。

```
loadScript("TimeContract.js");
```

参考前一章的介绍，以获取智能合约的TimeContract.bin与TimeContract.abi作为创建Java封装对象的依据，并执行如下指令：

```
java -cp .;.\lib\* org.Web3j.codegen.SolidityFunctionWrapperGenerator ./
TimeContract.bin ./TimeContract.abi -o ./java -p chap06.com.alc
```

接着开始编写查询区块时间的Java程序，首先Java程序需先创建区块链连接对象。

```
// 连接区块链节点
String blockchainNode = "http://127.0.0.1:8080/";
Web3j web3 = Web3j.build(new HttpService(blockchainNode));
```

再以离线方式获取凭证签名对象。

```
// 指定密钥文件并进行账户和密码的验证
String coinBaseFile = "C:\\MyKeyFile";
String myPWD = "16888";
Credentials credentials = WalletUtils.loadCredentials(myPWD, coinBaseFile);
```

设置合约地址后获取指向该合约地址的封装对象。

```
// 设置合约地址
String contractAddr = "0x5c4eb42dcce95f883155b0edca702c9ceb7563e0";

// 获取合约封装对象
TimeContract contract = TimeContract.load(contractAddr, web3, credentials,
TimeContract.GAS_PRICE, TimeContract.GAS_LIMIT);
```

最后如调用Java对象的函数一样，调用智能合约的getBlockTime()函数。Solidity所返回的区块时间是以秒为单位，而Java程序的Calendar时间对象则是以百万分之一秒为单位，因此在进行数据转换时，需要先将智能合约返回的区块时间乘上1000才可设置给Calendar对象。

```
//调用智能合约的函数
BigInteger time = contract.getBlockTime().send();

//将获取的区块时间转换成易读的时间格式
Calendar cal = Calendar.getInstance();
SimpleDateFormat dateFormat = new SimpleDateFormat("yyyy-MM-dd hh:mm:ss");

//将以秒为单位的结果乘上1000，转变成百万分之一秒
cal.setTimeInMillis(time.longValueExact() * 1000);

//显示执行结果
System.out.println("seconds since the epoch:" + time.longValueExact());
System.out.println("after format:" + dateFormat.format(cal.getTime()));
```

智能合约返回的区块时间为1540388144，经过Java的SimpleDateFormat时间格式对象的协助，转换成可读性较高的时间格式2018-10-24 09:35:44。

```
seconds since the epoch:1540388144
after format:2018-10-24 09:35:44
```

虽然区块链是为了解决信任问题所发展出来的技术，但讽刺的是，区块时间却可能不是那么值得信任，尤其是在公有链环境，主因在于区块时间可能会被"有不良心思"的矿工所操控，即使现行的公有链有相关的防作弊机制（例如通过共识机制、链上的其他节点可拒绝接收来自未来时间的交易等），但在实现DApp系统时，还是必须将区块时间是否正确的风险纳入考虑的范围。举例来说，在中心化的系统架构下构建博弈系统时，可能会考虑通过系统时间来实现随机数的功能，但在区块链架构下并不建议采取同样的策略。

区块时间可用来实现限制交易的开始或结束时间，例如ICO开始购买的时间、投票结束的时间等。根据实际经验可为区块时间加上固定时效的方式来实现，例如在限时活动开始时先记录当前的区块时间，而在活动触发时再判断是否超过了限定的时间。若以虚拟码表示，则可表示为if (now > (action_time + 1 hour)) 等。

对于区块时间有基本的了解后，即可开始实现本节的"公共政策参与区块链平台"。首先设计DApp工作的核心——智能合约。

提案平台可包含3种不同的系统角色：提案人、附议人和政府监管部门。以下是各角色可能需要的功能：

- 提案人新增提案的功能，数据字段应包括标题、说明、附议时效等。
- 民众附议提案的功能，执行附议时应记录的信息，包含附议人EOA账户、附议时间等。
- 政府监管部门的查询功能，监管所需的信息应包括附议人数、附议人资料等。

完整的智能合约可参考EthVoting.sol，下面将分段说明。EthVoting智能合约需具有存储多件提案的能力，同时每一件提案也应该记录所有对提案附议的附议人信息。若从数据结构设计的角度来看，其实与传统关系数据库的master-detail（主-细节）设计方式相同。

为了实现上述设计，智能合约需要一个类似Java语言的哈希（Hash）类型的数据结构来存储所有的提案内容，并且可以通过键（Key）来查询指定的提案信息。每一件提案中同样通过哈希（Hash）数据结构存储每一位附议人的信息，因此也可通过键的方式查询指定的附议人。Solidity所支持的映射（mapping）就是最适合这种实现的数据类型。

如下范例程序所示，在EthVoting智能合约中的proposals是一个映射类型的变量，用来存储所有的提案，其键（Key）为uint类型，值（Value）则为Proposal自定义结构类型。稍后在新增提案时，我们会以执行当下的区块时间作为每一件提案的键。

Proposal自定义结构类型的内容包含提案标题、提案内容、提案主持人等字段。比较特别的是，在Solidity的映射类型中，不提供以null判断数据值是否存在的对比方式，而是通过对比结果是否为0或false的方式来判断指定键的数据是否存在于映射变量中，因此在Proposal自定结构类型中特别加入initialized字段，并利用默认为0的特性作为稍后判断指定的提案是否存在的对比依据。至于limitTime字段，则是用来记录附议的期限。

Proposal类型中的voters变量同样为映射类型，被用来存储每一位附议人的数据。voters映射变量的键为附议人的EOA账户，数据内容则是Voter自定义类型，因此同样也可通过EOA查询特定的附议人信息。

```
//提案内容
struct Proposal {
    string pName;          //提案标题
    string pCtx;           //提案内容
    address chairperson;   //提案主持人
    uint voteCount;        //附议人数
    bool initialized;      //判断提案是否存在的标志
    uint limitTime;        //附议限制时间
    mapping(address => Voter) voters; //附议列表
}

//所有提案列表
mapping(uint => Proposal) public proposals;
```

Voter自定义结构类型用来存储一笔附议人信息，包含附议时间等。同样，为判断是否对指定的提案进行过附议，Voter自定义结构类型还提供了initialized字段，以作为判断是否曾经附议过的参考。

```
//附议人信息
struct Voter {
  uint voteTimeStamp; //投票时的区块时间
  bool initialized;      //判断是否投过票的标志
}
```

政府监管部门希望能在发生特定事件时（例如新提案创建、附议人进行附议等）可实时检测到最新的异动，因此智能合约特别实现了ProposeEvt与VoteEvt两个事件。

当提案人提出新的提案时便触发PadProposeEvt事件，记录提案的键及提案创建当时的区块时间。另外，当附议人进行附议时则会触发VoteEvt事件，该事件将记录附议人的EOA账户与当时的区块时间。为了能够让Java Oracle程序监听与判断事件的种类，两个事件还提供了字符串类型的eventType变量，并将其设置为indexed以用于Oracle判断事件的种类。

```
//提案事件
event ProposeEvt(string indexed eventType, uint _proposalId, uint _limitTime);
```

```
//附议事件
event VoteEvt(string indexed eventType, address _voter, uint timestamp);
```

可用智能合约的createProposal函数来创建一个新提案，输入参数包含了提案标题、提案内容以及UNIX时间表示的附议期限。函数的返回值则是新提案的ID，可作为公布提案信息的一部分。

智能合约通过Proposal memory proposal指令在内存中创建一件新的提案，同时将输入参数的内容赋值给Proposal类型的每一个对应变量。需要注意的是，创建新提案时必须将limitTime字段设置为true（真值），这将使得通过键进行提案查询时，可通过判断此字段是否为true来得知指定键的提案是否存在。

新提案的键（Key）并没有特别的设计，仅以新增提案当时的区块时间作为键。这种实现方式其实有待商榷，毕竟区块链是一种分布式的系统架构，倘若另一个节点也刚好有人新增提案时，有可能会获取到相同的区块时间，使得键将不再具有唯一性。读者可自行加入更多的逻辑条件，例如写入数据前先判断键是否重复？或通过适当的运算获取具有唯一性的键等。

接着，通过proposals[pId]=proposal指令将新提案存储至映射结构中，并且触发ProposeEvt新增提案事件，最后则是将新提案的键返回给调用函数的用户。

```
//创建新提案
function createProposal(string _pName, string _pCtx, uint _limitTime) public
                        returns (uint){

  //新提案
  Proposal memory proposal = Proposal({
    pName: _pName,
    pCtx: _pCtx,
    chairperson: msg.sender,
    initialized: true,
```

```
      limitTime: _limitTime,
      voteCount: 0 });

      //以区块时间作为ID
      uint pId = block.timestamp;
      proposals[pId] = proposal;
      emit ProposeEvt("propose", pId, _limitTime);

      //返回新提案的键
      return pId;
  }
```

对于附议人来说，可调用doVoting函数执行附议的操作。在doVoting函数中，首先通过if (proposals[pId].initialized == false) 指令判断指定键的提案是否存在，承接刚才所介绍过的内容，Solidity映射类型的变量可通过对比结果是否为0或false来判断指定键的数据是否存在，目前就是利用此特性判断Proposal类型的initialized字段是否为true，进而得知要进行附议的提案是否存在。

顺便提一下，如果数据内容对系统来说具有特别的意义，那么在设计系统时则应提供额外的方式，例如自定义的结构类型记录新旧数据的对应关系。这一点留给读者自行思考。

通过block.timestamp指令获取当时的区块时间，并和提案所设置的附议期限进行对比，倘若已经超过允许的附议期限，则调用revert函数驳回交易，并返回已超过附议期限的警告消息。

若指定键的提案存在，同时提案还没有超过设置的附议期限，接着可再通过proposals[pId].voters[msg.sender] 指令查询在指定提案中的指定附议人的initialized变量是否为true，进而判断附议人是否已经对此提案进行过附议，如果已附议过提案，就调用revert函数退回交易，并返回已经附议的错误提示消息。

若通过上述判断逻辑，便可将附议人信息记录到指定的提案中，通过Voter memory voter创建一笔新的附议数据，并且记录在指定提案的voters数据结构中，同时累加指定提案的voteCount字段，记录已经附议过的人数。

```
      //进行附议
      function doVoting(uint pId) public {
          //提案是否存在
          if (proposals[pId].initialized == false)
```

```
    revert("proposal not exist");

    uint currentTime = block.timestamp;

    //是否已超过提案时限
    if (proposals[pId].limitTime < currentTime)
      revert("exceed voting time");

    //是否已经投过票
    if (proposals[pId].voters[msg.sender].initialized == true)
      revert("already vote");

    //新投票信息
    Voter memory voter = Voter({
      voteTimeStamp: block.timestamp,
      initialized: true
    });

    //记录投票信息
    proposals[pId].voters[msg.sender] = voter;
    proposals[pId].voteCount+=1;

    emit VoteEvt("vote", msg.sender, block.timestamp);
}
```

政府监管角色可以通过queryVoting函数来查询指定的附议人是否曾经对指定提案进行过附议，如果指定的附议人尚未进行过附议，那么返回的voteTimeStamp字段便会是0。

```
//查询是否投过票
function queryVoting(uint pId, address voterAddr) public view returns (uint){
  //提案是否存在
  if (proposals[pId].initialized == false)
    revert("proposal not exist");

  //返回投票时间
  return proposals[pId].voters[voterAddr].voteTimeStamp;
}
```

此外，智能合约提供了下列函数来辅助DApp进行更详细的数据查询。

```
//获取区块链时间
function getBlockTime() public view returns (uint t) {
```

```
    t = block.timestamp;
}

//查询提案标题
function getProposalName(uint pId) public view returns (string s) {
    s = proposals[pId].pName;
}

//查询提案内容
function getProposalCtx(uint pId) public view returns (string s) {
    s = proposals[pId].pCtx;
}

//查询提案内容
function getProposalVCnt(uint pId) public view returns (uint v) {
    v = proposals[pId].voteCount;
}

//查询提案期限
function getProposalLimit(uint pId) public view returns (uint t) {
    t = proposals[pId].limitTime;
}
```

在完成智能合约的设计后，接着可开始编写DApp的Java程序，以下称之为DApp前端程序。参考前一章介绍过的内容，通过Web3j开发包创建EthVoting智能合约的封装对象。

如下程序代码所示为DApp前端程序的Oracle部分，用来监听区块链上的事件。当新增提案事件被触发时，Oracle程序可通过查询日志来获取新提案的键，并且呈现给用户或将键记录在传统的关系数据库中。如此一来便能将键公布给一般民众，民众可以通过提案的键查询细节信息或进行附议。

在Oracle程序中同样必须先创建连接对象，再根据指定的合约地址获取过滤条件对象（备注：完整的程序请参考EthVoteOracle.java）。

```
// 连接区块链节点
Admin web3 = Admin.build(new HttpService(blockchainNode));

// 设置过滤条件
EthFilter filter = new EthFilter(DefaultBlockParameterName.EARLIEST,
DefaultBlockParameterName.LATEST, contractAddr);
```

可通过在智能合约的事件中被设置为indexed的Log参数来判断事件的种类，由于事件的indexed参数将以SHA3的方式编码，因此需先获取编码后的字符串值，如下所示：

```
String vote_topicHash = Hash.sha3String("vote");
System.out.println("过滤topic(vote) hash: " + vote_topicHash);

String propose_topicHash = Hash.sha3String("propose");
System.out.println("过滤topic(propose) hash: " + propose_topicHash);
```

所获取的事件Log需进行适当的剖析才能转换成对应的数据类型，故根据"新增提案"与"进行投票"两个事件的参数类型分别创建下列两个Function对象，用以协助事件Log的剖析与转换工作。

新增提案事件的第一个Log参数为新提案的键，故以uint类型承接；第二个Log参数则为附议的有效区块时间，同样设置为uint类型。

```
// 提案事件Log，EOA与timestamp
Function proposeLog = new Function("", Collections.<Type>emptyList(),
                    Arrays.asList(
                    new TypeReference<uint>() {   },
                    new TypeReference<uint>() {
                    }));
```

附议事件的第一个Log参数是附议人的EOA账户，故以uint类型承接，第二个Log参数则为附议当时的区块时间，故同样设置为uint类型。

```
// 附议事件Log，EOA与timestamp
Function voteLog = new Function("", Collections.<Type>emptyList(),
                Arrays.asList(new TypeReference<uint>() {    },
                new TypeReference<uint>() {
                }));
```

接着便可获取Subscription对象，进行持续监听区块链上事件的工作。当监听到一个新的事件时，会先获取该事件的Topic（设置为indexed的事件参数），并分别与刚才所获取的"新增提案"与"进行投票"这两个事件的indexed参数的SHA3值进行对比，便可判断当前所监听的事件是哪个事件。

```
// 持续监听事件
Subscription subscription = web3.ethLogObservable(filter).subscribe(new
Action1<Log>() {
```

```
  public void call(Log log) {
    List<String> list = log.getTopics();
    // 轮询事件中的Topic
    for (String topic : list) {
      if (topic.equals(vote_topicHash)) {
        System.out.println("处理附议事件");
        handleVoteEvent(log, voteLog);
      }

      if (topic.equals(propose_topicHash)) {
        System.out.println("处理提案事件");
        handleProposeEvent(log, proposeLog);
      }
    }
  }
});
```

当监听到附议事件时，会将Log对象传递给handleVoteEvent函数进行数据剖析与转换。Function对象设置的Log剖析条件为两个uint：第一个参数为附议人EOA账户；第二个参数为附议当时的区块时间，通过轮询List<Type> 的内容便可得到事件Log的每一笔参数内容。

```
// 处理附议事件
private void handleVoteEvent(Log log, Function function) {
try {
  List<Type> nonIndexedValues = FunctionReturnDecoder.decode(log.getData(),
                                     function.getOutputParameters());

  int inx = 0;
  String address = ""; // 附议EOA
  BigInteger timestamp = BigInteger.ZERO; // 附议时间

  for (Type : nonIndexedValues) {
    if (inx == 0) {
      // 第一个参数是address
      try {
        // 将地址转换成十六进制的字符串
        address = Numeric.toHexStringWithPrefix((BigInteger) type.getValue());
      } catch (Exception e) {
        System.out.println("convert error:" + e);
      }
```

```
    } else {
      // 第二个参数是附议时间
      timestamp = (BigInteger) type.getValue();
    }
    inx++;
  }

  // 将获取的区块时间转换成易读的时间格式
  Calendar bolckTimeCal = Calendar.getInstance();
  SimpleDateFormat timeFormat =
                          new SimpleDateFormat("yyyy-MM-dd hh:mm:ss");

  // 将以秒为单位的结果乘上1000，转变成百万分之一秒
  bolckTimeCal.setTimeInMillis(timestamp.longValueExact() * 1000);

  // 显示执行结果
  System.out.println("附议事件, EOA：" + address);
  System.out.println("区块时间(UNIX)：" + timestamp.longValueExact());
  System.out.println("区块时间(高可读性):" +
                      timeFormat.format(bolckTimeCal.getTime()));
} catch (Exception e) {
  System.out.println("Error:" + e);
}
}
```

以下为剖析新增提案事件的程序内容。对于比较完整的DApp系统，在获取新提案的键时，会先将它存储在传统的关系数据库中，并呈现给前端的网页程序。由于本节的范例是简化过的DApp系统，故不探讨传统MIS程序设计的部分。

```
// 处理提案事件
private void handleProposeEvent(Log log, Function function) {
try {
  List<Type> nonIndexedValues = FunctionReturnDecoder.decode(log.getData(),
function.getOutputParameters());
  int inx = 0;
  BigInteger pId = BigInteger.ZERO; // 提案的键
  BigInteger timestamp = BigInteger.ZERO; // 附议时间
  for (Type type : nonIndexedValues) {
    if (inx == 0) {
      // 第一个参数是提案ID
      pId = (BigInteger) type.getValue();
```

```
      } else {
        // 第二个参数是提案期限
        timestamp = (BigInteger) type.getValue();
      }
      inx++;
    }

    // 查询提案内容
    System.out.println("提案事件, PID:" + pId.longValueExact());
  } catch (Exception e) {
    System.out.println("Error:" + e);
  }
}
```

前面所介绍的Oracle程序最主要的功能是用来监听新增提案事件以便获取提案的键（Key），接着可开始实现执行新增提案的DApp前端程序。同样要先创建连接对象、签名验证对象及智能合约的封装对象。

```
// 连接区块链节点
Web3j web3 = Web3j.build(new HttpService(blockchainNode));

// 指定密钥文件并进行账户和密码的验证
String coinBaseFile = "C:\\MyGeth\\KeyFile";
String myPWD = "16888";
Credentials credentials = WalletUtils.loadCredentials(myPWD, coinBaseFile);

// 获取合约封装对象
EthVoting contract = EthVoting.load(contractAddr, web3, credentials,
EthVoting.GAS_PRICE, EthVoting.GAS_LIMIT);
```

在新增提案的逻辑设计中，将先询问智能合约当前的区块时间，并为该时间加上一个既定的时效（例如5分钟），以作为新提案的附议期限。如下程序片段为通过封装对象的getBlockTime函数来获取当前的区块时间，再通过Java的Calendar对象进行时间计算，并用SimpleDateFormat对象对获取的时间进行格式转换。

```
// 获取区块时间
BigInteger blockTime = contract.getBlockTime().send();

// 将获取的区块时间转换成易读的时间格式
Calendar bolckTimeCal = Calendar.getInstance();
SimpleDateFormat timeFormat = new SimpleDateFormat("yyyy-MM-dd hh:mm:ss");
```

```
// 将以秒为单位的结果乘上1000，转变成百万分之一秒
bolckTimeCal.setTimeInMillis(blockTime.longValueExact() * 1000);

// 显示执行结果
System.out.println("区块时间(UNIX)： " + blockTime.longValueExact());
System.out.println("区块时间(高可读性)： " +
                   timeFormat.format(bolckTimeCal.getTime()));

// 设置附议时间为5分钟后
bolckTimeCal.add(Calendar.MINUTE, 5);
long proposalLimit = bolckTimeCal.getTimeInMillis();
```

下列为新增提案时所获取的区块时间。

- 区块时间（UNIX）：1540916056
- 区块时间（高可读性）：2018-10-31 12:14:16

获取新提案的期限后即可调用智能合约的 createProposal 函数，执行新增提案的操作。需要注意的是，区块时间是以秒为单位，而 Java 程序则是以百万分之一秒为单位，因此从 Java 的 Calendar 对象转换回 Solidity 的区块时间时，也需要先将 Java 程序的时间值除以 1000 转换成适当的区块时间。

```
// 新增提案
contract.createProposal("广增公交车专用道", "避免与机动车争道", new BigInteger("" +
(long) (proposalLimit / 1000))).send();
```

通过刚才 Oracle 程序的监听可获取新提案的键，例如：

```
提案事件, PID: 1540916078
```

若搭配下列提供给政府监管部门的查询函数，则可查询新提案的相关信息。

```
private void queryPropose(BigInteger pId) {
try {
  // 连接区块链节点
  Web3j web3 = Web3j.build(new HttpService(blockchainNode));

  // 指定密钥文件并进行账户和密码的验证
  String coinBaseFile = "C:\\MyKeyFile";
  String myPWD = "16888";
  Credentials credentials = WalletUtils.loadCredentials(myPWD, coinBaseFile);
```

```
// 获取合约封装对象
EthVoting contract = EthVoting.load(contractAddr, web3, credentials,
EthVoting.GAS_PRICE, EthVoting.GAS_LIMIT);

// 查询相关信息
System.out.println("提案标题: " + contract.getProposalName(pId).send());
System.out.println("提案内容: " + contract.getProposalCtx(pId).send());
System.out.println("附议人数: " + contract.getProposalVCnt(pId).send());

// 获取附议期限
BigInteger blockTime = contract.getProposalLimit(pId).send();

// 将获取的区块时间转换成易读的时间格式
Calendar bolckTimeCal = Calendar.getInstance();
SimpleDateFormat timeFormat = new SimpleDateFormat("yyyy-MM-dd hh:mm:ss");

// 将以秒为单位的结果乘上1000，转变成百万分之一秒
bolckTimeCal.setTimeInMillis(blockTime.longValueExact() * 1000);

// 显示执行结果
System.out.println("区块时间(UNIX): " + blockTime.longValueExact());
Systm.out.println("区块时间(高可读性): "+
                    timeFormat.format(bolckTimeCal.getTime()));

} catch (Exception e) {
  System.out.println("交易错误: " + e);
}
}
```

执行结果如下所示，由于提案刚被新增，因此当前的附议人数为0。

- 提案标题：广增公交车专用道
- 提案内容：避免与机动车争道
- 附议人数：0
- 区块时间（UNIX）：1540916356
- 区块时间（高可读性）：2018-10-31 12:19:16

现在就来实现执行附议的程序，通过封装对象的doVoting，传入刚才所获取的提案键，便能够完成附议的操作。

```
// 连接区块链节点
Web3j web3 = Web3j.build(new HttpService(blockchainNode));

// 指定密钥文件并进行账户和密码的验证
String coinBaseFile = "C:\\MyKeyFile;
String myPWD = "16888";
Credentials credentials = WalletUtils.loadCredentials(myPWD, coinBaseFile);

// 获取合约封装对象
EthVoting contract = EthVoting.load(contractAddr, web3, credentials,
EthVoting.GAS_PRICE, EthVoting.GAS_LIMIT);

// 指定提案的附议
BigInteger pId = new BigInteger("" + 1540916078);
contract.doVoting(pId).send();
```

附议顺利执行后，Oracle程序可监听到如下信息，记录附议人EOA及附议当时的区块时间。

- 附议事件，EOA: 0x4cd063815f7f7a26504ae42a3693b4bbdf0b9b1a
- 区块时间（UNIX）: 1540916167
- 区块时间（高可读性）: 2018-10-31 12:16:07

最后通过刚才的提案查询函数便可查询到如下信息，果然已有一位附议人进行附议了。

- 提案标题: 广增公交车专用道
- 提案内容: 避免与机动车争道
- 附议人数: 1
- 区块时间（UNIX）: 1540916356
- 区块时间（高可读性）: 2018-10-31 12:19:16

本节通过一个简单的"公共政策参与平台"说明Java程序如何与智能合约进行互动操作，同时介绍区块时间的特性与注意的要点。

6.3 | 区块链竞标拍卖系统

竞标拍卖首要的就是公平性，因此这种类型的信息系统也应构建在高可信度的基础之上。若采取传统中心化的设计方式，可能会让竞标参与者对拍卖过程抱持怀疑的态度，因而可能拒绝使用拍卖服务。本节将以以太坊智能合约为例，示范如何构建一个去中心化且可被高度信任的区块链竞标系统。

在实现竞标系统之前，先来探讨加密货币转账给智能合约的议题。之所以需探讨此议题在于实现竞标拍卖系统时，需将竞标金（加密货币）暂存在智能合约中，等到有出价更高的竞标者出现时，再将智能合约所保存的竞标金（加密货币）退还给前一位的出价者。

如下是一个简化且只提供了加密货币转账的智能合约（转入和转出）：

```
pragma solidity ^0.4.25;

contract PayContract {
  function () public payable {
  }

  function queryBalance() public view returns (uint) {
    return address(this).balance;
  }

  function transEth(address recEoa) public {
    recEoa.transfer(address(this).balance);
  }
}
```

在PayContract智能合约中，声明了不具名且为payable的回退函数，使得智能合约具有接收EOA账户转账加密货币的功能。换句话说，如果将智能合约当成区块链上的一个账户，此时已可将加密货币转账给该账户了。

我们可通过PayContract智能合约中所提供的queryBalance函数来查询智能合约的余额。address(this).balance指令中的address(this)即为智能合约本身的地址，因此address(this).balance就是获取智能合约的余额。

transEth(address recEoa) 函数用来将加密货币转账给指定的EOA账户。需要注意的是，recEoa.transfer指令的意思并不是recEoa执行加密货币的转账操作，而是将加密货币直接传输给recEoa，因此recEoa.transfer(address(this).balance) 指令的用途就是将当前智能合约中的所有余额全部传输给recEoa所指定的地址。另外，对于ICO项目而言，若有使用类似的指令传输加密货币时，投资人要额外提高警惕，注意ICO发起人是否有恶意进行资金转移的风险。

接下来即可开始编写Java程序，完整的程序可参考TransDApp.java。根据前面的介绍创建所需的智能合约封装对象，在Java程序中定义blockchainNode变量，指向区块链节点的URL，以及定义contractAddr变量指向智能合约的地址。

```
//区块链节点URL
String blockchainNode = "http://127.0.0.1:8080/";

// 智能合约地址
String contractAddr = "0x36154dc6ad23eea0436aa9e09a0bdd50b2a15cac";
```

再声明下列变量，分别指向EOA地址及所属密钥文件的存储路径。

```
//3个EOA的区块链地址
String user1 = "0x576B11Fb5D5C380fCF973b62C3aB59f19f9300fE";
String user2 = "0xDa85610910365341D3372fa350F865Ce50224a91";
String user3 = "0xacf34EE2EA0EeaCa037b8fB9B64D5361f053DA9a";

//3个EOA的密钥文件
String keyFile01 = "C:\\keyFile01";
String keyFile02 = "C:\\ keyFile02";
String keyFile03 = "C:\\ keyFile03";

//挖矿账户的密钥文件
String keyFilbase = "C:\\ethBase";
```

TransDApp.java 共 实 现 了 3 个 函 数 ， 分 别 是 transferETH 、 queryBalance 与 contractToEOA。transferETH函数用于执行加密货币的转账，第一个fromEOA参数指定转出账户的地址，第二个toEOA参数指定转入账户的地址，第三个keyFile参数是转出账户密钥文件的存储路径。另外，pwd参数为转出账户的密钥密码，eth参数用于指定要转账的加密货币数量。

transferETH函数采用RawTransaction方式进行加密货币的转账。读者可自行参考前几章介绍的内容。

```java
// 转账以太币
private void transferETH(String fromEOA, String toEOA, String keyFile, String pwd,
String eth) {
    try {
        // 连接区块链节点
        Web3j web3 = Web3j.build(new HttpService(blockchainNode));

        // 验证签名对象
        Credentials credentials = WalletUtils.loadCredentials(pwd, keyFile);

        // 设置以太币数量
        BigInteger ethValue = Convert.toWei(eth, Convert.Unit.ETHER).toBigInteger();

        // 设置nonce随机数
        EthGetTransactionCount ethGetTransactionCount = web3
            .ethGetTransactionCount(fromEOA, DefaultBlockParameterName.LATEST)
            .sendAsync().get();
        BigInteger nonce = ethGetTransactionCount.getTransactionCount();

        // 设置燃料Gas
        BigInteger gasPrice = new BigInteger("" + 1);
        BigInteger gasLimit = new BigInteger("" + 30000);

        // 创建RawTransaction对象
        RawTransaction rawTransaction =
        RawTransaction.createEtherTransaction(nonce, gasPrice, gasLimit, toEOA,
                    ethValue);

        // 对交易进行签名与加密
        byte[] signedMessage = TransactionEncoder.signMessage(rawTransaction,
            credentials);
        String hexValue = Numeric.toHexString(signedMessage);

        // 传送交易
        EthSendTransaction ethSendTransaction = web3.ethSendRawTransaction
            (hexValue).sendAsync().get();

        String txnHash = ethSendTransaction.getTransactionHash();
        System.out.println("传送以太币交易序号: " + txnHash);
    } catch (Exception e) {
        System.out.println("transferETH, 错误: " + e);
    }
}
```

TransDApp.java的queryBalance函数可用于查询智能合约的加密货币余额，它只是单纯地通过智能合约的封装对象调用合约的queryBalance函数来获取余额信息。

```java
// 查询合约的余额
private void queryBalance() {
  try {
    // 连接区块链节点
    Web3j web3 = Web3j.build(new HttpService(blockchainNode));

    // 指定密钥文件并进行账户和密码的验证
    String coinBaseFile = keyFilbase;
    String myPWD = "16888";

    Credentials credentials = WalletUtils.loadCredentials(myPWD, coinBaseFile);
    // 获取合约封装对象
    PayContract contract = PayContract.load(contractAddr, web3, credentials,
                          PayContract.GAS_PRICE, PayContract.GAS_LIMIT);

    // 查询合约余额
    BigInteger balance = contract.queryBalance().send();
    System.out.println("合约以太币余额: " + balance.doubleValue());
  } catch (Exception e) {
    System.out.println("合约以太币余额，错误: " + e);
  }
}
```

TransDApp.java的contractToEOA函数则是通过封装对象，调用智能合约的transEth函数，将智能合约所拥有的加密货币余额全数转账给指定的EOA账户。需要注意的是，执行contractToEOA函数的账户必须拥有加密货币，同时余额需足以支付调用合约函数时所需的燃料（Gas），本节范例由挖矿账户执行这个操作。

```java
// 合约转账以太币给指定的EOA账户
private void contractToEOA(String toEOA) {
  try {
    // 连接区块链节点
    Web3j web3 = Web3j.build(new HttpService(blockchainNode));

    // 指定密钥文件并进行账户和密码的验证
    String coinBaseFile = keyFilbase;
    String myPWD = "16888";
    Credentials credentials = WalletUtils.loadCredentials(myPWD, coinBaseFile);
```

```
    // 获取合约封装对象
    PayContract contract = PayContract.load(contractAddr, web3, credentials,
                        PayContract.GAS_PRICE, PayContract.GAS_LIMIT);

    // 合约把以太币转账给指定的EOA账户
    contract.transEth(toEOA).send();
    System.out.println("合约转账以太币");

} catch (Exception e) {
    System.out.println("合约转账以太币，错误: " + e);
}
}
```

下面将针对所设计的应用场景进行演练。User2用户把20个以太币（ETH）转账给智能合约，User3用户也会把10个以太币转账给智能合约，最后智能合约再将其所有以太币的余额全数转账给User1。

```
// User2把以太币转账给智能合约
transferETH(User2, contractAddr, keyFile02, "16888", "20.0");

// User3把以太币转账给智能合约
transferETH(User3, contractAddr, keyFile03, "16888", "10.0");

//智能合约把以太币余额转账给User1
contractToEOA(User1);
```

图6-2中显示在程序未执行之前每一个EOA账户与智能合约的以太币余额：User1的余额为0；User2的余额是90；User3的余额是20。（注意：钱包软件中账户名默认显示为大写。）

接着，User2转账20个以太币给智能合约（见图6-3），仅剩下70个以太币；User3顺利地把10个以太币转账给智能合约，剩下10个以太币。从理论上来说，智能合约当前的以太币余额应为30个以太币，最后执行智能合约的transEth函数后，会将所有余额转账给User1。然而，某些执行结果并非如此。在本次实验中User1只得到20个以太币（见图6-4），而智能合约的余额却还剩下10个以太币（见图6-5），原因在于交易送至区块链节点后，执行的优先等级与顺序仍然是由底层机制所决定的，因此上层Java程序虽然看似按序执行，但在区块链的实际执行顺序却可能不是如此。

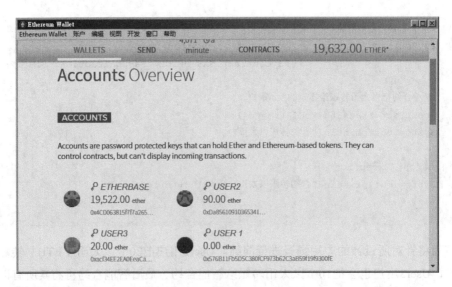

图 6-2

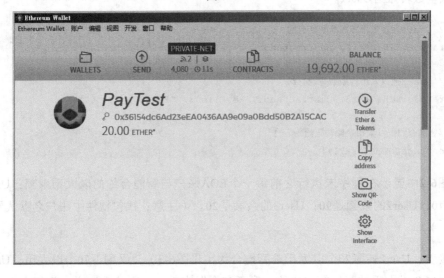

图 6-3

在本次执行过程中，当User2把20个以太币转账给智能合约之后，随即执行的交易是将智能合约中的余额转账给User1，紧接着才执行User3的转账操作，也就是把10个比特币转账给智能合约，因此才会得到上述的执行结果。

在设计DApp时，如果希望交易能够按照所设计的顺序执行并写入区块链，那么必须在前端接口中加入一些特定机制，例如队列等，并确认上次交易事务真的被写到区块链之后再进行下一笔交易，只不过这样的设计可能会限制区块链世界的自主性。

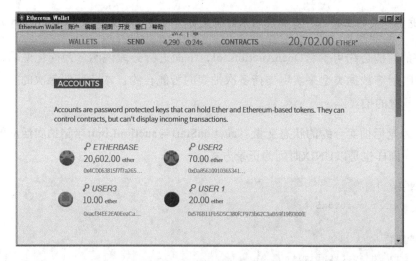

图 6-4

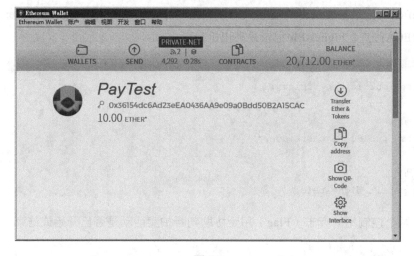

图 6-5

接下来即可开始实现本节所要示范的拍卖系统。此拍卖方式的正式名称为"英国式拍卖法"，是一种常见的拍卖方式。在这个模式中，竞标者从低价往高价出价，并且可多次重复出价，最后由出价最高者得标，例如著名的"苏富比拍卖会"就是采用的这种拍卖方式。此外，区块链上的所有人都可看到谁是最高出价者，以及出价是多少。拍卖规则如下：

- 在拍卖期间，任何人都可转账以太币给智能合约进行竞标出价。
- 出价金额若大于最高出价者的金额，则更新记录为当前的出价者为最高出价者，并归还以太币给前一次的最高出价者。

● 竞标拍卖的主持人可在拍卖结束时将竞标所得转账给受益人（Beneficiary）。

完整的智能合约可参考OpenAuction.sol，下面进行分段说明。为简化说明，本范例并不使用映射等数据类型来实现支持多次拍卖的智能合约。本节范例每次的合约部署仅代表进行一次的拍卖。

如下为竞标拍卖合约的状态变量。auctionStart与auctionLimit存储拍卖活动的开始与结束时间，同样也是以UNIX时间为记录方式。

```
//拍卖开始时间
uint public auctionStart;

//拍卖期限
uint public auctionLimit;
```

beneficiary记录拍卖所得的受益人，在本例即为合约部署人。highestBidder记录最高出价者的EOA账户，highestBid记录最高出价金额。

```
//拍卖受益人
address public beneficiary;

//最高出价者
address public highestBidder;

//最高出价
uint public highestBid;
```

下列两个控制用的标志（Flag）用于协助判断拍卖活动是否已开始或结束。

```
//拍卖开始标志
bool startFlg;

//拍卖结束标志
bool endFlg;
```

为能方便查询与长久保存，智能合约实现了下列几种事件：拍卖开始事件中记录拍卖受益人的EOA账户；出价事件中记录出价者的EOA账户与出价金额；更高出价事件中记录最高出价者的EOA账户与出价金额；在拍卖结束事件中记录最终竞标赢家与最高出价金额。

```
//拍卖开始事件
event AuctionStartEvt(address starter);

//出价事件
event BidEvt(address bidder, uint amount);

//更高出价事件
event HighBidEvt(address bidder, uint amount);

//拍卖结束事件
event AuctionEndedEvt(address winner, uint amount);
```

在本范例的设计中，每部署一次智能合约所获取的地址代表指向一次新的竞标活动。受益人调用setAuctionStart函数后便启动拍卖活动，同时记录函数的调用者即为拍卖受益人。now为Solidity的保留字，记录当前的区块时间，因此输入参数_timeLimit加上now之后的时间可作为拍卖活动的期限。需要注意的是，Solidity所使用的UNIX时间以秒为单位。函数最后将startFlg设置为true作为判断活动是否开始的标志。

```
//启动拍卖活动
function setAuctionStart(uint _timeLimit) public {
  //前提是拍卖还没有开始
  require(!startFlg, "auction already start");

  beneficiary = msg.sender;
  auctionStart = now;

  //设置拍卖期限
  auctionLimit = now + _timeLimit;

  //设置拍卖已开始
  startFlg = true;

  //拍卖开始事件
  emit AuctionStartEvt(msg.sender);
}
```

启动拍卖活动后，竞标参与者可直接把以太币转账给智能合约表示进行出价，因此在智能合约中必须提供声明为payable的回退函数来准备接收出价者的以太币。

Solidity提供的require函数是一个相当好用的逻辑对比函数，预期第一个参数的运算结果必须为true，否则会驳回交易，并显示第二个参数所设置的消息。在回退函数中多次调用require函数来判断交易的正确性，包含拍卖活动是否已经启动、当前最高出价者没有再次出价抬高自己的最高价格、当前区块时间是否落于拍卖期限内、当前出价是否高于目前最高金额。如果上述条件都为true，便以新的出价者作为最高出价者，同时更新出价记录。

```
//进行出价
function () public payable {
  //拍卖需已经开始
  require(startFlg, "auction not yet start");

  //竞标者不是当前最高出价者
  require(highestBidder != msg.sender, "You are highest bidder");

  //区块时间需早于拍卖期限
  require(now <= auctionLimit, "auction ended");

  //出价需高于最高金额
  require(msg.value > highestBid, "less than highest bid");

  //拍卖开始时的最高出价金额为0
  //若不为0，代表已经有人出过价
  //应该将前一位出价者的拍卖金退还
  if (highestBid != 0) {
    highestBidder.transfer(highestBid);
  }

  //记录新的最高出价者与金额
  highestBidder = msg.sender;
  highestBid = msg.value;

  //发送更高出价事件
  emit HighBidEvt(msg.sender, msg.value);
}
```

拍卖活动结束时，拍卖主持人可调用setAuctionEnd() 函数来结束拍卖活动，通过require函数加入多个逻辑判断，以降低误将拍卖提早关闭的风险，其中包含当前区块时间是否已过拍卖期限、是否还没设置过拍卖结束。若这些条件皆为true，则设置endFlg结束标志为true，标示活动已结束，同时执行受益人的transfer函数，将智能合约手持的加密货币移转给拍卖受益人。

```
//结束拍卖
function setAuctionEnd() public {
  //区块时间需大于拍卖期限
  require(now >= auctionLimit,
  "auction not yet ended");
```

```
    //拍卖还没有结束
    require(!endFlg, "auction already ended");

    //设置拍卖结束
    endFlg = true;
    emit AuctionEndedEvt(highestBidder, highestBid);
    //将最高竞标金额移交给主持人
    beneficiary.transfer(highestBid);
}
```

设计完智能合约后即可创建封装对象并编写Java程序，完整的程序可参考
AuctionDApp.java。同样，在Java程序中先声明几个必要的变量：区块链节点的URL、智
能合约在区块链上的地址、测试EOA账户密钥文件的存储路径以及测试EOA账户。

```
//区块链节点地址
private String blockchainNode = "http://127.0.0.1:8080/";

// 智能合约地址
private String contractAddr = "0xa95eaac45799954c6c362d733c53b1440a035519";

// 密钥文件的存储路径
private String keyFile01 = "C:\\key01";
private String keyFile02 = "C:\\key02";
private String keyFile03 = "C:\\key03";

// 挖矿账户的密钥文件
private String keyFilbase = "C:\\minerKey";

// 测试用EOA
String user1 = "0x576B11Fb5D5C380fCF973b62C3aB59f19f9300fE";
String user2 = "0xDa85610910365341D3372fa350F865Ce50224a91";
String user3 = "0xacf34EE2EA0EeaCa037b8fB9B64D5361f053DA9a";
```

AuctionDApp程序提供了几个功能函数：启动拍卖活动的openAuction、结束拍卖活
动的endAuction、查询拍卖状态的queryAuction以及在前一个范例中介绍过的用来进行加
密货币转账的transferETH函数。

openAuction函数需要传入用以设置拍卖时间长度的timeLimit变量，并通过封装对象
的setAuctionStart函数来调用对应于智能合约的setAuctionStart，以启动拍卖活动。注意，
本节的范例并没有使用TransactionManager实现异步功能。有兴趣的读者可参考前一章所
介绍的内容自行调整程序代码。

```java
// 启动拍卖活动
private void openAuction(int timeLimit) {
  try {
    // 连接区块链节点
    Web3j web3 = Web3j.build(new HttpService(blockchainNode));

    // 指定密钥文件并进行账户和密码的验证
    String coinBaseFile = keyFile03;
    String myPWD = "16888";
    Credentials credentials = WalletUtils.loadCredentials(myPWD, coinBaseFile);

    // 获取合约封装对象
    OpenAuction contract = OpenAuction.load(contractAddr, web3, credentials,
                           OpenAuction.GAS_PRICE, OpenAuction.GAS_LIMIT);

    // 设置拍卖期间
    BigInteger _timeLimit = new BigInteger("" + timeLimit);
    contract.setAuctionStart(_timeLimit).send();
    System.out.println("设置拍卖开始");

  } catch (Exception e) {
    System.out.println("设置拍卖开始，错误：" + e);
  }
}
```

AuctionDApp Java程序的endAuction函数通过封装对象调用智能合约的setAuctionEnd函数以结束拍卖活动。

```java
// 结束拍卖
private void endAuction() {
  try {
    // 连接区块链节点
    Web3j web3 = Web3j.build(new HttpService(blockchainNode));

    // 指定密钥文件并进行账户和密码的验证
    String coinBaseFile = keyFile03;
    String myPWD = "16888";
    Credentials credentials = WalletUtils.loadCredentials(myPWD, coinBaseFile);

    startTime = System.currentTimeMillis();

    // 获取合约封装对象
    OpenAuction contract = OpenAuction.load(contractAddr, web3, credentials,
                           OpenAuction.GAS_PRICE, OpenAuction.GAS_LIMIT);

    // 结束拍卖
```

```
        contract.setAuctionEnd().sendAsync();
        System.out.println("设置拍卖结束");
      } catch (Exception e) {
        System.out.println("设置拍卖结束，错误：" + e);
      }
    }
```

　　AuctionDApp程序的queryAuction函数通过封装对象查询所有声明为public的合约状态变量，包括拍卖开始与结束时间、拍卖是否开始与结束的标志以及受益人EOA账户与最高投标金额。

```
// 查询拍卖情况
public boolean queryAuction() {
  boolean isAuctionOpen = false;
  try {
    // 连接区块链节点
    Web3j web3 = Web3j.build(new HttpService(blockchainNode));

    // 指定密钥文件并进行账户和密码的验证
    String coinBaseFile = keyFilbase;
    String myPWD = "16888";
    Credentials credentials = WalletUtils.loadCredentials(myPWD, coinBaseFile);

    // 获取合约封装对象
    OpenAuction contract = OpenAuction.load(contractAddr, web3, credentials,
                           OpenAuction.GAS_PRICE, OpenAuction.GAS_LIMIT);

    System.out.println("拍卖开始时间：" + contract.auctionStart().send());
    isAuctionOpen = contract.startFlg().send();
    System.out.println("拍卖开始标志：" + isAuctionOpen);
    System.out.println("拍卖结束时间：" + contract.auctionLimit().send());
    System.out.println("拍卖结束标志：" + contract.endFlg().send());
    System.out.println("受益人：" + contract.highestBidder().send());
    System.out.println("最高竞标金额：" + contract.highestBid().send());

  } catch (Exception e) {
    System.out.println("queryAuction 错误：" + e);
  }
  return isAuctionOpen;
}
```

transferETH函数用来进行以太币（加密货币）的转账，前一个范例已有详细介绍，在此不多做赘言。需要注意的是，要设置足够的燃料（Gas）值，因为当把以太币转账给智能合约的payable函数时，payable函数并不仅有接收以太币的功能，在本节的范例中，智能合约的payable函数还会将次高出价金还给次高出价者，这个操作也会耗费大量的燃料。

```java
// 转账以太币
private void transferETH(String fromEOA, String toEOA, String keyFile,
                          String pwd, String eth) {
 try {
   // 连接区块链节点
   Web3j web3 = Web3j.build(new HttpService(blockchainNode));

   // 验证签名对象
   Credentials credentials = WalletUtils.loadCredentials(pwd, keyFile);

   // 设置以太币数量
   BigInteger ethValue = Convert.toWei(eth, Convert.Unit.ETHER).toBigInteger();

   // 设置nonce随机数
   EthGetTransactionCount ethGetTransactionCount = web3
       .ethGetTransactionCount(fromEOA, DefaultBlockParameterName.LATEST)
                             .sendAsync().get();
   BigInteger nonce = ethGetTransactionCount.getTransactionCount();

   // 设置燃料Gas
   BigInteger gasPrice = new BigInteger("" + 1);
   BigInteger gasLimit = new BigInteger("" + 80000);

   // 创建RawTransaction对象
   RawTransaction rawTransaction = RawTransaction.createEtherTransaction(nonce,
                                 gasPrice, gasLimit, toEOA, ethValue);

   // 对交易进行签名与加密
   byte[] signedMessage = TransactionEncoder.signMessage(rawTransaction,
                             credentials);
   String hexValue = Numeric.toHexString(signedMessage);

   // 传送交易
   EthSendTransaction ethSendTransaction = web3.ethSendRawTransaction
(hexValue).sendAsync().get();
```

```
    String txnHash = ethSendTransaction.getTransactionHash();
    System.out.println("传送以太坊交易序号: " + txnHash);
  } catch (Exception e) {
    System.out.println("transferETH, 错误: " + e);
  }
}
```

　　具备各项功能的函数后便可实现应用演练。本应用场景将会有3个EOA账户：管理员在启动拍卖之后，第一位竞标者出价10个以太币，第二位竞标者提出更高的出价金额20个以太币，最后拍卖管理员停止拍卖活动，并将中标金额转账给第三个EOA账户。

　　本范例并没有实现异步机制，因此程序将通过不断调用queryAuction函数查询合约启动标志，判断拍卖活动是否已经开始。

```
// 启动拍卖
openAuction(120);

// 等待到开始拍卖
boolean isAuctionOpen = queryAuction();
while (!isAuctionOpen) {
  isAuctionOpen = queryAuction();
}

// 第一位竞标者出价
transferETH(user1, contractAddr, keyFile01, "16888", "10.0");

// 第二位竞标者出价
transferETH(user2, contractAddr, keyFile02, "16888", "20.0");

// 结束拍卖活动
endAuction();

//查询拍卖结果
queryAuction();
```

　　如图6-6所示，可通过MIST钱包软件来观察测试案例的演练过程。在拍卖开始前，User1的加密货币余额为20个以太币（ETH），User2的加密货币余额为70个以太币，User3的加密货币余额为5个以太币。

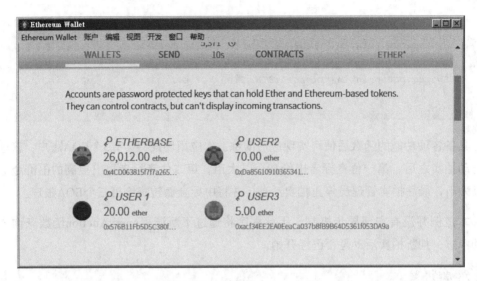

图 6-6

在拍卖开始前，智能合约的加密货币余额为0个以太币，如图6-7所示。

图 6-7

通过观察智能合约的状态变量可知，目前尚没有最高出价者，也没有最高出价金，拍卖开始标志指出活动尚未开始，拍卖结束标志指出活动尚未结束，如图6-8所示。

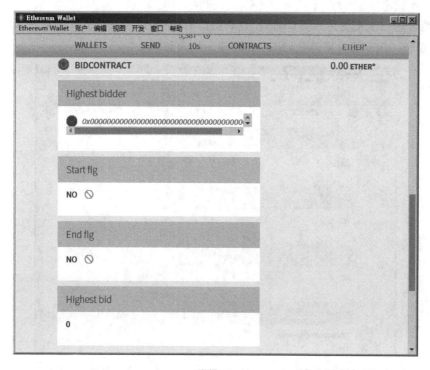

图 6-8

　　拍卖结束后，User1原来出价的10个以太币并非最高出价金额，因此会归还给User1；
User 2出价的20个以太币为最高金额，因此User2的加密货币余额将只剩下50个以太币；
最后拍卖所得会转账给User3，使得加密货币余额变成了25个比特币，如图6-9所示。

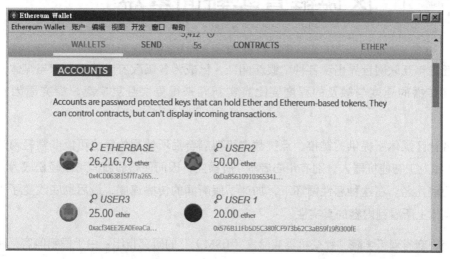

图 6-9

智能合约记录中受益人为User3，最高出价者为User2，最高出价金额为20个以太币，以wei为单位，因而经过换算是如图6-10所显示的大数字。

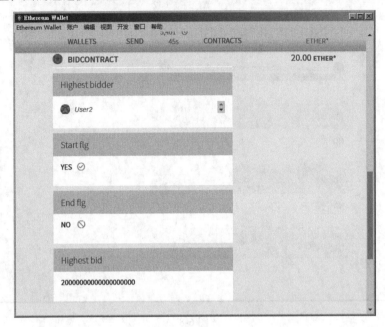

图 6-10

6.4 | 区块链真实新闻系统

近几年互联网世界出现各种"假新闻"，已成为各国政府或地区政府与媒体的痛点。假新闻传播的速度与触及的程度要比真实新闻来得更快且更广泛，探究原因有以下几点：

各社区媒体所提供的链接、点赞数与投票等背后所使用的算法可以非常轻易地被第三方（如人工智能机器人、别有用心者等）所操控，因而使得假新闻可以轻松成为搜索排行榜的前几名。在这种恶性循环下，加速了假新闻的传播速度，最后彻底改变了大众在社交媒体上所看到内容的真实性。

美国麻省理工学院"社交机器实验室（LSM）"的研究指出：由于假新闻容易牵动读者或听众的情绪，因此被转发的概率要比真实新闻高出70%，传播的速度快上6倍多。

无独有偶，来自波兰的新创公司Userfeeds曾尝试通过区块链技术实现"经济激励"（Economic Incentive）方式来对新闻内容进行评估，期望能够中止假新闻的传播。

简单地说，该公司想利用区块链透明与公开的特性，对传播者进行审计以及对内容发布进行追踪，同时通过该平台所发行的声誉代币（Reputation Token）作为对真实新闻奖励的加密代币机制，鼓励发表与分享真实的新闻内容，使得新闻发布者乐于分享真实新闻，最终也使得人们可在社交媒体中获得可靠和真实的消息，进而打击假新闻的传播。

"区块链"是为了解决信任问题的新兴科技，本节将延续这个议题，尝试实现简化后的真实新闻系统来探讨是否可以运用这项科技重建人民的信任，进而打击假新闻的传播。

在本节的范例中，我们将设计两个智能合约：第一个智能合约称为"新闻合约"，记录与存储一位新闻发布者所发布的新闻，读者或听众可将加密货币作为奖励转账给智能合约，受益人便是新闻合约的拥有者（新闻发布者本身）；第二个智能合约称为"新闻注册合约"，用来记录所有新闻发布者的相关信息，例如新闻合约的地址等。以下为NewsContract.sol新闻合约的实现内容。

```solidity
pragma solidity ^0.4.25;

contract NewsContract {

  //新闻主持人
  address public host;

  //记录一则新闻
  struct News {
    string newsCxt;
    uint accumulate;
    bool exist;
  }

  //存储所有新闻
  mapping(uint => News) public newsData;

  //总新闻数
  uint public newsCnt;

  //得到最多奖励新闻的键（Key）
```

```
uint public maxRewardNews;

//添加新闻事件
event AddNewsEvt(string indexed eventType, uint newsKey);

//奖励新闻事件
event RewardEvt(string indexed eventType, address sender, uint value);

//记录受益人
constructor () public {
  host = msg.sender;
}

//只有主持人可执行
modifier onlyHost() {
  require(msg.sender == host,
  "only host can do this");
  _;
}

//添加一则新闻
function addNews(string newsCxt) public onlyHost returns(uint) {
  //发布总量加1
  newsCnt++;

  newsData[newsCnt].newsCxt = newsCxt;
  newsData[newsCnt].accumulate = 0;
  newsData[newsCnt].exist = true;

  //触发添加新闻事件
  emit AddNewsEvt("NewsAdd", newsCnt);

  return newsCnt;
}

//奖励一则新闻
function rewardNews(uint newsKey) public payable {
  //主持人不可以奖励自己
  require(msg.sender != host, "host can not reward himself");

  //奖励金需大于0
  require(msg.value > 0, "reward value need greater than 0");
```

```
    //新闻必须存在
    require(newsData[newsKey].exist, "news not exist");

    //累加奖励
    newsData[newsKey].accumulate += msg.value;

    //判断是否置换最高奖励的新闻
    if (newsData[newsKey].accumulate > newsData[maxRewardNews].accumulate)
      maxRewardNews = newsKey;

    //触发奖励事件
    emit RewardEvt("Reward", msg.sender, msg.value);
  }

  //查询新闻是否存在
  function isNewsExist(uint newsKey) public view returns(bool) {
    return newsData[newsKey].exist;
  }

  //阅读新闻内容
  function queryCtx(uint newsKey) public view returns(string) {
    //新闻必须存在
    require(newsData[newsKey].exist, "news not exist");

    return newsData[newsKey].newsCxt;
  }

  //查询新闻累积奖励
  function queryReward(uint newsKey) public view returns(uint) {
    //新闻必须存在
    require(newsData[newsKey].exist, "news not exist");

    return newsData[newsKey].accumulate;
  }
  //接收奖励
  function getReward() public onlyHost{
    host.transfer(address(this).balance);
  }
}
```

新闻合约具有以下几个状态变量：变量host记录当前合约拥有者的EOA账户，也就是在这个智能合约中具有新闻发布权利及接收奖励的用户对应的账户；变量newsCnt记录在智能合约中总共发布过的新闻数；变量maxRewardNews记录在此智能合约中得到最多奖励新闻的键（Key），读者或听众稍后便可使用查到后的键（Key）来查询新闻的内容。

```
//新闻主持人
address public host;

//总新闻数
uint public newsCnt;

//得到最多奖励新闻的键（Key）
uint public maxRewardNews;
```

新闻合约除上述几个原生类型的状态变量外，同时还提供下列几种引用类型的变量：News类型存储一则新闻的相关信息，包括newsCxt记录新闻的文本内容；accumulate记录新闻的累计奖励金额；exist变量用来判断在映射结构（mapping）中指定键（Key）的新闻是否存在的依据。

```
//记录一则新闻
struct News {
  string newsCxt;
  uint accumulate;
  bool exist;
}

//存储所有新闻
mapping(uint => News) public newsData;
```

此外，新闻合约还定义了下列几种事件：AddNewsEvt事件包含了事件种类的标识字符串以及新发布新闻的键（Key）；RewardEvt事件包含事件种类的标识字符串以及奖励者的EOA账户与奖励金额。当有新的新闻发布或有用户奖励新闻发布者时，都会触发对应的事件。

```
//添加新闻事件
event AddNewsEvt(string indexed eventType, uint newsKey);

//奖励新闻事件
event RewardEvt(string indexed eventType, address sender, uint value);
```

在智能合约的构造函数中，获取合约发布者的EOA账户并记录为合约的主持人（奖励的受益人，也即拥有者），onlyHost修饰符设置只有合约的主持人可以调用该函数，稍后实现功能相关的函数时将会用到。

```
//记录受益人
constructor () public {
  host = msg.sender;
}

//只有主持人可执行
modifier onlyHost() {
  require(msg.sender == host,
  "only host can do this");
  _;
}
```

在准备好所有非功能性的函数后，即可开始实现与新闻发布有关的合约函数。addNews函数的唯一参数即为新闻的文本内容，由于声明为onlyHost，因此只有合约拥有者可以调用此函数。在addNews函数中首先累加newsCnt新闻数量计数变量，累计后的数值同时作为添加的新闻在映射结构中的键（Key）。

对应News结构中的字段存储新闻相关的信息，其中包含了newsCxt存储新闻的内容；accumulate记录新闻累加的奖励金额；exist设置为true，使其为通过键来查询新闻是否存在的判断依据；最后触发AddNewsEvt添加新闻事件，同时返回添加的新闻键。

```
//添加一则新闻
function addNews(string newsCxt) public onlyHost returns(uint) {
  //发布总量加1
  newsCnt++;

  newsData[newsCnt].newsCxt = newsCxt;
  newsData[newsCnt].accumulate = 0;
  newsData[newsCnt].exist = true;
  //触发添加新闻事件
  emit AddNewsEvt("NewsAdd", newsCnt);

  return newsCnt;
}
```

rewardNews函数为读者或听众提供对新闻发布者进行奖励的入口，因此必须声明为payable，同时为了避免合约主持人操纵奖励金额、浮报对新闻的信任程度，也需要通过

require指令来限制合约主持人不可转账以太币给智能合约。此外，所转账的以太币必须大于0，并通过newsData[newsKey].exist是否为true来判断指定键（Key）的新闻是否存在于智能合约中。在累加新闻的奖励后，应判断当前累加的新闻奖励金是否大于之前最高的新闻累积奖励，若条件成立，maxRewardNews变量便记录当前受到奖励的新闻为合约中最高奖励的新闻。函数最后触发RewardEvt事件表示将收到奖励。

```
//奖励一则新闻
function rewardNews(uint newsKey) public payable {
  //主持人不可以奖励自己
  require(msg.sender != host, "host can not reward himself");

  //奖励金需大于0
  require(msg.value > 0, "reward value need greater than 0");

  //新闻必须存在
  require(newsData[newsKey].exist, "news not exist");

  //累加奖励
  newsData[newsKey].accumulate += msg.value;

  //判断是否置换最高奖励的新闻
  if (newsData[newsKey].accumulate > newsData[maxRewardNews].accumulate)
    maxRewardNews = newsKey;

  //触发奖励事件
  emit RewardEvt("Reward", msg.sender, msg.value);
}
```

新闻合约提供了下列几个与信息查询有关的函数，由于这些函数都不会更改合约状态，因此全部声明为view。isNewsExist函数的传入参数为要查询的新闻键（Key），将返回布尔值，表示新闻是否存在于智能合约中；queryCtx函数的传入参数也是要查询的新闻键，若该键的新闻存在，则返回新闻的内容；queryReward函数用来查询指定新闻累计的奖励金额，金额的高低代表新闻受信任的程度。

```
//查询新闻是否存在
function isNewsExist(uint newsKey) public view returns(bool) {
  return newsData[newsKey].exist;
}

//阅读新闻内容
```

```
function queryCtx(uint newsKey) public view returns(string) {
  //新闻必须存在
  require(newsData[newsKey].exist, "news not exist");

  return newsData[newsKey].newsCxt;
}

//查询新闻累积奖励
function queryReward(uint newsKey) public view returns(uint) {
  //新闻必须存在
  require(newsData[newsKey].exist, "news not exist");

  return newsData[newsKey].accumulate;
}
```

新闻合约的最后一个函数限制只能由合约主持人执行，以便移交该智能合约收到的所有奖励给合约主持人，作为对发布真实新闻的鼓励。

```
//接收奖励
function getReward() public onlyHost{
  host.transfer(address(this).balance);
}
```

实现新闻合约后即可开始编写"新闻注册合约"。如下为RegisterContract.sol的完整程序代码。

```
pragma solidity ^0.4.25;

contract RegisterContract {

  //合约主持人
  address public host;

  //新闻合约ID与地址的映射
  mapping(uint => address) public idToAddrMapping;

  //新闻合约地址与昵称的映射
  mapping(address => string) public addrToNameMapping;

  //总新闻合约数
  uint public contractCnt;

  //注册新闻合约事件
  event RegEvt(string indexed eventType, address contractAddr,
            string contractName);
```

```
//记录主持人
constructor () public {
  host = msg.sender;
  contractCnt = 0;
}

//注册新闻合约
function regContract(address contractAddr, string contractName) public
                        returns(uint){
  //合约昵称不可空白
  require(bytes(contractName).length != 0, "contract name can not empty");

  //合约地址不可重复
  require(bytes(addrToNameMapping[contractAddr]).length == 0,
            "contract address already registry");

  //合约总量加1
  contractCnt++;

  //记录合约ID与地址的映射
  idToAddrMapping[contractCnt] = contractAddr;

  //记录合约地址与昵称的映射
  addrToNameMapping[contractAddr] = contractName;

  //触发添加新闻合约事件
  emit RegEvt("RegEvn", contractAddr, contractName);

  //返回注册后的键
  return contractCnt;
}

//查询合约地址是否已注册
function isContractExist(address contractAddr) public view returns(bool) {
  if (bytes(addrToNameMapping[contractAddr]).length == 0)
    return false; //未注册
  else
    return true; //已注册
}
}
```

在RegisterContract.sol "新闻注册合约"中，声明下列状态变量以记录合约主持人与统计总共注册的新闻合约数：

```
//注册合约主持人
address public host;
```

```
//总新闻合约数
uint public contractCnt;
```

接着声明两个映射（mapping）类型的变量，分别记录新闻合约的ID与地址间的映射
关系，以及新闻合约的地址与昵称间的映射关系。注意，新闻合约ID会以注册当时的总
注册量为依据，既比较容易实现，也不会有重复的疑虑。

```
//新闻合约ID与地址的映射
mapping(uint => address) public idToAddrMapping;

//新闻合约地址与昵称的映射
mapping(address => string) public addrToNameMapping;
```

注册合约同时定义了下列事件，在完成新的新闻合约注册时便会触发此事件。

```
//注册新闻合约事件
event RegEvt(string indexed eventType, address contractAddr, string contractName);
```

同样，在智能合约的构造函数中记录了合约发布者的EOA账户，以作为合约的主持
人（或拥有者）。

```
//记录主持人
constructor () public {
  host = msg.sender;
  contractCnt = 0;
}
```

接着注册合约的核心功能。首先是regContract函数，它提供了注册新的新闻合约功能，
所需传入的参数contractAddr用于记录要注册新闻合约的地址；contractName用于记录要注
册新闻合约的昵称；regContract函数执行后将返回注册成功所获取的注册ID。为简化范例
的解说，我们直接以总注册量为依据。

regContract函数通过require指令实现相关的业务逻辑，包含通过bytes指令判断所输入
的合约昵称是否为空值。由于昵称不可为空白，因此借助addrToNameMapping映射数据类
型，并以合约地址为键（Key）来判断昵称是否为空值，进而得知新闻合约的地址是否被
重复注册。确认了符合业务逻辑后，再将合约ID、地址、昵称间的关联分别记录在
idToAddrMapping与addrToNameMapping两个映射数据类型之中，最后触发RegEvt事件通
知已成功注册了一个新的新闻合约。

```
//注册新闻合约
function regContract(address contractAddr, string contractName) public
returns(uint){
  //合约昵称不可空白
  require(bytes(contractName).length != 0, "contract name can not empty");

  //合约地址不可重复
  require(bytes(addrToNameMapping[contractAddr]).length == 0,
              "contract address already registry");

  //合约总量加1
  contractCnt++;

  //记录合约ID与地址的映射
  idToAddrMapping[contractCnt] = contractAddr;

  //记录合约地址与昵称的映射
  addrToNameMapping[contractAddr] = contractName;

  //触发添加新闻合约事件
  emit RegEvt("RegEvn", contractAddr, contractName);

  //返回注册后的键（Key）
  return contractCnt;
}
```

注册合约最后提供了isContractExist函数，以用户合约的地址为参数，查询该地址是否已被注册过。

```
//查询合约地址是否已注册
function isContractExist(address contractAddr) public view returns(bool) {
  if (bytes(addrToNameMapping[contractAddr]).length == 0)
    return false; //未注册
  else
    return true; //已注册
}
```

至此，我们已完成智能合约设计的部分，虽然处理逻辑不甚完备，例如未能判断新闻合约地址是否真的存在、新闻合约地址会不会只是一个EOA账户等。这些是有兴趣的读者后续可自行增补和强化的部分，本书就不再继续深入探讨了。

　　参考前面所介绍的内容，试着创建所需的合约封装Java程序。完整的程序代码可参考
NewsPOC.java。如下为Java程序中声明区块链节点的JSON-RPC URL以及智能合约的
地址。

```
// 区块链节点地址
private String blockchainNode = "http://127.0.0.1:8080/";

// 智能合约地址
private String contractAddr = "0x9a8512326b0c74ec0fd066e17eb34877d361f790";
```

　　本范例采用离线方式进行交易，因此声明了2个读者或听众与挖矿账户的密钥文件
位置。挖矿账户将进行新闻合约的部署，模拟新闻发布者的角色，同时也是合约奖励的
受益者。

```
// 读者或听众的密钥文件的存储路径
String keyFile01 = "C:\\user1Key";
String keyFile02 = "C:\\user2Key";

// 挖矿账户的密钥文件
String keyFilbase = "C:\\minerKey";
```

　　NewsPOC.java共实现了3个主要的函数，包含createNews新闻创建函数、queryNews
新闻查询函数与rewardNews奖励新闻函数，其中createNews函数需输入3个参数：密钥存
储路径的keyFile参数、EOA密码的myPWD参数与设置新闻内容的newCtx参数。

　　createNews函数使用TransactionReceiptProcessor与TransactionManager两个对象，并通
过异步的方式获取添加新闻后的执行结果。异步机制会通过回调的方式，将执行结果传递
至实现了回调接口的NewsCreateCallBack对象，最后createNews函数将封装对象所提供的
映射应用于智能合约的addNews函数后便完成了添加新闻的操作。

```
// 创建一则新闻
private void createNews(String keyFile, String myPWD, String newCtx) {
  try {
    // 连接区块链节点
    Web3j web3 = Web3j.build(new HttpService(blockchainNode));

    // 指定密钥文件并进行账户和密码的验证
    Credentials credentials = WalletUtils.loadCredentials(myPWD, keyFile);

    int attemptsPerTxHash = 30;
```

```
long frequency = 1000;

// 创建事务处理程序
TransactionReceiptProcessor myProcessor = new
    QueuingTransactionReceiptProcessor(web3, new NewsCreateCallBack(),
    attemptsPerTxHash, frequency);

// 创建交易管理器
TransactionManager transactionManager = new RawTransactionManager(web3,
        credentials, ChainId.NONE, myProcessor);

// 获取合约封装对象
NewsContract contract = NewsContract.load(contractAddr, web3,
    transactionManager, NewsContract.GAS_PRICE, NewsContract.GAS_LIMIT);

// 添加一则新的新闻
contract.addNews(newCtx).sendAsync();
} catch (Exception e) {
System.out.println("添加新闻错误，错误: " + e);
}
}
```

接着，实现回调接口的NewsCreateCallBack对象，以获取异步交易的执行结果。在前一章探讨合约事件时，我们曾介绍可以通过Function对象来剖析事件的日志（Log）。同理，要剖析合约函数的返回值也可通过Function对象。

回想刚刚所设计的智能合约，addNews合约函数具有一个类型为uint的返回值，因此创建Function对象时，只需将new TypeReference<uint>()传递到参数设置数组中，便可令Function对象具有剖析uint返回值的能力。剖析后的结果将被存储在List<Type>列表中，由于只有一个返回值，因此只要获取第一个元素（索引值为0的元素）即可。

```
// 获取交易执行结果
class NewsCreateCallBack implements Callback {
  // 交易被接受的回调函数
  public void accept(TransactionReceipt recp) {
    // 定义函数返回值
    Function function = new Function("", Collections.<Type>emptyList(),
                      Arrays.asList(new TypeReference<uint>() {}));

    // 获取返回值
  List<Log> list = recp.getLogs();
```

```
      List<Type> nonIndexedValues = FunctionReturnDecoder.decode(list.get(0)
                                    .getData(), function.getOutputParameters());

      // 第一个返回值是uint
      BigInteger newsKey = (BigInteger) nonIndexedValues.get(0).getValue();
      System.out.println("添加新闻之键: " + newsKey.intValue());
   }


   public void exception(Exception exception) {
      System.out.println("交易失败, err: " + exception);
   }

}
```

可以通过Java程序的queryNews函数来查询指定键（Key）的新闻相关信息。该函数需输入3个参数：密钥存储路径的keyFile参数、EOA密码的myPWD参数与指定查询的新闻键。在获取合约封装对象后，便可调用一连串的合约函数，包括根据键查询合约是否存在的isNewsExist函数、查询新闻内容的queryCtx函数与查询新闻累积的奖励的queryReward函数。

```
// 查询一则新闻
private void queryNews(String keyFile, String myPWD, int newsKey) {
   try {
      // 连接区块链节点
      Web3j web3 = Web3j.build(new HttpService(blockchainNode));

      // 指定密钥文件并进行账户和密码的验证
      Credentials credentials = WalletUtils.loadCredentials(myPWD, keyFile);

      // 记录交易开始时间
      startTime = System.currentTimeMillis();

      // 获取合约封装对象
      NewsContract contract = NewsContract.load(contractAddr, web3, credentials,
                              NewsContract.GAS_PRICE, NewsContract.GAS_LIMIT);

      // 查询新闻是否存在
      Boolean isExist = contract.isNewsExist(new BigInteger("" + newsKey)).send();
      System.out.println("新闻是否存在: " + isExist.booleanValue());

      // 查询新闻内容
      String newsCxt = contract.queryCtx(new BigInteger("" + newsKey)).send();
```

```
System.out.println("新闻内容: " + newsCxt);

        // 查询新闻累积奖励
        BigInteger reward = contract.queryReward(new BigInteger(""+newsKey)).send();
        System.out.println("新闻的累积奖励: " + reward.longValue());

    } catch (Exception e) {
        System.out.println("查询新闻错误, 错误: " + e);
    }
}
```

最后一个重头戏是把以太币转账给智能合约, 即奖励真实新闻的rewardNews函数。在前面所介绍的内容中, 封装对象输入参数基本上与合约函数的参数是一对一的关系。然而, 如下程序代码所示, 封装对象的rewardNews函数具有两个输入参数, 但rewardNews合约函数的参数为什么却只有一个? 原来rewardNews合约函数定义为payable, 表示可通过此函数将以太币传递给智能合约, 因此封装对象的rewardNews函数的第一个参数为指定奖励的新闻键 (Key) 、第二个参数是要奖励的以太币数量。

需要注意的是, 转账以太币时, 封装对象的rewardNews函数接受的是以wei为单位的以太币数量, 因此必须先通过Convert.toWei将以eth为单位的以太币金额换算成以wei为单位的以太币金额。

```
// 奖励一则新闻
private void rewardNews(String keyFile, String myPWD, int newsKey, int eth) {
    try {
        // 连接区块链节点
        Web3j web3 = Web3j.build(new HttpService(blockchainNode));

        // 指定密钥文件并进行账户和密码的验证
        Credentials credentials = WalletUtils.loadCredentials(myPWD, keyFile);

        // 获取合约封装对象
        NewsContract contract = NewsContract.load(contractAddr, web3, credentials,
                            NewsContract.GAS_PRICE, NewsContract.GAS_LIMIT);

        // 奖励一则新闻
        BigInteger weiValue = Convert.toWei("" + eth, Convert.Unit.ETHER)
                                                        .toBigInteger();
        contract.rewardNews(new BigInteger("" + newsKey), weiValue).send();
    } catch (Exception e) {
```

```
    System.out.println("奖励新闻错误, 错误: " + e);
  }
}
```

以下是为了示范本案例所设计的应用场景，其中部署合约的矿工也是新闻发布者。执行下列函数以添加新闻。

```
createNews(keyFilbase, "16888", "油价重挫与中美贸易战，营收持续衰退");
```

假设执行结果如下所示，新闻的主键为5：

- 身份验证
- 创建交易管理器
- 获取合约
- 添加新闻
- news ID:5

接着模拟多位读者或听众对新闻进行奖励。注意，如果读者或听众本身所拥有的以太币余额不足，却要转账较大数量的以太币，就将触发如下的异常事件：java.lang.RuntimeException: Error processing transaction request: insufficient funds for gas * price + value。

```
//第一位读者或听众对新闻进行奖励
rewardNews(keyFile01, "16888", 5, 2);

//第二位读者或听众进行奖励
rewardNews(keyFile02, "16888", 5, 10);

//查询指定的新闻
queryNews(keyFilbase, "16888", 5);
```

执行结果如下所示，查询指定新闻的累积奖励是以wei为单位的。还记得智能合约提供了一个只允许合约主持人执行的 getReward() 函数吗？该合约函数通过 host.transfer(address(this).balance)指令便可把智能合约的余额转账给合约主持人。虽然本范例并没有显示执行getReward函数后的结果（即便智能合约的余额已转账给主持人），但是查询新闻的累积奖励时并不会受到影响，原因在于新闻的累积奖励记录在News结构数据类型之中，而与智能合约的余额脱钩了。

- 新闻是否存在：true
- 新闻内容：油价重挫与中美贸易战，营收持续衰退
- 新闻的累积奖励：12000000000000000000

　　除了"新闻合约"外，尚需一个用于管理用途的"新闻注册合约"。可参考先前关于创建对应合约封装对象的介绍，完整的程序代码可查阅NewsRegPOC.java的说明。在NewsRegPOC.java程序中，实现了下列几个比较重要的函数，包括注册新闻频道的regNews函数与查询新闻频道的queryContract函数。

　　regNews函数需传入几个参数，包括密钥存储路径的keyFile参数、存储EOA密码的myPWD参数、存储要进行注册的新闻频道地址的newsContractAddr参数，以及记录新闻频道昵称的newsContractName参数；并提供了TransactionReceiptProcessor与TransactionManager实现异步运算，此部分先前已介绍过，故在此不再赘述。

```java
// 注册一则新闻
private void regNews(String keyFile, String myPWD, String newsContractAddr,
                String newsContractName) {
  try {
    // 连接区块链节点
    Web3j web3 = Web3j.build(new HttpService(blockchainNode));

    // 指定密钥文件并进行账户和密码的验证
    Credentials credentials = WalletUtils.loadCredentials(myPWD, keyFile);
    int attemptsPerTxHash = 30;
    long frequency = 1000;

    // 记录交易开始时间
    startTime = System.currentTimeMillis();

    // 创建事务处理程序
    TransactionReceiptProcessor myProcessor = new
        QueuingTransactionReceiptProcessor(web3, new NewsRegCallBack(),
        attemptsPerTxHash, frequency);

    // 创建交易管理器
    TransactionManager transactionManager = new RawTransactionManager(web3,
        credentials, ChainId.NONE, myProcessor);

    // 获取合约封装对象
    RegisterContract contract = RegisterContract.load(contractAddr, web3,
```

```
      transactionManager, RegisterContract.GAS_PRICE,
      RegisterContract.GAS_LIMIT);

   // 添加一则新的新闻
   contract.regContract(newsContractAddr, newsContractName).sendAsync();

 } catch (Exception e) {
   System.out.println("添加新闻错误，错误: " + e);
 }
}
```

　　queryContract函数可用来查询已注册新闻频道的相关信息，需传入几个参数：密钥存储路径的**keyFile**参数、EOA密码的**myPWD**参数，以及记录所要查询新闻频道地址的**newsContractAddr**参数。

　　本函数使用了多个由封装合约对象所提供的功能，包括：根据新闻合约地址来查询是否已注册过的**isContractExist**函数、查询已注册的新闻频道数量的**contractCnt**函数，以及直接使用智能合约中声明为**public**的**addrToNameMapping**映射变量来查询新闻频道的昵称。

```
// 查询新闻频道
private void queryContract(String keyFile, String myPWD, String newsContractAddr) {
 try {
   // 连接区块链节点
   Web3j web3 = Web3j.build(new HttpService(blockchainNode));

   // 指定密钥文件并进行账户和密码的验证
   Credentials credentials = WalletUtils.loadCredentials(myPWD, keyFile);

   // 获取合约封装对象
   RegisterContract contract = RegisterContract.load(contractAddr, web3,
       credentials,RegisterContract.GAS_PRICE, RegisterContract.GAS_LIMIT);

   // 查询新闻频道是否存在
   Boolean isExist = contract.isContractExist(newsContractAddr).send();
   System.out.println("新闻频道是否存在: " + isExist.booleanValue());

   // 查询新闻数量
   BigInteger newsCnt = contract.contractCnt().send();
   System.out.println("注册新闻数量: " + newsCnt);
```

```
// 查询新闻频道
String newsName = contract.addrToNameMapping(newsContractAddr).send();
System.out.println("新闻频道名称: " + newsName);

} catch (Exception e) {
System.out.println("查询新闻频道错误，错误: " + e);
}
}
```

以下是针对本范例所设计的测试场景。首先由挖矿账户将新闻合约的地址及新闻频道的昵称输入到regNews函数以准备进行注册，接着调用queryContract函数查询新闻频道的注册概况。

```
//注册一则新闻频道
regNews(keyFilbase, "16888", "0x298a71b8d...", "真相新闻网");

// 查询指定的新闻频道
queryContract(keyFilbase, "16888", "0x298a71b8d...");
```

执行后可得到如下的执行结果：

- 新闻频道是否存在: true
- 注册新闻数量: 5
- 新闻频道名称: 真相新闻网

区块链对于打击假新闻确实创造出一个全新的商业模式，新闻散布将不再受制于广告与订阅人数的控制，也不再需要依赖社交媒体的阅读衡量指标，例如链接、点赞数与投票等，在良性循环的情况下，更可改善所发布内容的真实性，并形成假新闻进入的障碍。此外，激励式的代币系统可应用的层面相当广泛，比如各种各样的数字内容与新闻、博客文章或者短视频等都可借助区块链技术的运用来提升人们对内容的信任程度。

6.5 | 区块链供应链金融

在进入本节的案例探讨之前，先来聊聊什么是供应链金融（Supply Chain Finance）。首先试着想象供应链的运营流程。

在某个特定商品的供应链中，从原物料的采购，到中间产品或最终产品的制造，最后由经销商将产品销售给顾客。我们可将整个流程中的角色简化为供货商、制造商、销售商以及消费者，如图6-11所示。

供货商　　　　　制造商　　　　　销售商　　　　　消费者

图 6-11

在简化的流程中，竞争力较强、规模较大的核心企业（如制造商），因其强势的主导地位，因而在交付货款、定价策略等贸易条件上给予上下游相对弱势的相关企业巨大的压力。举例来说，上游的供货商供货给核心企业的同时，可能要承受应收账款延迟给付的资金压力；下游的销售商也可能需要通过缴纳保证金的方式，提早对核心企业支付资金。由于上下游企业多半只是中小型公司，因此这种信息不对称的情况往往会造成资金管理上的失衡。

核心企业不愿承担资金风险，同时还掌握了供应链上的信息流、物流与资金流等主控权，具有不可替代的地位，从而造成与供应链成员之间不对等的事实。上下游中小型企业因为规模小、抵押物不足或授信困难等成为金融机构拒绝放贷的主要原因。

供应链金融是为了解决上述问题所孕育而生的创新金融服务。简单地说，供应链的上下游企业分担了核心企业的资金风险，但没有得到核心企业的信用作为支撑。为此，如果核心企业的信用能够进行延伸，并且注入给上下游企业，提高金融机构对中小型企业的授信程度，解决抵押与担保资源匮乏的问题，进而提高放款的意愿，那么供应链金融不仅可以舒缓中小企业的资金压力，同时也能够有效监管核心企业与上下游企业的业务往来，形成正向循环，从而提升整条供应链的竞争力。

无独有偶，除了金融机构对供应链金融感兴趣外，有越来越多的电商（例如亚马逊、UPS、沃尔玛、京东、阿里巴巴等）也正在尝试提供全球或其生态系统的中小企业融资方案。

不少人误解了新兴的供应链金融，误认为它只是将传统的人工审核流程从线下移到线上，并提高电子化和网络化的程度而已。其实不然，传统供应链金融所面临的是信息透明度低、不易验证单据的真实性、交易流程难以追溯等问题。在当前金融科技（FinTech）繁荣发展之际，可以通过区块链等具有防止交易篡改、提高监管透明度、增加交易追溯性的技术来实现新类型的商业模式。例如，IBM公司在2017年与汇丰银行、德意志银行等7家欧洲银行建立策略联盟，构建以区块链为基础的跨境贸易融资平台；中国的"点融网"也与富士康旗下的"富金通"合作构建了"Chained Finance"金融平台；还有许多新创公司也尝试通过科技金融提供新兴的供应链金融服务。

如图6-12所示，供应链流程的左半部分即为本节所要示范的区块链供应链金融的概念图，大致上可以分为下列5个步骤：

1 在真实世界中，上游供货商交付原物料给制造商。

2 制造商将交易凭单（例如发票信息）输入区块链。

3 金融机构持续监听区块链上的事件。

4 监听与确认交易事件后，随即根据放款规则将款项拨付给供货商。

5 供货商得到以加密货币支付的贷款款项（真实世界可采用法币拨款）。

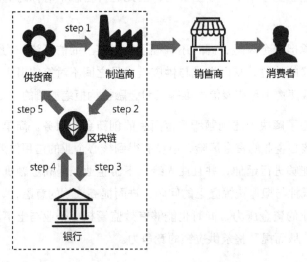

图 6-12

支持供应链金融的智能合约应包括下列几项功能：制造商上传交易凭单、触发交易事件、金融机构进行加密货币转账。为了让所有交易信息都能记录在智能合约中，银行必须先将一笔资金暂存在智能合约以供资金调拨所需。如下程序段为本范例的智能合约内容。

```
pragma solidity ^0.4.25;
contract SupplyChainContract {
```

```
//合约主持人(银行)
address public bank;

//制造商地址
address private factory;

//记录一笔供应链交易
struct SupplyTransaction {
  string transNo;    //交易凭单编号
  string transMemo;  //交易说明
  address supplier;  //供货商
  uint transTime;    //交易时间
  uint transValue;   //实体交易金额
  uint loanTime;     //放款时间
  uint loanValue;    //放款金额
  bool exist;
}

//存储所有供应链交易
mapping(uint => SupplyTransaction) public transData;

//总供应链交易数
uint public transCnt;

//添加供应链交易事件
event InsTransEvt(string indexed eventType, uint transCnt);

//记录合约主持人(银行)
constructor () public {
  bank = msg.sender;
}

//只有银行可执行
modifier onlyBank() {
  require(msg.sender == bank,
  "only bank can do this");
  _;
}

//只有制造商可执行
modifier onlyFactory() {
  require(msg.sender == factory,
```

```
        "only factory can do this");
        _;
}


//智能合约储值
function () public payable onlyBank{
}


//查询智能合约余额
function queryBalance() public view onlyBank returns(uint){
    return address(this).balance;
}


//设置制造商地址
function setFactory(address _factory) public onlyBank {
    factory = _factory;
}


//查询制造商地址
function queryFactory() public view returns(address) {
    return factory;
}


//添加一笔供应链交易
function insSupplyTrans(string transNo,string transMemo, address supplier,uint
transValue) public onlyFactory returns(uint){
    //供应链交易数量加1
    transCnt++;

    transData[transCnt].transNo = transNo;
    transData[transCnt].transMemo = transMemo;
    transData[transCnt].supplier = supplier;
    transData[transCnt].transValue = transValue;
    transData[transCnt].transTime = now;
    transData[transCnt].loanTime = 0;
    transData[transCnt].loanValue = 0;
    transData[transCnt].exist = true;

    //触发添加交易事件
    emit InsTransEvt("TransIns", transCnt);

    return transCnt;
```

```
    }

    //查询交易是否存在
    function isTransExist(uint transKey) public view returns(bool) {
      return transData[transKey].exist;
    }

    //传输加密货币给供货商
    function loanEth(uint transKey, uint loanValue) public onlyBank{
      require(transData[transKey].exist, "transaction not exist");

      //设置放款金额
      transData[transCnt].loanValue = loanValue;

      //设置放款时间
      transData[transCnt].loanTime = now;

      //指定放款金额转账给供货商
      transData[transCnt].supplier.transfer(loanValue);
    }
}
```

本智能合约声明了两个address变量以存储银行与制造商的地址，由于需要在智能合约中放置加密货币作为放款的资金，因此银行也同时担任合约主持人，负责合约部署的工作。

```
//合约主持人(银行)
address public bank;

//制造商地址
address private factory;
```

为了能记录一笔完整的供应链交易，本智能合约同时定义了SupplyTransaction结构类型来存储所需的信息，包括交易凭单编号（本范例所指的发票编号）、交易说明、供货商地址、交易时间、实体交易金额、放款时间、放款金额（以加密货币表示）以及判定交易是否存在的标志。

```
//记录一笔供应链交易
struct SupplyTransaction {
  string transNo;      //交易凭单编号
  string transMemo;    //交易说明
```

```
    address supplier;        //供货商地址
    uint transTime;          //交易时间
    uint transValue;         //实体交易金额
    uint loanTime;           //放款时间
    uint loanValue;          //放款金额
    bool exist;              //判断交易是否存在的标志
}
```

transData为映射类型的变量，其键（Key）为交易序号、值（Value）为SupplyTransaction结构数据类型；transCnt为记录交易总量的变量，同时也作为transData的键（Key）。

```
//存储所有供应链交易
mapping(uint => SupplyTransaction) public transData;

//总供应链交易数
uint public transCnt;
```

为了使银行能随时监听交易事件的发生，智能合约可通过InsTransEvt事件的触发通知链外的银行Oracle程序。

```
//添加供应链交易事件
event InsTransEvt(string indexed eventType, uint transCnt);
```

如前文所述，银行的角色将同时作为智能合约的部署人，因此在合约的构造函数中要记录银行的地址，由于有些功能只允许银行或者制造商才可以使用，因此声明onlyBank与onlyFactory两个修饰符作为函数执行的限制条件。

```
//记录合约主持人(银行)
constructor () public {
  bank = msg.sender;
}

//只有银行可执行
modifier onlyBank() {
  require(msg.sender == bank,
  "only bank can do this");
  _;
}

//只有制造商可执行
modifier onlyFactory() {
```

```
require(msg.sender == factory,
"only factory can do this");
_;
}
```

智能合约需具备余额，因此要提供声明为payable的函数，同时也声明为onlyBank，表示只有银行角色才可把加密货币转账给智能合约。作为查询智能合约余额的queryBalance函数，当然也必须声明为onlyBank，表示只有银行角色才允许查询。

```
//智能合约储值
function () public payable onlyBank{
}

//查询智能合约余额
function queryBalance() public view onlyBank returns(uint){
  return address(this).balance;
}
```

设置制造商地址的setFactory函数也声明为onlyBank，表示只有银行角色才可以执行。对应的queryFactory函数用于查询制造商的地址。

```
//设置制造商地址
function setFactory(address _factory) public onlyBank {
  factory = _factory;
}

//查询制造商地址
function queryFactory() public view returns(address) {
  return factory;
}
```

添加供应链交易的insSupplyTrans函数声明为onlyFactory，表示只有制造商才允许执行。它主要的输入参数包含transNo（实体交易的编号，如发票号码）、transMemo（交易说明）、supplier（供货商地址）、transValue（实体交易的金额）。在调用insSupplyTrans函数时，会先将transCnt加一以作为新交易的键（Key），同时作为总交易量的计数值；接着将输入参数存储到transData结构中的对应字段。由于此时尚未进行放款，因此记录放款时间的loanTime字段及记录放款金额的loanValue变量都只需填入0即可。

insSupplyTrans函数最后会触发InsTransEvt事件，以通知银行进行放款。至于isTransExist函数，则是根据交易的键（Key）来查询交易是否存在。

```
//添加一笔供应链交易
function insSupplyTrans(string transNo,string transMemo, address supplier, uint
transValue) public onlyFactory returns(uint){
  //供应链交易数量加1
  transCnt++;

  transData[transCnt].transNo = transNo;
  transData[transCnt].transMemo = transMemo;
  transData[transCnt].supplier = supplier;
  transData[transCnt].transValue = transValue;
  transData[transCnt].transTime = now;
  transData[transCnt].loanTime = 0;
  transData[transCnt].loanValue = 0;
  transData[transCnt].exist = true;

  //触发添加交易事件
  emit InsTransEvt("TransIns", transCnt);
  return transCnt;
}

//查询交易是否存在
function isTransExist(uint transKey) public view returns(bool) {
  return transData[transKey].exist;
}
```

智能合约的最后一个loanEth函数用于提供拨款给供货商，因此要声明为onlyBank，表示只有银行角色才可以执行。当银行进行拨款时，先通过require指令判断交易信息是否存在于transData结构中，同时记录loanValue放款金额与loanTime放款时间，最后通过transfer指令将放款的加密货币传输给供货商。

```
//传输加密货币给供货商
function loanEth(uint transKey, uint loanValue) public onlyBank{
  require(transData[transKey].exist, "transaction not exist");

  //设置放款金额
  transData[transCnt].loanValue = loanValue;

  //设置放款时间
  transData[transCnt].loanTime = now;

  //指定放款金额转账给供货商
```

```
        transData[transCnt].supplier.transfer(loanValue);
    }
```

智能合约设计完毕后即可开始编写Java程序。参考前几节所介绍的内容自行创建所需的合约封装对象。完整的程序代码包括实现银行角色的SupplyChainBank.java及制造商角色的SupplyChainFactory.java。Java程序都要声明区块链节点的URL以及智能合约的地址。

```
// 区块链节点地址
private String blockchainNode = "http://127.0.0.1:8080/";

// 智能合约地址
private String contractAddr = "0x069ce65305532f6e125366a9f98b90de511ff4e1";
```

演练场景共需要3个角色，分别是银行、制造商与供货商，其中只有供货商不需要进行智能合约的存取，因此不需要提供密钥文件的存储路径。

```
// 银行密钥文件
private String bankKey = "C:\\bankKeyFile";

// 银行EOA
String bank = "0x4cd063815f7f7a26504ae42a3693b4bbdf0b9b1a";

// 制造商密钥文件
private String factoryKey = "C:\\factpryKeyFile";

// 制造商EOA
String factory = "0x576B11Fb5D5C380fCF973b62C3aB59f19f9300fE";

//供货商EOA
String supplier = "0xDa85610910365341D3372fa350F865Ce50224a91";
```

SupplyChainBank.java作为演练银行的角色，提供了几个函数，包括设置制造商EOA的initFactory函数、把加密货币转账给智能合约的transferETH函数以及启动Oracle监听区块链事件的startOracle函数。initFactory函数需输出3个参数：记录银行密钥文件存储路径的keyFile参数、存储银行EOA密码的myPWD参数以及存储最重要制造商EOA的factory参数。

在获取合约封装对象中，只需调用对象的setFactory函数并传入制造商的EOA即可顺利完成设置制造商的操作。

```java
// 设置制造商
private void initFactory(String keyFile, String myPWD, String factory) {
  try {
    // 连接区块链节点
    Web3j web3 = Web3j.build(new HttpService(blockchainNode));

    // 指定密钥文件并进行账户和密码的验证
    Credentials credentials = WalletUtils.loadCredentials(myPWD, keyFile);

    // 获取合约封装对象
    SupplyChainContract contract = SupplyChainContract.load(contractAddr, web3,
        credentials,SupplyChainContract.GAS_PRICE,
        SupplyChainContract.GAS_LIMIT);

    // 设置制造商地址
    contract.setFactory(factory).send();
    System.out.println("设置制造商，完成");

  } catch (Exception e) {
    System.out.println("设置制造商错误，错误: " + e);
  }
}
```

transferETH函数的功能在于把加密货币转账给智能合约，以用于拨款给供货商。由于它的工作原理与前几节范例的工作原理大同小异，因此请读者自行参考前面的章节。startOracle函数用于启动Oracle服务，准备监听区块链上所发生的事件，必须传入要监听的智能合约地址。智能合约的InsTransEvt事件总共为两个消息：一个是声明为indexed的eventType；另一个是transCnt变量，记录供应链交易的键（Key）。

为了能从合约事件的indexed参数判断事件的种类，需先对 "TransIns" 关键字进行SHA3的哈希编码。另外，InsTransEvt事件只有一个非indexed的uint变量，因此剖析事件信息所需的Function对象只需加入TypeReference<uint>即可。

接着执行Admin对象的ethLogObservable函数，即可根据过滤条件进行事件的剖析。Web3j底层一旦监听到区块链事件就会执行回调函数，程序只要对比 "TransIns" 是否与关键字的SHA3编码相同即可知道是否触发添加供应链交易的事件，一旦确认有新的交易在供应链上产生，即会调用handleTransEvent函数做更进一步的处理。

```java
// 启动Oracle服务
public void startOracle(String contractAddr) {
  try {
    // 连接区块链节点
```

```
Admin web3 = Admin.build(new HttpService(blockchainNode));

// 设置过滤条件
EthFilter filter = new EthFilter(DefaultBlockParameterName.EARLIEST,
    DefaultBlockParameterName.LATEST,contractAddr);

// 获取事件topic的哈希编码
String eventTopicHash = Hash.sha3String("TransIns");

// 交易事件的日志（Log）
Function transLog = new Function("", Collections.<Type>emptyList(),
                    Arrays.asList(new TypeReference<uint>() {}));

// 持续监听事件
Subscription subscription = web3.ethLogObservable(filter).subscribe(new
                            Action1<Log>() {
  public void call(Log log) {
    List<String> list = log.getTopics();
    // 遍历事件中的Topic
    for (String topic : list) {
      if (topic.equals(eventTopicHash)) {
        System.out.println("处理交易事件");
        handleTransEvent(log, transLog);
      }
    }
  }
});
} catch (Exception e) {
  System.out.println("Oracle监听错误： " + e);
}
}
```

handleTransEvent函数用于处理供应链交易事件。由于InsTransEvt事件只会返回供应链交易的键（Key），因此只要对type.getValue()进行适当的类型转换即可得到交易的键（Key），再将其传递给querySupplyChainTrans函数，进一步确认交易是否确实存在于区块链中。若为true，则将交易的键与供应链交易金额传递给executeLoan函数，以准备进行放款的操作。

```
// 处理交易事件
private void handleTransEvent(Log log, Function function) {
  try {
    List<Type> nonIndexedValues = FunctionReturnDecoder.decode(log.getData(),
      function.getOutputParameters());
```

```
    int inx = 0;
    long transKey = 0l; // 交易ID
    for (Type type : nonIndexedValues) {
      if (inx == 0) {
        // 返回的参数是交易编号
        try {
          transKey = ((BigInteger) type.getValue()).longValue();
        } catch (Exception e) {
          System.out.println("convert error:" + e);
        }
      }
      inx++;
    }

    // 判断供应链交易是否存在
      Long transValueObj = querySupplyChainTrans(bankKey, "16888", transKey);
      if (transValueObj != null && transValueObj.longValue() > 0) {
        // 执行放款
        System.out.println("准备进行放款");
        executeLoan(bankKey, "16888", transKey, transValueObj.longValue());
      } else {
        // 不执行放款
        System.out.println("交易不存在，不进行放款");
      }
    } catch (Exception e) {
      System.out.println("Error:" + e);
    }
}
```

Java程序的querySupplyChainTrans函数提供了查询供应链交易信息的功能。虽然在智能合约中并没有定义相对应的函数，但是由于transData映射变量声明为public，因此外部程序能够直接存取。通过封装对象存取transData变量时，所得到的是一个由底层Web3j自动创建的Tuple8对象。Tuple8对象所定义的getValueX函数是按照智能合约的SupplyTransaction结构数据类型的字段按序产生的对应关系，因此在实现程序时要根据字段的类型进行适当的转换。

querySupplyChainTrans函数在确认交易确实存在于区块链时会将查询所得的供应链交易金额封装在Long对象中返回给上层的调用者，返回null时表示无法查到指定的供应链交易。

```java
// 查询供应链交易
private Long querySupplyChainTrans(String keyFile, String myPWD, long transKey) {
  Long transValueObj = null;
  try {
    // 连接区块链节点
    Web3j web3 = Web3j.build(new HttpService(blockchainNode));

    // 指定密钥文件并进行账户和密码的验证
    Credentials credentials = WalletUtils.loadCredentials(myPWD, keyFile);

    // 获取合约封装对象
    SupplyChainContract contract = SupplyChainContract.load(contractAddr, web3,
        credentials,SupplyChainContract.GAS_PRICE,
        SupplyChainContract.GAS_LIMIT);

    // 查询交易是否存在
    if (contract.isTransExist(new BigInteger("" + transKey)).send()) {
      System.out.println("供应链交易存在");

      // 获取交易对象
      Tuple8 transData = contract.transData(new BigInteger("" + transKey)).send();

      // 交易凭单编号
      String transNo = (String) transData.getValue1();

      // 交易说明
      String transMemo = (String) transData.getValue2();

      // 供货商
      String supplier = (String) transData.getValue3();

      // 交易时间
      BigInteger transTime = (BigInteger) transData.getValue4();

      // 实体交易金额
      BigInteger transValue = (BigInteger) transData.getValue5();
      transValueObj = transValue.longValue();

      // 放款时间
      BigInteger loanTime = (BigInteger) transData.getValue6();

      // 放款金额
```

```
        BigInteger loanValue = (BigInteger) transData.getValue7();

        // 交易存在标志
        Boolean exist = (Boolean) transData.getValue8();

        // 时间显示格式
        SimpleDateFormat timeFormat = new SimpleDateFormat("yyyy-MM-dd hh:mm:ss");
        Calendar bolckTimeCal = Calendar.getInstance();

        System.out.println("交易凭单编号: " + transNo);
        System.out.println("交易说明: " + transMemo);
        System.out.println("供货商: " + supplier);

        bolckTimeCal.setTimeInMillis(transTime.longValueExact() * 1000);
        System.out.println("交易时间:" + timeFormat.format
                        (bolckTimeCal.getTime()));

        System.out.println("实体交易金额: " + transValue);

        bolckTimeCal.setTimeInMillis(loanTime.longValueExact() * 1000);
        System.out.println("放款时间: " + timeFormat.format
                        (bolckTimeCal.getTime()));

        System.out.println("放款金额: " + loanValue.longValue());
        System.out.println("交易存在标志: " + exist);
      } else {
        System.out.println("供应链交易不存在");
        transValueObj = null;
      }
    } catch (Exception e) {
      System.out.println("查询供应链交易错误, 错误: " + e);
    }
    return transValueObj;
}
```

在确认供应链交易的存在后,程序流程便会调用executeLoan函数进行放款的操作,executeLoan函数要传入几个参数,包括记录银行密钥文件路径的keyFile变量、存储银行EOA密码的myPWD变量、存储供应链交易键的transKey变量以及存储供应链交易金额的transValue变量。

封装对象的loanEth函数对应于智能合约的loanEth函数,会从智能合约的余额中扣除指定数量的加密货币，并转账给供应链交易的供货商。假设供应链交易金额与加密货币之间的比例为10：1，表示10个单位的法币只能兑换成1个单位的加密货币，此时在进行单位转换时，要先将法币除以10得到以太币的单位，再通过Convert.toWei指令将以太币转换成以wei为单位表示的金额。

```java
// 执行放款
private void executeLoan(String keyFile, String myPWD, long transKey,
                         long transValue) {
  try {
    // 连接区块链节点
    Web3j web3 = Web3j.build(new HttpService(blockchainNode));

    // 指定密钥文件并进行账户和密码的验证
    Credentials credentials = WalletUtils.loadCredentials(myPWD, keyFile);

    // 获取合约封装对象
    SupplyChainContract contract = SupplyChainContract.load(contractAddr, web3,
    credentials,SupplyChainContract.GAS_PRICE, SupplyChainContract.GAS_LIMIT);

    // 查询交易是否存在
    Boolean isExist = contract.isTransExist(new BigInteger("" + transKey))
                      .send();
    if (isExist) {
      System.out.println("供应链交易存在，准备进行放款");

      // 计算放款额度
      long loanValue = transValue / 10;
      BigInteger weiValue = Convert.toWei("" + loanValue,
                            Convert.Unit.ETHER).toBigInteger();

      // 执行放款
      contract.loanEth(new BigInteger("" + transKey), new BigInteger("" +
                       weiValue)).send();
      System.out.println("完成放款");
    } else {
      System.out.println("供应链交易不存在");
    }
  } catch (Exception e) {
    System.out.println("执行放款错误，错误: " + e);
  }
}
```

介绍完扮演银行角色的 SupplyChainBank 程序后，接着讨论演练制造商角色的 SupplyChainFactory 程序。制造商 Java 程序的重点只有 insSupplyTrans 函数，用来将供应链交易的相关信息上传到区块链，表示将核心企业的信用延伸给供货商，提高银行对供货商的授信程度。银行通过刚才介绍的 Oracle 机制获取交易凭单等信息后，便可实时进行放款。

insSupplyTrans 函数共需 6 个输入参数：记录制造商密钥路径的 keyFile 变量、存储制造商密码的 myPWD 变量、存储供应链交易编号的 transNo 变量、供应链交易说明的 transMemo 变量、存储供货商 EOA 的 supplier 变量以及存储供应链交易金额的 transValue 变量。

当调用封装对象的 insSupplyTrans 函数以上传供应链交易信息时，同时需要使用 TransactionManager 与 TransactionReceiptProcessor 实现异步机制。由于与先前范例的内容相同，因此不再赘述。

```java
// 添加供应链交易
private void insSupplyTrans(String keyFile, String myPWD, String transNo,
                    String transMemo, String supplier, long transValue) {
  try {
    // 连接区块链节点
    Web3j web3 = Web3j.build(new HttpService(blockchainNode));

    // 指定密钥文件并进行账户和密码的验证
    Credentials credentials = WalletUtils.loadCredentials(myPWD, keyFile);
    System.out.println("身份验证");

    int attemptsPerTxHash = 30;
    long frequency = 1000;

    // 创建事务处理程序
    TransactionReceiptProcessor myProcessor = new
            QueuingTransactionReceiptProcessor(web3, new InsTransCallBack(),
            attemptsPerTxHash, frequency);

    // 创建交易管理器
    TransactionManager transactionManager = new RawTransactionManager(web3,
                    credentials, ChainId.NONE, myProcessor);
    System.out.println("创建交易管理器");

    // 获取合约封装对象
    SupplyChainContract contract = SupplyChainContract.load(contractAddr, web3,
        transactionManager,SupplyChainContract.GAS_PRICE, SupplyChainContract.
        GAS_LIMIT);
```

```
System.out.println("获取合约");

// 添加一笔供应链交易
contract.insSupplyTrans(transNo, transMemo, supplier, new BigInteger("" +
    transValue)).sendAsync();
System.out.println("添加供应链交易");
} catch (Exception e) {
System.out.println("添加供应链交易错误，错误：" + e);
}
}
```

万事俱备后即可开始进行场景演练。如下为银行的执行脚本。

```
// step1. 银行设置制造商
initFactory(bankKey, "16888", factory);

// step2. 在智能合约中存放余额
transferETH(bank, contractAddr, bankKey, "16888", "200");

// step3. 银行进行事件监听
// step4. 监听事件后，获取交易信息
// step5. 进行放款的操作
startOracle(contractAddr);
```

制造商的脚本相对简单许多，只需执行insSupplyTrans函数即可。

```
// step1. 上传一笔供应链交易信息
insSupplyTrans(factoryKey, "16888", "ABC888", "购买网络设备", supplier, 200);
```

执行过程与正确性可通过MIST钱包软件来观察。如图6-13所示，演练场景共有3个
角色，分别是银行、制造商与供货商。供货商目前的加密货币余额为0。

图 6-13

由于在程序开始执行前银行尚未将加密货币存储到智能合约，因此通过钱包软件所观察到的智能合约余额为0，如图6-14所示。

图 6-14

当银行设置制造商EOA并把加密货币存储到智能合约后，可发现智能合约得到200个以太币的加密货币，如图6-15所示。

图 6-15

制造商将供应链交易信息上传到区块链并经过银行确认后，将从智能合约余额扣除对应的加密货币并转账给供货商。如图6-16所示，智能合约余额已被扣除。

图 6-16

通过交易的键（Key）进行查询，可发现所有的供应链交易信息已正确地记录在对应的字段中，如图6-17所示。

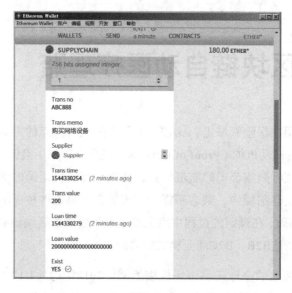

图 6-17

最重要的是，供货商也实时获取到所需的资金，如图6-18所示。

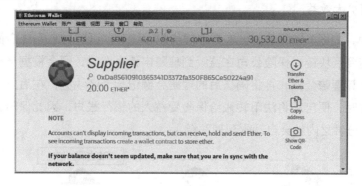

图 6-18

本节通过一个简化的范例，介绍了如何实现区块链的供应链金融。当然还有许多改善的空间，例如智能合约的transData变量应通过管控的函数来间接获取、提供银行存取智能合约余额的功能、供应链交易禁止重复登录、不可重复放款等，这些留给有兴趣的读者自行实现。

经过本节范例的探讨可发现，使用区块链实现供应链金融不仅可提高交易流程的透明度，包含制造商何时上传交易信息、银行何时进行拨款等，更重要的是可将过去需要花上几天的审核与拨款工作的时间缩短在几分钟甚至于几秒内自动完成。相信读者由此可了解到区块链的适用场景又多了一项。

6.6 | 区块链自动医疗理赔

若将区块链应用在保险领域上，比较可能具有效益与亮点的方向应是自动理赔的部分。业界已有不少的成功POC（Proof of Concept，概念性验证）案例。例如，航班延误险即是智能合约实时监听航空公司的航班信息，在判断有班机延误的情况时根据智能合约的处理逻辑自动触发理赔操作，乘客不需要在事后自行提出种种证明与申请，可大幅提升顾客的满意度。同时，在理赔的过程中完全基于高可信度的区块链实现，可以减少保险欺诈的行为，可以说是B2B、B2C商业模式的典范。

另外，以医疗领域的全球药品市场规模为例，2018年约为1.17万亿美元，2022年预计可达到1.44万美元。医疗机构保存大量和病人有关的机密信息，背后隐藏着庞大的商机。区块链已能为这些信息提供高可信度的记录方案，若能将自动化理赔机制应用于医疗范围，则可扩大效益。

举例来说，如图6-19所示，当客户办理出院手续时，医院信息系统会同时将离院相关的信息上传到区块链；保险公司在监听到理赔申请事件时，便会根据当初所签署的保险合同内容计算理赔金额，再将确认后的理赔金额记录于区块链；在后方的金融机构监听到拨款事件时，便自动将法币转账给保险受益人的银行账户，因此保险客户在完成出院手续后的几分钟之内就会自动收到理赔金。

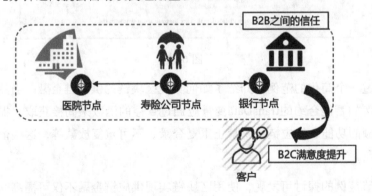

图 6-19

这种基于B2B、B2C的商业模式是目前比较具有亮点的区块链应用。业界一些知名金控公司旗下的医疗、保险与银行子公司之间虽然已有通过区块链串接成功的POC案例，但是碍于各国或者地区当前金融法规的限制与冲突尚无法真正落实与商业化。本节范例将简化商业模式的复杂度，即保险公司在确认理赔信息无误时就直接以加密货币的方式拨款，因此只会有医疗机构、保险公司与保险受益人3种角色。

这3种角色在自动医疗理赔机制中所需负责的工作分别如下：

- 保险公司：负责将智能合约上链，并在合约中设置医院账户，同时实时监听离院手续申请事件，最后拨款加密货币给保险受益人。
- 医疗机构：在合约中添加病人信息及上传病历信息，并触发离院手续申请事件。
- 保险受益人：本范例假设病患与受益人为同一个人，且拥有区块链账户，可以接收加密货币作为理赔金。

本范例所使用的智能合约如下：

```solidity
pragma solidity ^0.4.25;

contract InsuranceContract {

  //医院EOA
  address private hospital;

  //保险公司EOA
  address private insuranceCorp;

  //病历信息
  struct MedicalRecord {
    string symptom;        //症状
    string cause;          //病因
    uint day;              //住院天数
    uint money;            //住院花费
    bool exist;            //判断是否存在
  }

  //病人信息
  struct Patient {
    string name;           //姓名
    string addr;           //家庭地址
    uint recordCnt;        //病历总量
```

```solidity
  mapping(uint => MedicalRecord) records; //病历
  bool exist;
}

//存储所有病人基本信息
mapping(address => Patient) private patientData;

//记录合约主持人(保险公司)
constructor () public {
  insuranceCorp = msg.sender;
}

//只有保险公司可执行
modifier onlyInsuranceCorp() {
  require(msg.sender == insuranceCorp,
  "only insuranceCorp can do this");
  _;
}

//只有医院可执行
modifier onlyHospital() {
  require(msg.sender == hospital,
  "only hospital can do this");
  _;
}

//只有医院和保险公司可执行
modifier onlyHospitalAndInsuranceCorp() {
  require(msg.sender == hospital || msg.sender == insuranceCorp,
  "only hospital and insuranceCorp can do this");
  _;
}

//设置医院EOA
function setHospital(address _hospital) public onlyInsuranceCorp {
  hospital = _hospital;
}

//查询医院地址
function getHospital() public view returns(address) {
  return hospital;
}
```

```
//添加一笔病人信息
function insPatient(address patientAddr, string name,string addr) public
                  onlyHospital {
  require(!isPatientExist(patientAddr), "patient data already exist");

  patientData[patientAddr].name = name;
  patientData[patientAddr].addr = addr;
  patientData[patientAddr].recordCnt = 0;
  patientData[patientAddr].exist = true;

  emit InsPatientEvnt("insPatient", patientAddr);
}

//查询病人信息是否存在
function isPatientExist(address patientAddr) public view returns(bool) {
  return patientData[patientAddr].exist;
}

//添加病人事件
event InsPatientEvnt(string indexed eventType, address patientAddr);

//添加一笔离院申请
function insRecord(address patientAddr, string symptom, string cause, uint day,
uint money) public onlyHospital returns(uint){
  require(isPatientExist(patientAddr), "patient data not exist");

  //病历序号加1
  patientData[patientAddr].recordCnt+=1;
  uint inx = patientData[patientAddr].recordCnt;

  //新离院信息
  MedicalRecord memory record = MedicalRecord({
    symptom: symptom,      //症状
    cause: cause,          //病因
    day: day,              //住院天数
    money: money,          //住院花费
    exist: true            //确认信息存在
  });

  //添加病历于病人记录
  patientData[patientAddr].records[inx] = record;
```

```
    //触发离院事件
    emit InsRecordEvnt("insRecord", patientAddr, inx, day, money);

    //返回病历序号
    return inx;
}

//离院申请事件
event InsRecordEvnt(string indexed eventType, address patientAddr,
                    uint recordID, uint day, uint money);

//查询离院申请信息——病因
function queryRecordCause(address patientAddr, uint recordID) public
                         onlyHospitalAndInsuranceCorp view returns(string){
    require(isPatientExist(patientAddr), "patient data not exist");
    require(patientData[patientAddr].records[recordID].exist,
        "medical record not exist");

    return patientData[patientAddr].records[recordID].symptom;
}

//查询离院申请信息——住院天数
function queryRecordDays(address patientAddr, uint recordID) public
onlyHospitalAndInsuranceCorp view returns(uint){
    require(isPatientExist(patientAddr), "patient data not exist");
    require(patientData[patientAddr].records[recordID].exist,
        "medical record not exist");

    return patientData[patientAddr].records[recordID].day;
}

//查询离院申请信息——住院费用
function queryRecordMoney(address patientAddr, uint recordID) public
onlyHospitalAndInsuranceCorp view returns(uint){
    require(isPatientExist(patientAddr), "patient data not exist");
    require(patientData[patientAddr].records[recordID].exist,
        "medical record not exist");

    return patientData[patientAddr].records[recordID].money;
}
}
```

本智能合约声明了两个变量以存储医疗机构与保险公司的EOA账户。

```
//医院EOA
address private hospital;

//保险公司EOA
address private insuranceCorp;
```

接着声明类型为MedicalRecord的结构数据类型以存储一笔病历信息，其中包含症状、病因、住院天数、住院花费与判断数据是否存在等信息。

```
//病历信息
struct MedicalRecord {
  string symptom;        //症状
  string cause;          //病因
  uint day;              //住院天数
  uint money;            //住院花费
  bool exist;            //判断是否存在
}
```

命名为Patient的自定义结构数据类型则用于存储病人的信息，其中包含病人姓名、家庭地址、病历总量及存储该病人所有病历的映射类型变量。

```
//记录病人信息
struct Patient {
  string name;           //姓名
  string addr;           //家庭地址
  uint recordCnt;        //病历总量
  mapping(uint => MedicalRecord) records;        //病历
  bool exist;
}
```

如同之前的案例，我们同样通过映射数据类型的变量存储所有病人的数据，其键（Key）为病人的EOA账户，值（Value）为自定义的Patient结构类型。

```
//存储所有病人基本信息
mapping(address => Patient) private patientData;
```

在智能合约的构造函数中，获取合约部署人的EOA账户，并设置为合约主持人以及保险公司的角色。

```
//记录合约主持人(保险公司)
constructor () public {
  insuranceCorp = msg.sender;
}
```

为了避免非限定角色的人执行不相关的合约函数，故用下列修饰符进行声明以作为限制条件：限定只有保险公司才能调用的 onlyInsuranceCorp、只有医疗机构才可以调用的 onlyHospital 以及只有保险公司与医院才能执行的 onlyHospitalAndInsuranceCorp。

```
//只有保险公才司可执行
modifier onlyInsuranceCorp() {
  require(msg.sender == insuranceCorp, "only insuranceCorp can do this");
  _;
}

//只有医院才可执行
modifier onlyHospital() {
  require(msg.sender == hospital,
  "only hospital can do this");
  _;
}

//只有医院和保险公司才可执行
modifier onlyHospitalAndInsuranceCorp() {
  require(msg.sender == hospital || msg.sender == insuranceCorp,
  "only hospital and insuranceCorp can do this");
  _;
}
```

本范例限定只有合约发起人才可以设置医院的 EOA，因此只有保险公司才能执行合约函数 setHospital 声明，同时将输入的地址设置为医院角色。

```
//设置医院EOA
function setHospital(address _hospital) public onlyInsuranceCorp {
  hospital = _hospital;
}

//查询医院地址
function getHospital() public view returns(address) {
  return hospital;
}
```

　　我们可通过insPatient合约函数来添加一笔病人信息，输入的参数包含了病人EOA账户、病人姓名与病人的居住地。此外insPatient合约函数也被声明为只有医院角色才可以执行。函数内的require指令可用来判断病人数据是否已存在于数据结构中，如果数据尚未存在，就将输入参数与数据结构的字段进行对位的存储。注意，exist字段需设置为true，方能判断数据是否已存在。合约函数在完成添加病人数据后，同时触发InsPatientEvnt事件以反应数据添加的情况。

```
//添加一笔病人信息
function insPatient(address patientAddr, string name,string addr)
public onlyHospital {
  require(!isPatientExist(patientAddr), "patient data already exist");

  patientData[patientAddr].name = name;
  patientData[patientAddr].addr = addr;
  patientData[patientAddr].recordCnt = 0;
  patientData[patientAddr].exist = true;

  emit InsPatientEvnt("insPatient", patientAddr);
}
```

　　区块链上的所有人（若为私有链则为参与者）都可通过isPatientExist函数判断是否已存在某病人的数据，其判断的依据是exist字段是否已被设置为true。

```
//查询病人信息是否存在
function isPatientExist(address patientAddr) public view returns(bool) {
  return patientData[patientAddr].exist;
}

//添加病人事件
event InsPatientEvnt(string indexed eventType, address patientAddr);
```

　　insRecord合约函数可用来添加一笔病历信息，同样的限制，只有医院角色才可以执行此函数。由于病人与病历信息之间存在master-detail（主-细节）的关系，因此函数在一开始时会通过require指令来判断病人数据是否存在。病人数据中的recordCnt字段不仅记录病历的累积数量，同时也作为病历的键（Key），当执行添加病历后，函数将返回病历的键作为DApp前端的引用。

　　insRecord合约函数添加一笔封存病历信息的MedicalRecord类型变量，其数据字段为存储症状的symptom、病因的cause、住院天数的day以及住院花费金额的money，并通过

patientData[patientAddr].records[inx] 指令将病历数据附加于病人数据的records映射字段中，最后触发InsRecordEvnt事件通知链外的DApp前端进行适当的处理。

```
//添加一笔离院申请
function insRecord(address patientAddr, string symptom, string cause, uint day,
uint money) public onlyHospital returns(uint){
  require(isPatientExist(patientAddr), "patient data not exist");

  //病历序号加1
  patientData[patientAddr].recordCnt+=1;

  uint inx = patientData[patientAddr].recordCnt;

  //新离院信息
  MedicalRecord memory record = MedicalRecord({
    symptom: symptom,    //症状
    cause: cause,         //病因
    day: day,             //住院天数
    money: money,         //住院花费
    exist: true           //确认信息存在
  });
  //添加病历到病人记录中
  patientData[patientAddr].records[inx] = record;
  //触发离院事件
  emit InsRecordEvnt("insRecord", patientAddr, inx, day, money);
  //返回病历序号
  return inx;
}
//离院申请事件
event InsRecordEvnt(string indexed eventType, address patientAddr, uint recordID,
uint day, uint money);
```

本智能合约提供了3个用来查询与病历信息有关的函数：离院申请病因的 queryRecordCause、离院申请住院天数的 queryRecordDays 以及离院申请住院费用的 queryRecordMoney，这些函数限定只有医疗机构与保险公司才可调用，而非公开于整个区块链。

设计完智能合约之后即可开始编写Java程序。参考前几节的介绍，自行创建所需的封装对象。完整的Java程序可参考InsuranceCorp.java与InsuranceHospital.java。

Java程序一开始需声明与区块链交易有关的变量，包含了节点URL、智能合约地址、保险公司EOA与密钥文件位置、医疗机构EOA账户与密钥文件位置以及保险客户EOA账户。

```java
// 区块链节点地址
private static String blockchainNode = "http://127.0.0.1:8080/";

// 智能合约地址
private static String contractAddr = "0xc6a3fb214038e574fff84d358eb080d3200c5fe3";

// 保险公司密钥文件
private String insuranceCorpKey = "C:\\ insuranceCorpKeyFile";

// 保险公司EOA
String insuranceCorp = "0x4cd063815f7f7a26504ae42a3693b4bbdf0b9b1a";

// 医院密钥文件
private String hospitalKey = "C:\\ hospitalKeyFile";

// 医院EOA
String hospital = "0x576B11Fb5D5C380fCF973b62C3aB59f19f9300fE";

// 保险客户EOA
String patient = "0xDa85610910365341D3372fa350F865Ce50224a91";
```

通过保险公司EOA账户使该智能合约上链后，保险公司便成为合约主持人，因此需先通过initHospital函数执行设置医院角色EOA的工作。

```java
// 设置医院
private void initHospital(String keyFile, String myPWD, String hospital) {
  try {
    // 连接区块链节点
    Web3j web3 = Web3j.build(new HttpService(blockchainNode));

    // 指定密钥文件并进行账户和密码的验证
    Credentials credentials = WalletUtils.loadCredentials(myPWD, keyFile);

    // 获取合约封装对象
    InsuranceContract contract = InsuranceContract.load(contractAddr, web3,
        credentials, InsuranceContract.GAS_PRICE, InsuranceContract.GAS_LIMIT);
```

```
    // 设置医院角色EOA
    contract.setHospital(hospital).send();
    System.out.println("设置医院，完成");
  } catch (Exception e) {
    System.out.println("设置医院错误，错误: " + e);
  }
}
```

保险公司在设置医院角色EOA后，便可启动Oracle服务，准备实时监听区块链事件。创建EthFilter过滤对象时，要传入智能合约地址作为过滤的第一个条件。由于只专注于理赔事件的处理，因此通过sha3String("insRecord")函数获取合约事件indexed参数的编码，其他类型的indexed事件则不加以处理。理赔事件可获取保险受益人EOA账户、病历序号、住院天数、住院金额与理赔计划有关的信息，因此创建Function对象时，要传入剖析日志（Log）所需的TypeReference列表，其设置方式与前几个范例无异，故在此省略。

```
// 启动Oracle服务
public void startOracle(String contractAddr) {
  try {
    // 连接区块链节点
    Admin web3 = Admin.build(new HttpService(blockchainNode));

    // 设置过滤条件
    EthFilter filter = new EthFilter(DefaultBlockParameterName.LATEST,
                    DefaultBlockParameterName.LATEST, contractAddr);

    // 获取事件topic的哈希编码
     String eventTopicHash = Hash.sha3String("insRecord");

    // 交易事件的日志（Log）
    Function transLog = new Function("", Collections.<Type>emptyList(),
         Arrays.asList(new TypeReference<uint>() { },
         new TypeReference<uint>() { },
         new TypeReference<uint>() { },
         new TypeReference<uint>() { })
    );

    System.out.println("Oracle service start...");

    // 持续监听事件
    Subscription subscription = web3.ethLogObservable(filter).subscribe(new
                        Action1<Log>() {
      public void call(Log log) {
        List<String> list = log.getTopics();
```

```
        // 遍历事件中的Topic
      for (String topic : list) {
        if (topic.equals(eventTopicHash)) {
          System.out.println("处理交易事件");
          handleTransEvent(log, transLog);
        }
      }
    }
  });
} catch (Exception e) {
  System.out.println("Oracle监听错误：" + e);
}
}
```

handleTransEvent函数是在底层机制监听到合约事件时进行逻辑处理的函数。事件返回信息会根据合约事件声明时的顺序按序返回，因此可用inx来判断顺序，按序依次为保险受益人EOA账户、病历序号、住院天数、住院金额。

此处我们假设一个简单的理赔计算公式，即每1000个单位的住院金额可获得1个以太币的理赔，因此，若住院金额为3.6万元则可以获得36个以太币的理赔，最后调用transferETH函数将理赔金从保险公司EOA账户转账给保险受益人。

```
// 处理事件内容
private void handleTransEvent(Log log, Function function) {
  try {
    List<Type> nonIndexedValues = FunctionReturnDecoder.decode(log.getData(),
        function.getOutputParameters());
    int inx = 0;
    String address = ""; // 保险客户EOA
    BigInteger recordInx = BigInteger.ZERO; // 病历序号
    BigInteger days = BigInteger.ZERO;  // 住院天数
    BigInteger money = BigInteger.ZERO; // 住院金额

    for (Type type : nonIndexedValues) {
      // 第一个参数是address
      if (inx == 0) {
        try {
          // 将地址转换成十六进制的字符串
          address = Numeric.toHexStringWithPrefix((BigInteger) type.getValue());
        } catch (Exception e) {

        }
      }
```

```
    // 第二个参数是病历序号
    if (inx == 1) {
      recordInx = (BigInteger) type.getValue();
    }

    // 第三个参数是住院天数
    if (inx == 2) {
      days = (BigInteger) type.getValue();
    }

    // 第四个参数是住院金额
    if (inx == 3) {
      money = (BigInteger) type.getValue();
    }
    inx++;
  }

  System.out.println("保险受益人：" + address);
  System.out.println("病历序号：" + recordInx.longValueExact());
  System.out.println("住院天数：" + days.longValueExact());
  System.out.println("住院金额：" + money.longValueExact());

  // 拨款理赔金
  String payMoney = "" + (money.longValueExact()/1000);
    transferETH(insuranceCorp, address, insuranceCorpKey, "16888", payMoney);
} catch (Exception e) {
  System.out.println("Error:" + e);
}
}
```

再回到医疗机构角色，该角色所需处理的工作就相对简单许多，首先通过Java程序的insPatient函数添加病人的基本数据，也就是通过智能合约所提供的insPatient合约函数来完成。

```
// 添加病人信息
private void insPatient(String keyFile, String myPWD, String patient, String name,
                        String addr) {
  try {
    // 连接区块链节点
    Web3j web3 = Web3j.build(new HttpService(blockchainNode));

    // 指定密钥文件并进行账户和密码的验证
    Credentials credentials = WalletUtils.loadCredentials(myPWD, keyFile);
```

```
    System.out.println("身份验证");

    // 获取合约封装对象
    InsuranceContract contract = InsuranceContract.load(contractAddr, web3,
        credentials, InsuranceContract.GAS_PRICE, InsuranceContract.GAS_LIMIT);
    System.out.println("获取合约");

    // 添加一笔病人信息
    contract.insPatient(patient, name, addr).send();

    System.out.println("添加病人信息");
    } catch (Exception e) {
    System.out.println("添加病人信息错误，错误: " + e);
    }
}
```

接着通过insRecord函数加入一笔病人的病历信息，当病历信息写入区块链后便会触发一连串相关的离院申请事件，使得保险公司的Oracle服务能够监听到事件，而后自动完成理赔拨款的操作。

```
// 添加供应链交易
private void insRecord(String keyFile, String myPWD, String patient,
    String symptom, String cause, int day, int money) {
 try {
   // 连接区块链节点
   Web3j web3 = Web3j.build(new HttpService(blockchainNode));

   // 指定密钥文件并进行账户和密码的验证
   Credentials credentials = WalletUtils.loadCredentials(myPWD, keyFile);
   System.out.println("身份验证");

   // 获取合约封装对象
   InsuranceContract contract = InsuranceContract.load(contractAddr, web3,
       credentials,  InsuranceContract.GAS_PRICE, InsuranceContract.GAS_LIMIT);
   System.out.println("获取合约");

   // 添加一笔离院信息
   contract.insRecord(patient, symptom, cause, new BigInteger("" + day), new
       BigInteger("" + money)).send();
   System.out.println("添加离院信息");
 } catch (Exception e) {
```

```
        System.out.println("添加离院信息错误，错误: " + e);
    }
}
```

介绍完DApp前端函数的功能后便可开始进行案例演练。如下程序代码用于保险公司
应用场景的演练：步骤1将添加医院角色EOA；步骤2启动Oracle服务准备监听合约
事件。

```
public InsuranceCorp() {
    // step 1. 保险公司设置医院EOA
    initHospital(insuranceCorpKey, "16888", hospital);

    // step 2. 监听离院申请事件
    startOracle(contractAddr);
}
```

医疗机构的应用场景演练为：步骤1添加病人的信息，包括病人的EOA；步骤2添加病
人的病历信息以准备触发离院申请事件。注意，住院金额设置为36000元。

```
public InsuranceHospital() {
    // step 1. 添加病人信息
    insPatient(hospitalKey, "16888", patient, "Jackie", "TPE");

    // step 2. 添加病历
    insRecord(hospitalKey, "16888", patient, "胸闷", "心脏病开刀", 10, 36000);
}
```

也可以通过钱包软件观察案例是否正确地执行了，在演练开始之前，保险受益人（病
人patient）的加密货币余额为0个以太币，如图6-20所示。

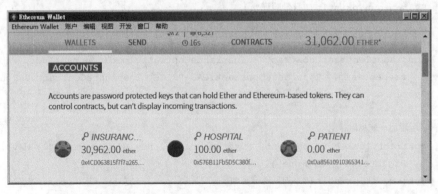

图 6-20

当提出离院申请并触发理赔事件后，保险公司监听合约事件所进行的理赔处理也可正确地执行，如图6-21所示，住院金额为36000元已被正确换算成36个以太币，并转账至保险受益人。

图 6-21

本节所示范的医疗保险自动化机制是以加密货币作为理赔的依据，因此将金流实现在区块链上。然而，未来比较可行的方式中应该运用区块链进行信息流的记录，而金流应采用链下的法币系统，其缘由在于除了加密货币扩大应用的可能性不大之外，以区块链记录信息流才是一种比较务实的方式。

另外，在欧盟GDPR（一般数据保护规范）扩大适用范围的当前，对于相对高度隐私的病历信息的保存也是区块链系统下一步所需思考的地方，毕竟区块链中的信息将被永久保存。若病患提出抹除个人病例信息的请求，GDPR相关信息安全要求则允许将这类信息永久删除，但是区块链却不行，这中间着实存在着一些矛盾之处。

6.7 | 区块链与共享经济

虽然中国全面禁止加密货币交易与ICO，但是中国央行却积极推动基于区块链的数字票据交易平台，许多知名的大型电商公司也纷纷投入区块链的研究，例如百度、蚂蚁金服、腾讯等，其中在腾讯公司所规划的金融蓝图中，已将区块链划分为几种应用场景，可参考表6-1。

表 6-1　区块链的应用场景

分　类	鉴 证 证 明	共 享 账 本	智 能 合 约	共 享 经 济	数 字 资 产
目的	解决因为信息不对称的存在证明	建立信任机制	提升效率	去中心化提供共享经济核心价值	价值网络
应用场景	• 保险购买 • 公益捐款 • 资产证明 • 所有权保护	• 清算业务 • 供应链金融 • 银行保理业务	• 解决买家信用 • 解决卖家信用	• 剩余食品共享 • 剩余时间共享	• 数字货币 • 股份登记 • 跨境汇款 • 证券清算

上述分类方式有部分特性重叠，以本章前几节所介绍的案例来说，大部分都会落在鉴证证明、共享账本、智能合约这些范畴。共享经济相对没有被涉及，因此现在就来聊聊这个议题。

从宏观的角度来看，21世纪初期的开源（Open Source）可以算是共享经济（Sharing Economy）的原始概念。简单地说，它就是将个人的付出（如智慧、资产）妥善地配置后，以解决群体所遭遇的问题。早期的共享经济受利它主义的影响，是一种点对点的分享，不涉及金钱行为，因此具有三大原则：有意义的社会交换、没有中介营销以及非现金付款的方式。最典型的案例就是沙发冲浪（Couchsurfing），屋主提供家中多余的床铺或房间，沙发冲浪客在获得免费住宿后，便会为屋主煮一顿餐点作为回报。后来的Uber与Airbab虽然在一开始也是采用类似的概念，但最后也慢慢偏离了共享经济的初衷。

许多打着共享经济标志却行使租赁行为的商业模式被称为使用权经济（Access Economy）较为贴切，即资产拥有者可以出租商品并且收取相应的使用费。几年前在各地刮起旋风的"共享单车"就是一例，商家将特意制造出来的单车，以营销手法包装成共享经济模式，将属于大众公共用地作为停放单车之处，结果造成违规停放单车的乱象，不仅影响市容更是资源的浪费。

共享经济其实不是新的玩意。还记得往昔人与人之间高度连接的年代吗？邻里若临时缺少酱油、盐等调味料时，会到隔壁人家借，这种饶富人情味的社会互动机制在高度城市化的现代当然已属少见。

无独有偶，国外也弥漫着类似的怀旧（Nostalgic）情怀。Pumpipumpe就是一个尝试鼓励小区邻里相互借用物品的创新点子。项目发起于2012年的瑞士伯尔尼（Bern），在这种共享模式中，愿意出借物品的人，可以在自家的信箱贴上与物品相关的贴纸，例如在信箱贴上打气筒贴纸，表示当小区有人的自行车没气时，可跟这户人家借用打气筒。贴纸的种类繁多，例如自行车、雪橇、投影机、相机脚架、望远镜、帐篷等，甚至是无线网络都可以出借。

共享经济的中心思想十分简单，他们认为"东西是拿来使用的，而不该只是被拥有"，若能分享出去岂不是让资源更好地被使用？因此人们不再需要自己买一个，以备所谓的将来遥遥无期的不时之需。

瑞士或德国的居民可以免费索取贴纸，但其他地区有意推广类似概念的人则需支付4 欧元的贴纸国际运费。为了确保物品可以确实归还，对于高价物品的出借则可以要求收取小额押金，待物品归还后再将押金全数退还。那么出借人可以获得什么好处呢？也许只是单纯与人分享的光荣感，或是得到简单的回馈，例如借出蛋糕制作模型后，可以换得借用人所分享的一块蛋糕等。

区块链是一种去中心化或称为多中心化的信息技术，可用来消除中介机构的存在，本节将尝试应用上述共享经济模式。在这种商业模式中，将包含3种角色：合约发起人（Host）、商品出借人（Owner）、商品借用人（Borrower）。他们各具有下列功能和权责：

- 合约发起人：合约部署、添加物品贴纸。
- 商品出借人：设置出借物品上下架、归还。
- 商品借用人：物品查询、物品借用。

完整智能合约可参考EthPump.sol，接下来将分段解说本智能合约内容。首先声明一个名为host的合约状态变量，其存储部署智能合约的EOA，并且在构造函数记录主持人EOA，同时用onlyHost修饰符进行声明，以限制只允许合约主持人才可以执行的函数。

```solidity
//合约主持人EOA
address private host;

//记录合约主持人
constructor () public {
  host = msg.sender;
}

//只有主持人可执行
modifier onlyHost() {
  require(msg.sender == host,
  "only host can do this");
  _;
}
```

主程序流程先声明名为Goods的自定义结构类型，以存储与借出物品有关的信息，包含出借人EOA、借用人EOA、押金金额、物品是否上架的标志、物品是否已被借出的标志以及判断物品是否存在的标志。

```
//物品信息
struct Goods {
    address owner;   //出借人EOA
    address borrower;//借用人EOA
    uint ethPledge; //押金
    bool available;  //是否已上架
    bool isBorrow;   //是否已借出
    bool exist;
}
```

若从技术的角度观看，范例程序中所谓的贴纸其实只是一种物品分类方式。因此用于存储物品的goodsData映射类型便以贴纸的名称作为"键-值"（Key-Value）对的键（Key），而其对应的值（Value）则是另外一个映射类型，它的键是uint类型的物品序号，而Goods为自定义结构类型的数据内容。通过这种设计方式便可以形成类似传统数据库中复合键的存取方式。简单地说，存取某一个物品需出示的复合键便会是"贴纸名称+物品索引值"了。

goodsInx映射类型则是用来存储每一种贴纸，也就是物品分类方式目前的数据笔数。goodsChk映射类型用于确认贴纸是否已经添加过的判断依据。需要注意的是，映射类型的键若需使用string动态类型时，则必须声明为private，否则在编译时会发生"unimplementedFeatureError: Accessors for mapping with dynamically-sized keys not yet implemented."的异常事件。若真需要声明为public时，则应该将键的类型调整为bytes32类型。

```
//存储所有贴纸(分类)信息
mapping(string => mapping(uint => Goods)) private goodsData;

//所有贴纸(分类)物品笔数
mapping(string => uint) private goodsInx;

//贴纸(分类)是否存在的记录
mapping(string => bool) private goodsChk;
```

搭配使用goodsChk映射类型，便可通过isStickExist合约函数判断贴纸（物品分类方式）是否已存在于合约中了。

```
//查询贴纸(分类)是否已经存在
function isStickExist(string stickName) public view returns(bool) {
  return goodsChk[stickName];
}
```

合约主持人可以通过addSticker合约函数添加一种新的物品分类方式。在合约函数中先判断所要添加的贴纸是否已经存在，若不存在该分类方式，则表示可添加，此时在goodsChk映射类型中先记录分类方式已存在并允许被使用，接着触发添加贴纸事件。

```
//添加一种贴纸(分类)
function addSticker(string stickName) public onlyHost {
  //贴纸(分类)不存在，才可以添加
  require(!isStickExist(stickName), "stick already exist");

  //设置可以使用此类贴纸
  goodsChk[stickName] = true;

  //触发添加贴纸的事件
  emit addStickerEvnt("addSticker", stickName);
}
//添加贴纸(分类)事件
event addStickerEvnt(string indexed eventType, string stickName);
```

addGoods合约函数允许用户添加一笔新的物品信息，所需要输入的参数包含贴纸名称、押金金额、上下架标志。如果上下架标志设置为true时，则可以执行借出的操作，反之则不允许物品被借出。

合约函数首先判断分类方式是否存在，如果尚未存在，则不允许添加物品。之所以设下这层逻辑是为了避免"别有用心"的人恣意加入不良的物品分类，因此添加分类方式的权利还是握在合约主持人手上。接着，在goodsInx映射类型上累加同类型物品的数量。通过Goods memory goods = Goods指令可以创建一笔新的物品信息，除了与输入参数进行对应的存储之外，由于添加的物品尚未被借出，因此Borrower借出人EOA可设置为0。isBorrow是判断物品是否已被借出的标志，也设置为false。函数最后通过刚才说明的类似复合键的设计方式，将物品信息存储到goodsData映射类型之中，同时触发添加对象的事件。

addGoods合约函数并没有限制一位拥有者对于相同的贴纸只能设置与添加一次物品；换言之，在同样的贴纸之下，拥有者可以同时添加多笔，而每一笔的索引值都会有所不同，因此便可以通过复合键的概念借用物品。

```
//添加物品
function addGoods(string stickName, uint ethPledge, bool available)
                     public returns(uint){
  //贴纸(分类)必须存在
  require(isStickExist(stickName), "stick not exist");

  //物品序号加1
  goodsInx[stickName] +=1;
  uint inx = goodsInx[stickName];

  //新的物品信息
  Goods memory goods = Goods({
    owner: msg.sender,          //出借人EOA
    borrower: 0,                //借用人EOA
    ethPledge: ethPledge,       //押金
    available: available,       //是否已上架
    isBorrow: false,            //是否已借出
    exist: true                 //确认信息存在
  });

  //数据存储至映射结构
  goodsData[stickName][inx] = goods;

  //触发添加物品事件
  emit addGoodsEvnt("addGoods", stickName, inx);

  //返回数据索引
  return inx;
}

//添加物品事件
event addGoodsEvnt(string indexed eventType, string stickName, uint inx);
```

用户可以调用 isGoodExist 合约函数判断物品是否存在，其设计原理也是利用复合键找到该笔物品，再通过 exist 字段作为判断是否存在的依据。

```
//判断物品是否存在
function isGoodExist(string stickName, uint inx) public view returns(bool){
  //贴纸(分类)必须存在
  require(isStickExist(stickName), "stick not exist");

  return goodsData[stickName][inx].exist;
}
```

setGoodsStatus 合约函数提供了指定贴纸与物品索引作为复合键，设置物品是否可用

的功能。其中需要特别注意的是，将查询出来的物品拥有者与调用合约函数的**msg.sender**进行对比，限定只有物品的拥有者才具有改变上下架状态的资格。函数同时限定只有在物品尚未被借出的状态时，才允许改变其状态。

```
//设置物品上下架
function setGoodsStatus(string stickName, uint inx, bool available) public {
  //物品必须存在
  require(isGoodExist(stickName, inx), "goods not exist");

  //必须是出借人才可以改变状况
  require(goodsData[stickName][inx].owner == msg.sender, "not goods owner");

  //物品必须没被借出
  require(!goodsData[stickName][inx].isBorrow, "goods already lend");

  //改变上下架状态
  goodsData[stickName][inx].available = available;
}
```

接着提供isGoodsAvailable与isGoodsLend两个合约函数作为判断物品是否上架可用或者商品是否已被借出的判断依据。同样，在此也是通过复合键的方式查询该笔对象。

```
//查询物品是否上下架
function isGoodsAvailable(string stickName, uint inx) public view returns(bool) {
  //物品必须存在
  require(isGoodExist(stickName, inx), "goods not exist");

  //返回上下架状态
  return goodsData[stickName][inx].available;
}
//查询物品借出状态
function isGoodsLend(string stickName, uint inx) public view returns(bool) {
  //物品必须存在
  require(isGoodExist(stickName, inx), "goods not exist");

  //返回借出状态
  return goodsData[stickName][inx].isBorrow;
}
```

borrowGoods合约函数提供了物品借出的功能，具有一连串与业务相关的判断逻辑，包括物品必须存在、是可用状态、必须没被借出等，最重要的是通过**payable**，使得此函数允许把加密货币转账到智能合约，以作为商品借出时的押金。倘若所设置的押金金额与借用人所转入的金额不符，则不允许借出该物品；反之，若能通过上述种种条件，则设置物品的借出者为合约函数的调用者，同时将isBorrow借出标志设置为true，并触发物品借出事件。

```
//借出物品
function borrowGoods(string stickName, uint inx) public payable {
  //物品必须存在
  require(isGoodExist(stickName, inx), "goods not exist");

  //物品必须是可用状态
  require(goodsData[stickName][inx].available, "goods not available");

  //物品必须没被借出
  require(!goodsData[stickName][inx].isBorrow, "goods already lend");

  //押金必要符合设置
  require(goodsData[stickName][inx].ethPledge == msg.value,
                                            "eth pledge not match");

  //设置借用人EOA
  goodsData[stickName][inx].borrower = msg.sender;

  //设置为已借出
  goodsData[stickName][inx].isBorrow = true;

  //触发借出事件
  emit borrowGoodsEvnt("borrowEvn", stickName, inx, msg.sender);
}

//物品借出事件
event borrowGoodsEvnt(string indexed eventType, string stickName, uint inx,
                    address borrower);
```

通过复合键的物品查询方式，queryBorrower函数提供查询借出人EOA的功能，其先决条件必须是物品存在且同时已是被借出的状态。

```
//查询物品借出人
function queryBorrower(string stickName, uint inx) public view returns(address) {
  //物品必须存在
  require(isGoodExist(stickName, inx), "goods not exist");

  //物品必须已被借出
  require(goodsData[stickName][inx].isBorrow, "goods not lend");
```

```
//返回借出人
return goodsData[stickName][inx].borrower;
}
```

在链下世界中，倘若借出人已归还物品时，物品的拥有者可以调用doGoodsReturn函数执行物品归还的相关程序。同样，通过判断owner是否与msg.sender相符即可知道执行此函数的用户是否为物品的拥有者。本函数最重要的功能之一是通过transfer指令，将当初所暂扣的押金归还给借出者，最后将borrower与isBorrow进行归零。

```
//设置物品已归还
function doGoodsReturn(string stickName, uint inx) public {
  //物品必须存在
  require(isGoodExist(stickName, inx), "goods not exist");

  //必须是出借人才可以改变状况
  require(goodsData[stickName][inx].owner == msg.sender, "not goods owner");

  //物品必须已被借出
  require(goodsData[stickName][inx].isBorrow, "goods not lend");

  //将押金返还借用人
  uint pledge = goodsData[stickName][inx].ethPledge;
  goodsData[stickName][inx].borrower.transfer(pledge);

  //触发归还事件
  emit returnGoodsEvnt("returnEvn", stickName, inx, goodsData[stickName][inx]
.borrower);

  //设置借用人EOA
  goodsData[stickName][inx].borrower = 0;

  //设置为未借出
  goodsData[stickName][inx].isBorrow = false;
}

//物品归还事件
event returnGoodsEvnt(string indexed eventType, string stickName, uint inx,
                      address borrower);
```

EthPump智能合约同样提供了queryBalance函数用于查询合约余额。

```
//查询合约余额
function queryBalance() public view returns (uint) {
  return address(this).balance;
}}
```

在分段解说智能合约完毕后便可开始编写Java程序，可参考前几节的介绍自行创建所需的合约封装对象。Java程序需先声明下列变量以作为各项运算所需，除了智能合约地址之外，还需包含3种角色的密钥文件存储位置，即合约主持人、物品出借人与物品借用人。

```
// 区块链节点地址
private static String blockchainNode = "http://127.0.0.1:8080/";

// 智能合约地址
private static String contractAddr = "0xe42481327a9a4386eb7cbabf495794ca897fdedd";

// 合约主持人密钥文件
private String hostKey = "C:\\hostKeyFile";

// 出借人密钥文件
private String ownerKey = "C:\\ownerKeyFile";

// 借用人密钥文件
private String borrowerKey = "C:\\borrowerKeyFile";
```

在开始应用场景的演练时，每种角色所拥有的加密货币余额如图6-22所示，扮演物品拥有者的 EOA具有100 个以太币；扮演物品借用人的EOA具有50个以太币。

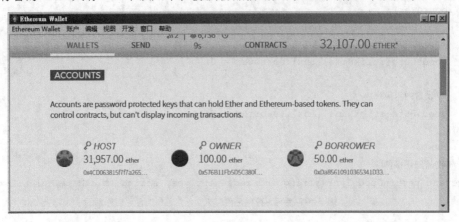

图 6-22

首先，主持人将合约上链后可尝试添加一个新的贴纸（物品分类方式），如图6-23所示，假设要添加的贴纸名称为自行车（bicycle）。通过MIST钱包软件可观察到，在Java程序执行之前，贴纸尚未存在于智能合约之中。

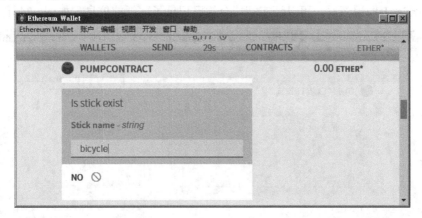

图 6-23

Java程序通过合约封装对象的**addSticker**函数，即可轻易完成添加贴纸的操作。

```
public PumpHost() {
  // 添加贴纸
  insertNewSticker(hostKey, "16888", "bicycle");
}

// 添加贴纸信息
private void insertNewSticker(String keyFile, String myPWD, String stickName) {
  try {
    // 连接区块链节点
    Web3j web3 = Web3j.build(new HttpService(blockchainNode));
    // 指定密钥文件并进行账户和密码的验证
    Credentials credentials = WalletUtils.loadCredentials(myPWD, keyFile);
    System.out.println("身份验证");
    // 获取合约封装对象
    EthPump contract = EthPump.load(contractAddr, web3, credentials,
                      EthPump.GAS_PRICE, EthPump.GAS_LIMIT);1
    System.out.println("获取合约");
    // 加入一笔贴纸(物品分类)
    contract.addSticker(stickName).send();
    System.out.println("添加贴纸完成");

  } catch (Exception e) {
```

```
    System.out.println("添加贴纸错误，错误： " + e);
  }
}
```

执行这个Java程序后，可以证实智能合约已记录了贴纸的信息，如图6-24所示。

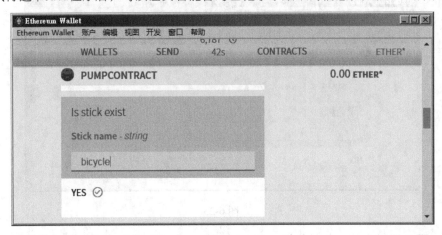

图 6-24

主持人添加自行车贴纸之后，物品的拥有者即可尝试登记物品信息来准备提供给他人借用。如下程序代码所示，物品拥有者所设置的押金金额为10个以太币。本范例也使用TransactionManager交易管理器，准备通过交易序号查询添加物品后的执行结果，也就是添加物品的序号，与前几节的使用方式相同，因此读者可以自行查阅前文进行参考。

```
public PumpOwner() {
  // 添加物品
  insertGoods(ownerKey, "16888", "bicycle", "10", true);
}

// 添加物品信息
private void insertGoods(String keyFile, String myPWD, String stickName,
                         String eth, boolean available) {
  try {
    // 连接区块链节点
    Web3j web3 = Web3j.build(new HttpService(blockchainNode));

    // 指定密钥文件并进行账户和密码的验证
    Credentials credentials = WalletUtils.loadCredentials(myPWD, keyFile);
    System.out.println("身份验证");

    int attemptsPerTxHash = 30;
    long frequency = 1000;
```

```
    // 创建事务处理程序
TransactionReceiptProcessor myProcessor = new
    QueuingTransactionReceiptProcessor(web3, new AddGoodsCallBack(),
    attemptsPerTxHash, frequency);

    // 建立交易管理器
TransactionManager transactionManager = new RawTransactionManager(web3,
                        credentials, ChainId.NONE, myProcessor);
System.out.println("创建交易管理器");

    // 获取合约封装对象
EthPump contract = EthPump.load(contractAddr, web3, transactionManager,
                EthPump.GAS_PRICE, EthPump.GAS_LIMIT);
System.out.println("获取合约");

    // 设置以太币数量
BigInteger weiValue = Convert.toWei(eth, Convert.Unit.ETHER).toBigInteger();

    // 加入一笔物品
contract.addGoods(stickName, weiValue, available).send();
System.out.println("添加物品完成");
} catch (Exception e) {
    System.out.println("添加物品，错误: " + e);
}
}
```

添加物品成功之后，通过MIST钱包软件观察合约内部的情况，可以发现添加的物品确实已经上架，同时也存在于智能合约之中了，如图6-25和图6-26所示。

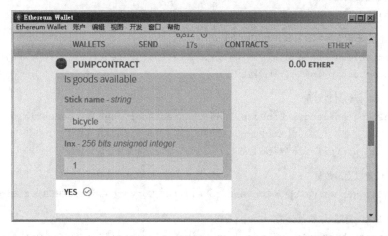

图 6-25

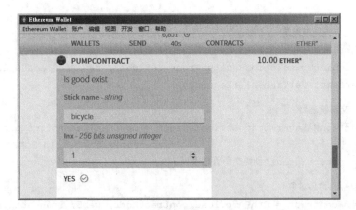

图 6-26

接着，物品借用人可准备借用物品。此部分只需通过borrowGoods合约函数即可完成。由于物品借用时需支付以太币作为押金，在Java程序中是以eth为单位1来表示，而在智能合约中则以wei为单位，因此需通过Convert.toWei指令对以太币进行适当的单位转换。

```java
public PumpBorrower() {
  // 借用物品
  borrowGoods(borrowerKey, "16888", "bicycle", 1, "10");
}

// 登记物品借用
private void borrowGoods(String keyFile, String myPWD, String stickName,
                         int inx, String eth) {
  try {
    // 连接区块链节点
    Web3j web3 = Web3j.build(new HttpService(blockchainNode));

    // 指定密钥文件并进行账户和密码的验证
    Credentials credentials = WalletUtils.loadCredentials(myPWD, keyFile);
    System.out.println("身份验证");

    // 获取合约封装对象
    EthPump contract = EthPump.load(contractAddr, web3, credentials,
                       EthPump.GAS_PRICE, EthPump.GAS_LIMIT);
    System.out.println("获取合约");

    // 设置以太币数量
    BigInteger weiValue = Convert.toWei(eth, Convert.Unit.ETHER).toBigInteger();

    // 加入一笔贴纸(物品分类)
    contract.borrowGoods(stickName, new BigInteger("" + inx), weiValue).send();
    System.out.println("借用物品完成");
```

```
    } catch (Exception e) {
    System.out.println("借用物品错误，错误：" + e);
    }
}
```

如图6-27所示，在执行借用物品之后，借用人的以太币余额已被扣除10个而变成40个了。

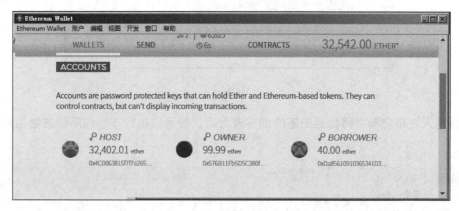

图 6-27

从MIST钱包软件观察可知，物品的借用状态改变为已借出。自行车的借用人也确实是模拟角色的EOA。注意，右上角智能合约的以太币余额变成10 个，如图6-28所示，表示确实收到了借用人所付的押金。

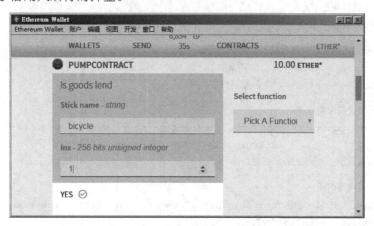

图 6-28

在链下的真实世界中，借用人可以出示其EOA作为取货证明，拥有者也可以因为数据已被写到可信任的区块链后放心地将物品出借给借用人，如图6-29所示。

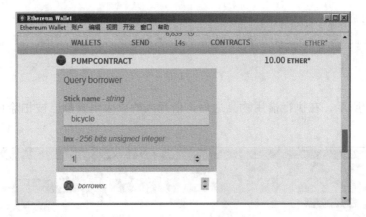

图 6-29

借用人使用完毕并将物品归还给拥有者之后，便可以执行下列程序设置物品归还的操作。

```
public PumpOwner() {
  // 设置物品归还
  doGoodsReturn(ownerKey, "16888", "bicycle", 1);
}

// 归还物品
private void doGoodsReturn(String keyFile, String myPWD, String stickName, int inx) {
  try {
    // 连接区块链节点
    Web3j web3 = Web3j.build(new HttpService(blockchainNode));

    // 指定密钥文件并进行账户和密码的验证
    Credentials credentials = WalletUtils.loadCredentials(myPWD, keyFile);
    System.out.println("身份验证");

    // 获取合约封装对象
    EthPump contract = EthPump.load(contractAddr, web3, credentials,
                    EthPump.GAS_PRICE, EthPump.GAS_LIMIT);
    System.out.println("获取合约");

    // 设置物品归还
    contract.doGoodsReturn(stickName, new BigInteger("" + inx)).send();
    System.out.println("设置物品归还完成");
  } catch (Exception e) {
    System.out.println("设置物品归还，错误: " + e);
  }
}
```

从MIST钱包软件观察也可确认,押金果然已经退还给借用人,以太币的余额回到50个,同时物品的借用状态也被归零,允许再度借用给下一位有需要的人,如图6-30和图6-31所示。

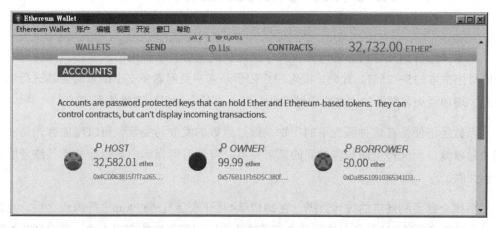

图 6-30

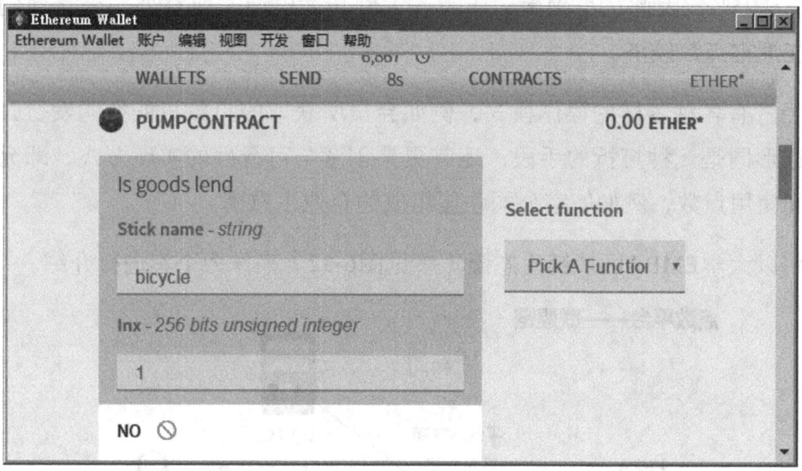

图 6-31

通过本节范例的展示,读者应该可以体会到区块链延伸到共享经济领域的应用。然而本节范例还是有美中不足之处,例如可以强化在既定的时间内若借出的物品没有被归还则将押金正式转账给拥有者。这一部分程序留给读者自行研究。

6.8 | 区块链与点数经济

根据《哈佛商业评论》的研究可知，企业获取新客户所付出的成本约为维持现有客户所付出成本的5～25倍。此外，旧客户相较于新客户更愿意多支出67%的金额进行消费。因此，增加回头客数量的"客户忠诚度计划"一直是企业极为重视的课题。

点数经济便是在这种概念下的产物，通过点数的发放与经营，可以增加客户与业主间的黏着度，而保持企业与客户间的紧密关系，自然可确保客户与企业的商品或者服务产生关联。

根据全家便利商店的统计数据，在2017年4月开放会员通过App进行积点之后，在20个月内就新增了约460万名会员，客户消费单价也比往年平均值高出六成，营收贡献度更从15%成长至25%。因此，小到街边店铺，大到几大电商、航空公司等，他们的会员系统基本都在拥抱点数经济。

点数经济有各种各样的操作模式，例如会员所获取的点数只能换购发行公司的商品与服务，这形同是一种打折的手段。还有更具创意与可行性的实现方式，即允许会员在联盟企业间使用点数，例如航空公司联盟组成的企业生态圈。

本节将以大学EMBA区块链生态圈（参见图6-32）来作为个案进行介绍。

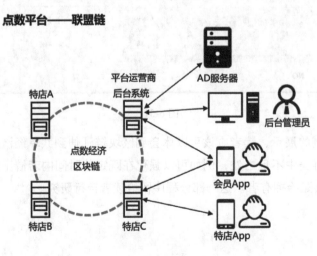

图 6-32

EMBA特店为EMBA学生所经营的公司，如素食餐饮连锁店、饮品连锁店、芒果干铺、军用品店、有机蔬菜农场以及小儿科诊所等。参与生态圈的特店通过搭建一个独立的区块链节点，为共同维护分布式账本而出一点力；同时也因为没有任何人可以篡改交易内容，进而增加了整体生态系统的可信度。生态圈经营者也必须是其中一个节点，扮演点数发放与监督管理的角色。会员是一般的消费者，特店员工可凭借手机App连接生态圈中的节点，存取各项相关信息，例如点数、历史事务的历史记录、商品促销查询等。

点数的发行与管理为生态圈经营者的权责，为了减少交易风险，经营者可通过缴纳保证金的机制，让特店在申请加入生态系统时根据所缴纳的金额换取对应的点数；反之，当特店想申请退出生态系统时，也可以凭借其所拥有的点数依比例领取保证金。整个生态系统所发行的点数与收取的金额为一比一的关系，经营者不会因为点数的发放而有额外的收入。我们以图6-33所示的UML时序图（Sequence Diagram）来说明此点数换购的流程。

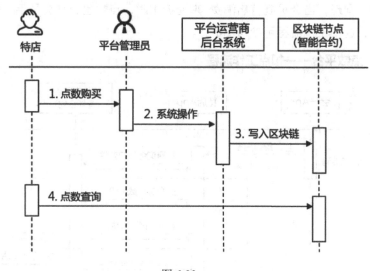

图 6-33

当消费者在任何EMBA特店进行消费时，特店便会根据适当的营销活动赠予消费者相对应的点数。从如图6-34所示的累点时序图可知，当消费者通过手机App进行二维码（QR-Code）累点扫描时，点数生态系统将在后端通过智能合约将特店所持有的点数转账（或赠予）相应的点数到该消费者的账户内。

点数平台——累点工作流程

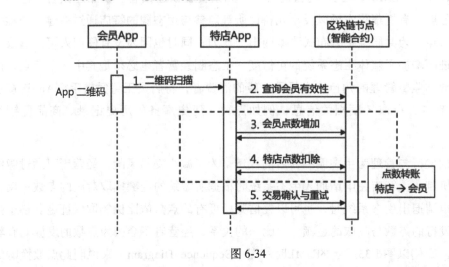

图 6-34

在区块链生态系统中的消费者必须具有区块链的账户，这样才能够参与点数的累积与扣除。会员在得到点数之后，增加了消费的动力，更愿意到参与此生态系统的EMBA特店来消费。同理，当会员到特店消费、享受折扣时，点数也会从会员手上转账到所消费的特店账户，这个工作流程可参考图6-35。

点数平台——扣点工作流程

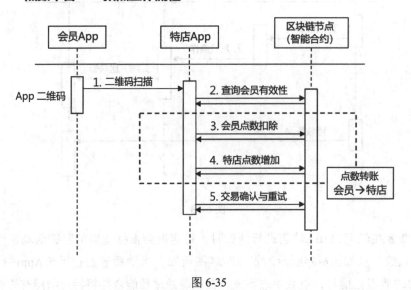

图 6-35

以点数作为促进消费的营销手法，应能鼓励消费者在生态链的特店间消费，进而累点与扣点，提升整个生态系统的效能。

关于这个点数生态系统的程序实现，留给读者自行练习。读者可参照前面的六大案例以及本例的系统分析来加以实现。

6.9 ｜ 习题

1. 在"公共政策平台"案例中提到KYC对于投票是否公平的重要性，你的看法如何？有何建议？

2. 相对于本章所介绍的"英国式拍卖法"，还有一种在蔬果、鱼肉批发市场常用的拍卖方式，即"荷兰式拍卖法"，卖方从高价往低价出价，喊价过程中若有人愿意购买则此价格为成交价。试着设计"荷兰式拍卖法"的智能合约与DApp。

3. 新闻合约示范的激励式代币系统是通过区块链原生的加密货币来实现的，尝试调整本章范例，改成以代币（Token）的方式来实现。

4. 本章示范的区块链供应链金融只支持单家制造商服务多家供货商的商业模式，试着调整智能合约，使之成为能够支持多家制造商与多家供货商的模式。

5. 在自动医疗理赔范例中，并没有加入反查病历信息是否真正存在于区块链的验证，试着调整范例的设计，使之更为周全。

6. 在共享经济范例中，为何押金不直接转账给物品的拥有者，而是将借出人所提交的押金暂存在智能合约？

7. 参照6.8节所介绍的以区块链实现点数经济的可能架构，试着构建一个概念性验证POC（Proof of Concept）系统。

附录 A

区块链专有名词解释

表A-1为本书各章节区块链专有名词的整理。

表 A-1　区块链专业名词

专 有 名 词	解　　释
ABI（Application Binary Interface）	描述智能合约所提供的接口（Interface）信息，告知合约用户该如何调用智能合约所提供的函数说明书
Bitcoin	比特币：第一个字母为大写时，Bitcoin 表示所使用的比特币加密货币的信息技术与网络；当为小写时，bitcoin 表示加密货币本身；而 BTC 则为比特币的符号。 用于鼓励人们共同维护账本的奖励，也是在比特币区块链网络中作为支付机制的加密货币
Block	区块：封存交易信息的数据结构
Blockchain	区块链：高度可信任的分布式（去中心化）数据库技术
Byzantium	拜占庭：全称为实用拜占庭容错（Practical Byzantine Fault Tolerance，PBFT）的共识算法。 通过不断重复进行消息交换与相互验证，并识别出有问题的节点。节点数量至少要有 4 个，容许 1 个有问题的节点。公式为 $N \geqslant （3 \times F）+1$（$N$ 为节点总数，F 为有问题的节点数）
Consensus	共识机制：所有人都认可区块生成（哈希结果）的过程
Consortium Blockchains	联盟链：介于公有链与私有链的连接方式，通常通过邀请制加入，运行于数个群体或组织之间的区块链网络
Contract Account	智能合约：在以太坊网络中的"地址"

（续表）

专 有 名 词	解　　释
DApp（Decentralized Application）	去中心化应用程序：一种在后端结合去中心化区块链的应用程序，通常由前端 GUI 程序与智能合约所组成
Double Spending	双花：同一笔加密货币同时传给两个不同人引发的问题
DSA（Digital Signature Algorithm）	数字签名算法：属于美国联邦信息处理标准的算法，是一种数字数据防伪技术
ECC（Elliptic-Curve Cryptography）	椭圆曲线算法：一种公钥的密码技术，密钥长度比其他算法更短，但安全强度却更高
ECDSA	椭圆曲线数字签名算法：结合 ECC 与 DSA 的加密算法
EOA（Externally Owned Account）	外部拥有账户，外部账户：一组公开字符串，对应于终端用户的私钥，可想象成终端用户在以太坊区块链的"银行账户"，可拥有以太币余额
ERC 20	编号第 20 号的 Ethereum Request for Comment（以太坊的意见征求稿），提出了实现代币合约（Token Contract）的参考标准
Ether	以太币：在以太坊区块链中，作为支付机制的加密货币
Ethereum	以太坊：第一个可执行程序（智能合约）的区块链
Ethereum Wallet	以太坊钱包：提供了方便友好且具图形化操作界面，在其中可进行加密货币的转账、智能合约的使用等
EVM（Ethereum Virtual Machine）	以太坊虚拟机：存在于以太坊节点之中，负责执行存放在区块上的字节码（Bytecode，即中间码），具有图灵完备特性
Faucet Service	水龙头服务：在以太坊区块链中，获取免费测试币的服务
Fork	分叉：同一时间内，有两个区块生成，造成在全区块链网络中，存在着两条高度相同但矿工签名不同或交易排序不同的区块链
Fungible Tokens	同质化代币：两个人可以相互交换代币，但是看不出有任何价值差别
Gas	燃料。在以太坊区块链中，执行交易所需支付的以太币。愿意支付的燃料若低于要求，则交易失败
Genesis Block	创世区块：区块链网络上的第一个区块
Go-ethereum	简称为 Geth 或 geth，使用 Go 语言所开发的以太坊节点程序
Hash Function	哈希函数：将数据编码成固定长度且不可逆的结果
ICO（Initial Coin Offering）	首次币发行：数字货币首次公开融资，源自股票市场的 IPO 概念，向公众募集加密货币
IPO（Initial Public Offering)	首次公开募股：公开上市融资的类型之一
JSON（JavaScript Object Notation）	一种轻量级的数据交换语言

（续表）

专 有 名 词	解　释
JSON-RPC	通过 JSON 格式，并以无状态（Stateless）、轻量（Light-Weight）的远程过程调用（Remote Procedure Call，RPC）通信协议，使用节点的功能
Merkle tree	默克尔树：二叉树状（Binary Tree）的数据结构，也即是哈希树
Mining	挖矿：计算区块哈希值的操作
Miner	矿工：执行哈希运算可获得加密货币奖励的账户
NFT（Non-Fungible Token）	非同质化代币：代币具有唯一性，同时每个代币具有不同的价值，适合实现"真实资产"在虚拟世界的"产权代表"
Node.js	一种能在服务器端执行 JavaScript 的开放源码的跨平台执行环境
Nonce	在密码学中，表示只能被使用一次的数字
P2P Network	点对点网络，不必通过中心机制的网络连接架构
Parity	使用权威证明（Proof-of-Authority，PoA）共识算法的以太坊区块链
PoA（Proof-of-Authority）	"权威证明"的共识机制，依靠默认的权威节点（Authority Nodes），在指定的时间内生成区块的共识算法
PoW（Proof-of-Work）	"工作量证明"的共识机制，以计算速度为奖励的判定依据
Private Blockchain	私有链：限制使用于某个群体或是组织内部的区块链网络
Public Blockchain	公有链：对全世界开放，任何人都可自由连接、读取数据与发送交易的区块链网络
RPC（Remote Procedure Call）	远程过程调用：一种计算机通信协议，允许从远端执行另一台计算机上的程序
Smart Contract	智能合约：在以太坊区块链上所执行的程序
SHA256	SHA256 是安全哈希算法 2（Secure Hash Algorithm 2）的成员之一，是一种哈希函数算法的标准
SHA3	SHA3（Secure Hash Algorithm 3）：第三代安全哈希算法，原名为 Keccak
Solidity	一种静态类型、合约导向式的程序设计语言，用于开发在 EVM 上执行的智能合约
Turing Completeness	图灵完备：在无论时间长短的情况下，机器可以将一切可计算的问题（Computational Problem）计算出结果。机器（或程序设计语言）具有下列 4 种特性即可称为图灵完备：无限的存储（Storage）、运算（Arithmetic）、条件分支（Conditional Branching）以及重复（Repetition）

（续表）

专 有 名 词	解　　释
Unix Epoch	UNIX 系统常使用的时间表示方式，表示在不考虑闰秒的情况下，从标准世界时间（1970 年 1 月 1 日 0 时 0 分 0 秒）起到目前为止的总秒数
Web3.js	一种用来与以太坊区块链网络沟通的 JavaScript 函数库
Web3j	一个轻量级、高度模块化、具有高互动性、类型安全的 Java 函数库开发包。通过 Web3j 开发包的使用，Java 程序便可和以太坊节点程序与网络进行互动，也能很方便地整合链上的智能合约

附录 **B**

区块链相关开发包的说明

区块链是一项创新的技术，各种支持方案方兴未艾。初学者常感吃力，无从下手。读者还是遵循系统化的学习方法较为妥帖，而学会阅读各种相关方案的文档说明是学好区块链技术的不二法门。因此，本附录整理了本书所用到的三大方案的文档说明，希望能协助读者走出区块链技术的迷宫。

B.1 | Web3j 开发包

Web3j是本书的主角之一，是一个轻量级、高度模块化、具有高互动性、类型安全的Java函数库开发包。通过Web3j开发包，Java程序便可和以太坊节点程序与区块链网络进行互动，也能轻松地整合链上的智能合约。在本书付梓之际，Web3j在GitHub上共获得2325颗星星的评价，而且在GitHub的项目共有6 674 072个之多，其中获得1000颗以上星星评价的项目约有18 903个，而能够获得2000颗星星评价的项目更是凤毛麟角，总计只有7 954个项目。由此观之，Web3j是排名前0.12%的项目，是一个极受众人好评的项目。

传统使用Java开发包时，程序开发人员往往都习惯参阅JavaDoc文件，如此一来，可以从宏观的角度掌握类与函数的运用。可惜的是，Web3j无论在GitHub或者官网都没有提供在线JavaDoc版的文件供开发人员参阅，十分不便。为此，程序开发人员可通过项目自动化生成工具gradle来自行编译开发包时同时生成JavaDoc文件。图B-1所示是笔者所生成的Web3j JavaDoc文件。

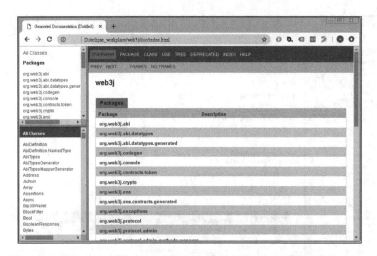

图 B-1

这个界面应该让Java程序开发人员备感亲切了。它完整地呈现了Web3j所有的开发包（Package）以及类（Class），这样开发人员再也不会迷失在"茫茫大海"之中了。

从左下角选择类org.Web3j.codegen.SolidityFunctionWrapperGenerator。它是我们接触Web3j的第一个类，用于创建智能合约封装对象的工具程序。图B-2即为它的JavaDoc说明。简单地说，该工具可以通过Solidity的ABI来生成对应的Java源代码。

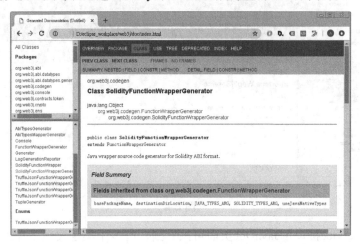

图 B-2

在前几章的范例中，Java程序开发人员可以通过Web3j类的build静态函数在传入HttpService对象之后获取可与区块链节点连接的Web3j对象，如图B-3所示。

```
Web3j web3 = Web3j.build(new HttpService("http://127.0.0.1:8080/"));
```

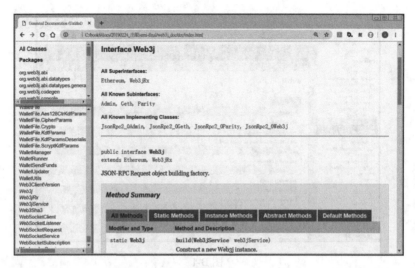

图 B-3

　　根据图B-3中JavaDoc文件的内容，Web3j类的开发包名称是org.Web3j.protocol，同时用来获取对象实例的build函数的传入值必须实现Web3jService。这似乎和各章节的范例都传入HttpService对象有所不同,让我们单击图B-3中的Web3jService,通过超链接引导去查看有关Web3jService接口更详细的说明，如图B-4所示。

图 B-4

　　在Web3jService接口的JavaDoc页面可以看到，有多个类都实现了Web3jService接口，HttpService也是其中一个。再单击HttpService类的超链接，果不其然，该类的JavaDoc文件也说明HttpService是一个实现Web3jService接口的类，如图B-5所示。

　　正因为如此，Web3j对象的build函数才可以接受以HttpService对象为传入参数的情况。通过JavaDoc文件层次性的阅读便可让程序开发人员了解Web3j所有类之间的关联。

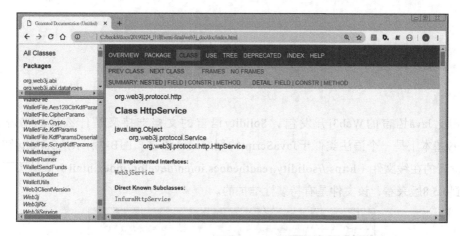

图 B-5

不过，并非所有函数、接口或类等都有如此完善的说明。下面来看一个常用在获取密钥文件的凭证对象的指令：

```
Credentials credentials = WalletUtils.loadCredentials("168", " keyfile");
```

图B-6所示为JavaDoc对loadCredentials函数的说明。

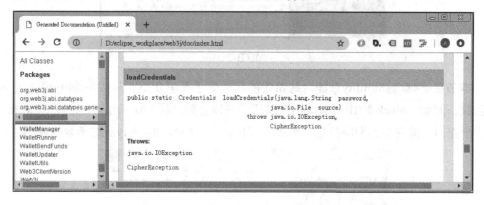

图 B-6

该函数除了说明参数以及可能产生的异常事件之外，并没有提供如何使用的进一步说明。这也是当前大多区块链工程师所面临的问题，所有的信息都散落在因特网的各个角落，并没有一个统一的窗口，即使官方的说明文件也是如此。身为程序开发人员，该怎样应对呢？最好的学习方法不外乎多阅读和学习他人分享的程序代码、多花一些时间加以测试与研究。这也正是本书的价值之一。笔者在编写本书时，也面临没有足够的文档可参考的窘境，只能耗费大量的心力去不断尝试和纠错，慢慢找到相对可行的方法。

B.2 | Solidity 开发包

相比 Java 语言的 Web3j 开发包，Solidity 语言的文档支持又是什么样的情况呢？Solidity 基本上是一个语法类似于 JavaScript 的程序设计语言。图 B-7 所示是 Solidity 智能合约开发者的在线文件（https://solidity.readthedocs.io/en/develop/index.html）。从页面标题更新到 0.5.8 版来看，该文件是有持续性维护的。

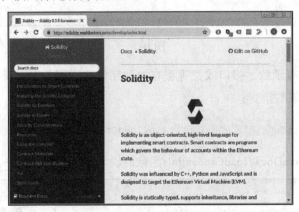

图 B-7

本书在第 4 章对 Solidity 智能合约常用的函数做了简单介绍，其实 Solidity 提供了不少的函数。例如，block.difficulty(uint) 可以用于获取当前区块的困难值，tx.gasprice(uint) 可以用于查询当前交易的燃料价格，等等。图 B-8 即为官网对 Solidity 所有函数的说明。

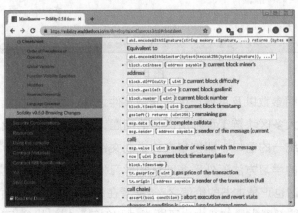

图 B-8

可惜的是，官网虽然通过章节编排对函数的介绍做了区分和整理，但是整体来说详细的说明信息依旧是散落在官网的各个地方。因此，学习Solidity的不二法门是多多观摩他人的"作品"，并且要勤快动手多练习。

B.3 ｜ Web3.js 函数库

本书多次提及的Web3.js函数库是JavaScript通过HTTP或IPC存取以太坊节点的解决方案。它虽不是本书介绍的主角，但我们也多次使用过Web3.js所提供的功能。第3章所介绍的Geth控制台所提供的命令行接口就是一种支持JavaScript语言的执行环境，所使用的函数库就是Web3.js！

Geth控制台可让用户连接到本地端或远程的以太坊节点，并允许用户通过命令行方式部署、调用与使用智能合约。在此先来回顾一下，在进入Geth控制台之后，读者可通过下列指令对函数名称进行Keccak哈希编码，其中的web3.sha3指令就是由Web3.js所提供的。

```
> web3.sha3("doMultiply(uint256,uint256)").substring(0,10)
"0x648146a2"
```

本书范例节点所采用的Web3.js版本为0.2XX，有兴趣的读者可以参考GitHub上的文档说明（https://github.com/ethereum/wiki/wiki/JavaScript-API）。其中说明了web3.sha指令的输入参数是一个字符串，返回值是一个由Keccak-256 SHA3编码的字符串，如图B-9所示。

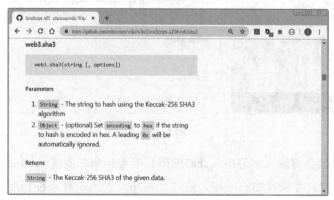

图 B-9

然而，如同其他JavaScript解决方案一样，Web3.js版本更迭的速度非常快，本书付梓之际，虽然1.0稳定版本尚未正式发布，但已经有在线文件可以参考，有兴趣的读者可以参考官方文件（https://Web3js.readthedocs.io/en/1.0/index.html）的说明，如图B-10所示。那么Web3.js 1.0稳定版的sha3指令的说明会如何呢？可以通过超链接浏览该网页，如图B-11所示。

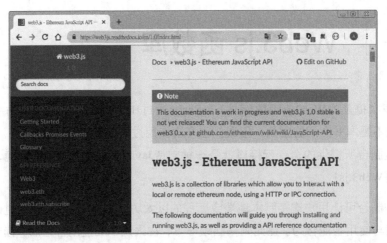

图 B-10

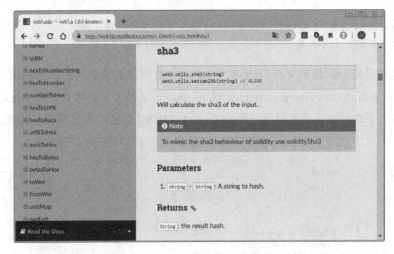

图 B-11

虽然指令依然会将输入字符串以sha3编码，但是指令却变成web3.utils.sha3，其中多了utils字样，恐怕会有兼容性的问题，这对于程序开发来说有某种程度的风险。本书并不是有关JavaScript解决方案的书，因此这部分就留给有兴趣的读者自行研究了。